〔最新修訂版〕

梁思成
林徽因
與我

林
洙
———
著

梁思成與林徽因在那佈滿荊棘的道路上前進，不考慮迎面撲來的風沙雨雪，不計較個人得失榮辱。他們為祖國貢獻了畢生的精力、智慧和才華。雖然他們沒有扛起槍去幹革命、去殺敵人，但他們仍不失為高尚的人、無私的人。

如果說 1962 年我同思成結婚後，由於我們在年齡、學識和生活經歷上的差異，許多人不理解也不贊成我們的婚姻，如果說在巨大的社會輿論壓力下我多少感到過惶惑的話，那麼，幾年的共同生活已使我更瞭解他、更認識他的價值。我慶幸自己當年的決定，並感謝上蒼為我安排了這樣一個角色。我在那驚慌恐怖的日子裡，感受到幸福與驕傲、安慰與寧靜。

目錄

DORMER WINDOW

林洙初到清華時的留影

寫在前面的話

當我今天又翻閱這本書的時候，梁思成、林徽因又回到了我的心中。梁公走了已經四十年了，但他仍然活在我的心中。

從 1991 年的《大匠的困惑》出版到《建築師梁思成》再到《梁思成、林徽因與我》至今已有十多個年頭了，我為什麼要不斷地寫他們，因為我不斷地在解讀梁思成和林徽因的一生。這就是我要將這本書重新增補的原因。梁公在我心中永遠不是一個固定的形象，而是不停地在變幻着，我總在捕捉他那變幻的一刻，將它記錄下來。

如今我已經是八十開外的老人了，看來這個題材對我來說應是最後的了，但願我奉獻給讀者的是最真實的梁思成。

林洙

2010 年於清華園

自序

我不是建築師，更不是文人。命運使我認識了梁思成和林徽因，從此走上建築這個行業，並且成了梁思成的第二任妻子。我與林徽因在人生的道路上幾乎錯過。是神！使我在她生命的最後歲月與她相遇，目睹她的風采，她超人的才華與智慧，她高尚的品德與非凡的風度。與她短暫的相處，卻這麼深刻地印在了我的心中，成為我記憶中的財富，這是我的幸運。

我與梁公共同生活的年代，大部分在「文革」時期，那是痛苦與恐怖的十年！朋友時常對我說：「你好命苦！」命苦？的確命不好，但是我從不後悔自己的選擇，並感謝上帝為我安排了這樣一個角色。如果生活可以重新選擇的話，我還是會選擇這條路，還是會選擇他。我會更自覺，更心甘情願地伴隨他走完他一生中最坎坷，苦難最深重，也是最悲慘的一段路程。我會更加傾注我生命中全部的愛給他，我會更加拚上我的生命保護他。每當想起梁公在最後的歲月中所受到的屈辱與折磨，我就更加慶幸自己能在那樣的時日陪伴在他身旁，帶給他最後的一點慰藉與溫暖。那時，我能為他做的，也就僅僅是這些了。

在那些孤燈獨照的漫長夜晚，我們相對無言。什麼是資產階級教育路線？什麼是無產階級教育路線？什麼是建築的民族形式？什麼是建築的社會主義內容？我們交了白卷。我們等待着明天，但是明天帶給我們的又會是什麼呢？是希望還是新的災難？

就在這樣的日日夜夜裡，我更加地理解了梁公，他對事業的執著，對祖國和人民真摯的愛，和他寧願被打倒在地、被踏上千萬隻腳，也不願放棄內心信仰的精神力量。正如他所說：「寧願作為一個右派死在祖國的土地上。」今天的年輕人或許會認為這很迂腐，但我想，如果不是梁公，也肯定會有另一個人走上他的路。因為梁公代表了中國第一代建築師對我們民族建築文化的熱愛，對祖國建築事業的關切，他是我們國家在爭取獨立解放的特定歷史時期所造就的傑出知識分子。

如今，梁公和林徽因已離我們遠去，但他們在我心中卻越來越清晰，回憶與思念推動着我提筆寫下這本書。我想說的是，梁公是我的丈夫，林徽因是我熱愛與崇敬的師長，我不願對他們妄自褒貶，我只想忠實地記錄，還歷史以真實。

20 世紀 90 年代《建築師梁思成》出版以來，受到廣大讀者的歡迎，不少讀者告訴我，他們讀完書後，沿着當年梁公進行古建調查的路線做了一次難忘的旅行，這使我十分感動。但我想，大多數的讀者或許沒有條件做這樣的旅行。因此，我想通過更豐富、更完整的資料和圖片，讓讀者能跟隨梁公、林徽因當年的足跡，重溫他們 15 年間對 190 個縣 2738 處古建築進行調查的歷程，並目睹他們所記錄下的眾多珍貴古蹟和國寶。需要說明的是，20 世紀 30 年代照相成本十分昂貴，攝影技術也很難掌握，梁公大多數時候總是擔任攝影師的角色，因此他本人的照片很少，卻留下了許多林徽因工作和生活的寶貴圖片。

我希望讀者能為本書做更多的補充及指正。這樣或許能為今後寫一本真正的梁思成傳、林徽因傳有所幫助。我真誠地期待着你們的批評與指正。

林洙

2004 年 5 月於北京

序 寫給梁思成和林徽因

費正清

費正清（John King Fairbank），美國著名學者、漢學家，曾任美國總統顧問。先後在哈佛大學任教 40 年。1977 年於哈佛退休後仍不斷埋頭著述。1991 年在波士頓病逝。

梁思成和林徽因在我和我的妻子的一生中所產生的影響是獨特的。或許，我們的經歷正足以表明他們二位的某種國際聯繫和國際影響。1932 年與他們初次相識時，我們剛剛來到北平要進行四年研究生的學習，而他們則剛剛從瀋陽遷回北平，開始在中國營造學社工作。在我們歷來結識的人士中，他們是最具有深厚的雙重文化修養的。因為他們不僅受過正統的中國古典文化的教育，而且在歐洲和美國進行過深入的學習和廣泛的旅行。這使他們得以在學貫中西的基礎上形成自己的審美興趣和標準。

戰前的北平生活和一道在山西省的一次野外古建築調查旅行，使我們結下了親密的友誼。第二次世界大戰中，我們又在中國的西部重逢，那時他們都已成了半殘的病人，卻仍在極端艱苦的條件下，不顧一切地致力於學術研究。在我們的心目中，他們是不畏困難、獻身科學的崇高典範。當時，林徽因身患肺結核，梁思成則因青年時代一次車禍的後遺症而使脊椎受傷。然而，不論是疾病還是艱難的生活都絲毫不影響他們對自己的開創性研究工作的熱情。就是在戰時的這一時期，梁思成寫成了《圖像中國建築史》。

他用英文寫這本書，就是為了向世界介紹中國建築的寶藏及其結構原理。在外國人看來，他們在自己專業中的成就幾乎是無與倫比的。他們一道探訪並發現了許多中國古建築的珍貴遺構。由於受過專門教育，因而他們有能力把它們介紹給現代世界，並作出科學的描述和分析。這也是因為他們既通曉中國古典文化，又懂得作為藝術和科學的外國建築。在憂患的戰時生活中能獲得如此成就，說明他們不僅具有極高的學術水平，而且還有崇高的品德修養，而正是後者使他們能夠始終不渝地堅持自我犧牲，堅定地為中國的現代化做出了自己的一份貢獻。

第一部

CHATEAU DE CHAMBORD

From " FLETCHER'S "

①

01 初見梁思成夫婦

到北平求學

1948年，我在上海結束了中學教育，考上了私立上海聖約翰大學和南京金陵女子大學。可當時私立大學的學費相當昂貴，我的哥哥已經在一所私立大學就讀，如果我再上私立大學，對我們這樣公職人員的家庭來說，在經濟上幾乎是難以負擔的。

恰巧，這時我的男朋友程應銓要北上到清華大學建築系任教。父親決定讓我和哥哥都隨程應銓北上求學。他聽說清華設有先修班，因此寫信給清華的同鄉林徽因，請她幫助我進入清華大學先修班學習。

林徽因是我們福建的才女。在我們家的客廳經常有些家鄉人來拉家常，幾乎每次都要提到林徽因，並談到她嫁給梁啟超的長子梁思成。他們還說：梁思成、陳寅恪與翁文灝三人被譽為中國的三位國寶。

我終於到了北平，這個我嚮往已久的城市，並迫不及待地去參觀了故宮，然後又遊覽了三海、天壇和太廟。我從沒見過這樣偉大壯麗的建築，當我站在太和殿前，多麼希望自己能長久地留在那裡，哪怕做一名清潔工我也願意。當我走在天壇筆直的長長的神道上，遠望圜丘時，感到自己也彷彿飄飄然地接近上天。而太廟卻又是另一番情景，它那大片的古柏，那般肅穆，連輕輕咳嗽一聲都怕驚動了祖先。天啊！我有生以來從沒有領教過，一個人可以從建築物上得到這麼多的感受。在昆明，我愛它美麗的湖光山色；在上海，我看到它的商業繁榮；然而北平，只有北平，這成群宏偉的古建築，加上人們那彬彬有禮的北京話，使我第一次實實在在地感受到祖國文化的偉大。這使我長期在上海形成的、崇拜美國物質文明的心理受到譴責。北平啊！祖國的明珠，祖國的瑰寶，你給了我作為一個中國人的驕傲！

我第一次進清華是從西校門進去的。從西校門到二校門，乘汽車不過三五分鐘的路程，我卻感到走了半個多小時。路沿着一條清冽的小溪延伸，在

路的另一邊是一片樹林，路上不見一個行人。路旁的大樹緩緩從我眼前掠過，多麼幽靜的清華園。我到清華時，朱自清先生剛剛逝世不久，那天上午剛開過他的追悼會，清華園籠罩着黯然的悲哀。朱自清先生寧肯餓死也不領美國救濟糧的精神，激勵着每一個愛國者，使清華園又表現出一種特殊的氣氛。這就是 1948 年清華大學這個中國最高學府給我的印象。

我到清華後的第一件事自然應該去拜訪林徽因先生。但我聽到一個壞消息，她不久前剛剛做了腎切除手術，肺部結核也已到了晚期，醫生告訴梁思成說她將不久於人世了。這對一個家庭來說是多麼悲哀的事。我反覆地考慮着去不去拜見她。我不斷聽到人們對她超人才智的讚揚，及對他們夫婦淵博的學問的敬佩。我更害怕了，我這個沒被清華錄取的小青年，在她的面前將多麼尷尬。我一直拖延着去拜見她的日期，直到她聽到我已到清華的消息，召見我時，我才去見她。

初見林徽因

在一個初秋的早上，陽光燦爛，微風和煦，我來到清華的教師住宅區新林院八號梁家的門口，輕輕地叩了幾下門。開門的劉媽把我引到一間古色古香的起居室，這是一個長方形的房間，北半部作為餐廳，南半部為起居室。靠窗放着一個大沙發，在屋中間放着一組小沙發。靠西牆有一個矮書櫃，上面擺着幾件大小不同的金石佛像，還有一個白色的小陶豬及馬頭。傢具都是舊的，但窗簾和沙發面料卻很特別，是用織地毯的本色坯布做的，看起來很厚，質感很強。在窗簾的一角綴有咖啡色的圖案，沙發的扶手及靠背上都鋪着繡有黑線挑花的白土布，但也是舊的，我一眼就看出這些刺繡出自雲南苗族姑娘的手。在昆明、上海我曾到過某些達官貴人的宅第，見過豪華精美的陳設，但是像這個客廳這樣樸素而高雅的佈置，我卻從來沒有見過。

林洙（左）與妹妹林泗 1948 年攝於上海

到北平讀書去（右為林洙、左為林泗）

幾個朋友遊覽頤和園（左起沈從文、程應銓、林洙、胡允敬）

我的注意力被書架上的一張老照片吸引住了，那是林徽因和她父親的合影。看上去林先生當時只有十五六歲。啊！我終於見到了這位美人。我不想用細長的眉毛、大大的眼睛、雙眼皮、長睫毛、高鼻樑、含笑的嘴、瓜子臉⋯⋯這樣的詞彙來形容她。不能，在我可憐的詞彙中找不出可以形容她的字眼兒，她給人的是一種完整的美感：是她的神，而不全是貌，是她那雙凝神的眼睛裡深深蘊藏着的美。當我正在注視這張照片時，只聽臥室的門「嗒」的一聲開了。我回轉身來，見到林先生略帶咳嗽、微笑着走進來，她邊和我握手邊說：「對不起，早上總是要咳這麼一大陣子，等到喘息稍定才能見人，否則是見不得人的。」

她後面一句話說得那麼自然詼諧，使我緊張的心弦頓時鬆弛了下來。後來我才知道，她這句話包含着她這一輩子所受的病痛的折磨與苦難。我定睛看着她。天哪！我再也沒有見過比她更瘦的人了。這是和那張照片完全不同的一個人，她那雙深深陷入眼窩中的眼睛，放射着奇異的光彩，一下子就能把對方抓住。她穿一件淺黃色的羊絨衫，白襯衫的領子隨意地扣在毛衣內，襯衫的袖口也是很隨便地翻捲在毛衣外面。一條米色的褲子，腳上穿一雙駝色的絨便鞋。我們都坐下後，她就開始問我報考大學的情況。這是我最怕的事，只得羞怯怯地告訴她，我自認為數學、化學、語文尚好對付，物理和地理不行，最頭疼的是英語，我對它簡直是一籌莫展。她笑了笑說：「你和我們家的孩子相反，再冰、從誡（梁思成和林徽因的女兒和兒子）他們都是怕數學，你為什麼怕英語？」

「我怕文法，」我說，「我簡直搞不清那些文法。」

「英語並不可怕，再冰中學是讀的同濟附中，學的是德語，英語是在家裡學的，我只用了一個暑假來教她。學英語就是要多背，不必去管什麼文法。一個假期我只選了一本《木偶奇遇記》做她的課本，兒童讀物語法簡單，故事也吸引人，她讀一段背一段。故事讀完了，英文也基本學會了，文法也就自然理解了。」

接着她又問起我的食宿情況。我告訴她,我已經在工字廳食堂入伙。系裡的美術教師李宗津先生把他在工字廳的宿舍暫時借給我住,因為他城裡另有住房。但是工字廳是男教工宿舍,所以很不方便。她很快就想到可以讓我借住在吳柳生教授家,並說要親自去和吳夫人商量。然後她又問我對北平有什麼印象,當我正準備尋找一個恰當的詞彙來回答她時,她已興致勃勃地向我介紹起北京的歷史。

「北京城幾乎完全是根據《周禮 · 考工記》中『匠人營國,方九里,旁三門,國中九經九緯,經涂九軌,左祖右社,面朝後市』的規劃思想建設起來的。」她看出我不懂這句話的意思,便又接着解釋說:

北京城從地圖上看,是一個整齊的凸字形,紫禁城是它的中心。除了城牆的西北角略退進一個小角外,全城佈局基本是左右對稱的。它自北而南,存在着縱貫全城的中軸線。北起鐘鼓樓,過景山,穿神武門直達紫禁城的中心三大殿。然後出午門、天安門、正陽門直至永定門,全長八千米。這種全城佈局上的整體感和穩定感,引起了西方建築家和學者的無限讚歎,稱之為世界奇觀之一。

「左祖右社」是對皇宮而言,「左祖」指皇宮的左邊是祭祖的太廟。「右社」指宮室右邊的社稷壇(現在是中山公園)。「旁三門」是指東、西、南、北城牆的四面各有三個城門。不過北京只是南面有三個城門,東、西、北面各有兩個城門。日壇在城東,月壇在城西,南面是天壇,北面是地壇。「九經九緯」,是城內南北向與東西向各有九條主要街道,而南北的主要街道同時能並列九輛車馬即「經涂九軌」。北京的街道原來是很寬的,清末以來被民房逐漸侵佔越來越狹了。所以你可以想像當年馬可 · 波羅到了北京,就跟鄉巴佬進城一樣嚇蒙了,歐洲人哪裡見過這麼有偉大氣魄的城市。

我們都笑了,她接着說:

1920 年，林徽因與父親林長民

林徽因（右一）入培華女子學校時留影

「面朝後市」也是對皇宮而言，皇宮前面是朝廷的行政機構，所以皇帝面對朝廷。「市」是指商業區，封建社會輕視工商業，因此商業區放在皇宮的後面。現在的王府井大街是民國以後繁榮起來的。過去地安門大街和鼓樓大街是北京為貴族服務的最繁華的商業區。前門外的商業區原來是在北京城外，因為遼代與金代的首都在現在北京城的西南。元朝的大都建在今天北京城的位置，元大都當然和金的舊都有聯繫，那時從舊都來做買賣的商人，必須繞到城北的商業區去，所以乾脆就在城外集市做買賣。北京前門外有好幾條斜街，就是人們在新舊兩城之間走出來的道路，開始是路旁搭起的棚戶，慢慢地發展成為固定的建築和街道。過去一有戰爭，城外的人就往城裡跑，到了明朝嘉靖年間，為了加強京城的防衛才建了外城……

她一口氣說完，一個封建社會宏偉的北京城地圖，在我眼前勾畫了出來。接着我們又談起頤和園，這也是我非常嚮往的地方。但是那時到頤和園沒有公共汽車，我雖然有一輛自行車，卻還不會騎，所以一直沒有去。我聽說頤和園的長廊特別有趣。林先生卻擺手說：「頤和園前山太俗氣了，頤和園的精華在後山。沈從文現在正住在諧趣園，你可以去找他，請他做嚮導。」

我們談着談着，實際上是她談着我聽着，不知怎麼搞的竟過了兩三個小時。我完全忘了她是個重病人，慌忙站起身告辭。她笑笑說：「我也累了，每天下午四點我們喝茶，朋友們常來坐坐，歡迎你也來。」

我從沒有單獨和父輩的人交往過，但不知怎麼的，一段意想不到的交往就這樣開始了。

我從梁家出來感到既興奮又新鮮。我承認，一個人瘦到她那樣很難說是美人，但是即使到現在我仍舊認為，她是我一生中見到的最美、最有風度的女子。她的一舉一動、一言一語都充滿了美感、充滿了生命力、充滿了熱情。

她是語言藝術的大師，我不能想像她那瘦小的身軀怎麼能迸發出那麼強的光和熱，她的眼睛裡又怎麼能同時蘊藏着智慧、詼諧、調皮、關心、機智和熱情。真的，怎能包含那麼多的內容。當你和她接觸時，實體的林徽因便消失了，感受到的是她帶給你的美和強大的生命力。她是那麼吸引我，我幾乎像戀人似的對她着迷。那天我沒有見到梁思成先生，聽說他到南京接受中央研究院院士的學銜去了。

初見梁思成

我初到清華時，建築系開辦才兩年，全系師生加起來只有三十多人。學生都在一個大教室上設計課，師生關係非常融洽，學生對教師不論老少都稱「公」。那時的建築系真是富有民主精神，而且朝氣蓬勃，我也常常到系裡去看李宗津作畫。

有一天我正走在建築系的樓道裡，迎面來了一位中年人，他身材瘦小，有些駝背，穿一身考究的西服，戴着一副寬邊大眼鏡，更增加了他那學者的風度。他看來和藹可親，詼諧風趣。他向我伸出手，笑着點了點頭，又揚起眉毛調皮地說：「是林小姐？我猜對了吧？這位漂亮的姑娘一定是林小姐。」

我不好意思地笑了，雖然我搜不出一個字來回答，但立刻就斷定這位親切的長者是梁公。

汪季琦先生回憶他第一次和梁公見面時，梁公的頭一句話就是：「我應該叫你一個好聽的，叫你一聲小叔叔。」因為汪季琦有一個比他大三十多歲的哥哥是梁啟超的好朋友。汪季琦回憶說：「梁公是個很風趣的人，他幾句話一說，立刻就能使對方消除生疏感，而與之親切地交談起來。」

初入清華的梁思成

不久林先生果真去拜訪了吳柳生夫人，並和她談好讓我借住的事，我便搬到吳家去了。那年因為時局的動盪，清華校方為遷校的問題鬥爭得非常激烈，因此沒有辦先修班，我也就只好自己復習課程，還跑去聽了幾門名教授講授的中外通史和梁公講的中西方建築史。

由於清華的先修班停辦了，因此林先生決定親自輔導我的英語，並規定每周二、五下午上課。我又高興，又擔心，因為有這麼一位好老師來輔導我真是求之不得。同時我又看出她十分嚴厲，對不滿意的事會直率地提出批評，而且毫不留情，我擔心以後免不了會挨批評。

每次上完課林先生都邀我一同喝茶，那時梁家的茶客有金岳霖[1]先生、張奚若夫婦、周培源夫婦，陳岱孫先生也常來。其他多是清華、北大的教授，還有建築系的教師。金岳霖先生每天風雨無阻總是在三點半到梁家，一到就開始為林先生誦讀各種讀物，絕大部分是英文書籍，內容有哲學、美學、城市規劃、建築理論及英文版的恩格斯著作等。他們常常在誦讀的過程中夾着議論。

梁家每天四點半開始喝茶，林先生自然是茶會的中心，梁先生說話不多，他總是注意地聽着，偶爾插一句話，語言簡潔、生動、詼諧。林先生則不管談論什麼都能引人入勝，語言生動活潑。她還常常模仿一些朋友們說話，學得惟妙惟肖。她曾學朱暢中先生向學生自我介紹說：「我（é）知唱中（朱暢中）。」引起哄堂大笑。

有一次她向陳岱孫先生介紹我時說：「這個姑娘老家福州，來自上海，我一直弄不清她是福州姑娘，還是上海小姐。」接着她學昆明話說：「嚴來

1　金岳霖（1895～1984），浙江諸暨人，生於湖南長沙。中國著名的哲學家、邏輯學家。金岳霖是最早把現代邏輯系統地介紹到中國來的邏輯學家之一，他把西方哲學與中國哲學相結合，建立了獨特的哲學體系，培養了一大批有較高素養的哲學和邏輯學專門人才。現設立有金岳霖學術基金會。

特使銀南人！（原來她是雲南人！）」逗得我們都笑了。

她是那麼淵博，不論談論什麼都有豐富的內容和自己獨特的見解。一天，林先生談起苗族的服裝藝術，從苗族的挑花圖案，談到建築的裝飾花紋。她又介紹我國古代盛行的卷草花紋的產生、流傳，指出中國的卷草花紋來源於印度，而印度的花紋圖案則來源於亞歷山大東征。她指着沙發上的那幾塊挑花土布說，這是她用高價向一位苗族姑娘買來的，那原來是要做在嫁衣上的一對袖頭和褲腳。她忽然眼睛一亮，指着靠在沙發上的梁公說：「你看思成，他正躺在苗族姑娘的褲腳上。」我不禁噗哧一笑。

接着梁公也和我們談起他在川滇調查時的趣聞。他說在四川調查時，曾被作為上賓請去吃喜酒，看到新房門上貼着一副絕妙的對聯。上聯是：「握手互行平等禮」，下聯是「齊心同唱自由歌」。然後他又拖長了聲音笑着說：「橫批是『愛——的——精——誠』。」客人們全都哈哈大笑起來。他自己也笑着說：「真叫人哭笑不得。」

我和建築系的老師們往往在梁家聽了滿肚子的趣聞和各種精闢的見解與議論之後，在回家的歸途上，對梁、林兩位先生的博學與樂觀精神萬分感慨。我從沒有聽到過他們為病痛或生活上的煩惱而訴苦。

他們的老朋友費慰梅[1]曾這樣來形容林徽因：「她的談話同她的著作一樣充滿了創造性。話題從詼諧的逸事到敏銳的分析，從明智的忠告到突發的憤怒，從發狂的熱情到深刻的蔑視，幾乎無所不包。」

但是林先生的病卻一天天明顯地加重了，我的英語課也只好斷斷續續地進行，直至完全停止。但我仍常常去看林先生，她只要略有好轉仍是談笑風生。

1　費慰梅（Wilma Cannon Fairbank），美國著名漢學家費正清之妻。1909 年出生於波士頓，畢業於哈佛大學美術系，曾任美駐華使館文化專員，是研究東方古代藝術的專家。

一天，我們又談起北京的古建築，她問我是否都遊覽過了。我說城裡的古建築算是走馬觀花地看了一些，城外的還都沒有去。她又問我最喜歡哪一處。我說，很難說，因為每一處都給我留下了不同的感受。於是她熱情地為我講解分析每一處建築的藝術特點，似乎完全不理會我是個一無所知的「建築盲」。當她聽我說到天壇、故宮給我的感受及太廟那大片的古柏給我的印象時，她突然想起了什麼，笑着問我：「聽過我和思成逛太廟的故事嗎？」

我搖搖頭。她說：「那時我才十七八歲，第一次和思成出去玩，我擺出一副少女的矜持模樣。想不到剛進太廟一會兒，他就不見了。忽然聽到有人叫我，抬頭一看原來他爬到樹上去了，把我一個人丟在下面，真把我氣壞了。」我回頭看看梁先生，他正挑起眉毛，調皮地一笑說：「可是你還是嫁給了那個傻小子。」

他們都笑了，我也早已笑得前仰後合。梁先生深情地望着她，握着她的一隻手輕輕地撫弄着。他們是多麼恩愛的一對！林先生那蒼白得幾乎透明的臉，在興奮中泛起一點紅暈。我呆呆地看着他們，想起醫生對林先生病情的診斷，心中不免一陣酸楚。

其實，他們的現實生活十分艱辛。1949年前清華的教工宿舍還沒有暖氣，新林院的房子又高又大，冬天需要生三四個約有半人多高的大爐子才能暖和。這些爐子很難伺候，煤質不好時更是易滅，對付這幾個大爐子的添煤倒爐渣等活兒，簡直需要一個強勞力才行。那時女兒梁再冰和兒子梁從誡都在城內就學，這個沉重的擔子就落到了梁先生的肩上。室內溫度的高低冷暖，直接關係到林徽因的健康，所以梁先生也不敢輕易把這個工作交給別人。他常帶着笑說：「這是粗活兒。」是的，他還有更重要的「細活兒」：每天定時為林先生注射各種藥液，他學會了肌肉注射和靜脈注射的技術；為病人配餐；為使林先生能坐得舒服些，給她安放各種大大小小的靠墊和墊圈；為林先生朗讀各種讀物。他是一個第一流

的護士。除了這些事外他更重要的任務是領導建築系的工作和他自己的
教學與學術研究。

02 十個兒女的大家庭

李夫人與王夫人

梁思成的生母，即梁啟超的正房夫人李蕙仙是貴州人。她的哥哥李端棻在清政府中任禮部尚書，在一次科舉考試中，看中了梁啟超的文章和才華，因而把小妹妹許配給他。李夫人出身官宦之家，自然從小嬌生慣養，由於李家是書香門第，因此她也有一定的文化修養，閒時愛看看書，打打麻將。在日本時年輕的李蕙仙還學會了騎自行車，這是她十分愛好的一項遊戲。但她從不騎車上街，因為不願讓日本人注意她那雙纏過的小腳。她生育子女四人，長女思順，長子不幸夭亡，次子思成，次女思莊。

王夫人是梁啟超先生的偏房夫人，孩子們稱李夫人「媽」，稱王夫人「娘」。梁思成對他的生母感情不深，對娘卻是十分尊重並關心。他常常說：「娘是個很不尋常的女人。」

王夫人原來是李夫人娘家的丫頭。1894 年李夫人回家探親，看見她聰明伶俐又勤快，執意要把她帶走，姑嫂倆爭執起來，最後李夫人勝了。娘的童年十分悲慘，她父親是個有幾畝薄地的小油坊主，母親很早就去世了。她的繼母聽信算命先生的胡言，說她命硬剋父母，所以經常虐待她。不巧在她四歲時，父親突然得暴病死了。繼母把她一人丟在鄉下，帶着自己的孩子進城去辦喪事。賬房先生乘機把家產席捲一空，把這個四歲的小姑娘也賣給人販子。她從四歲到十歲被轉賣了四次，到梁家後梁啟超給她起個大號叫王桂荃。戊戌政變失敗後，梁李兩家族人紛紛逃亡國外，大部分人留居澳門，有的後來跟隨梁啟超去了日本，所以梁啟超在日本擔負着一大家人的生活。

娘到日本後，很快就學會了一口流利的東京話，她是李夫人的得力助手，也是李夫人各項意圖的忠實執行者，又是家庭的主要勞動力。由於她說得一口好日語，所以凡屬家務方面的對外聯繫，大部分都是由她來辦。因此她也在一定程度上接觸了日本社會的現代文明，開闊了眼界。大約在她

娘——王夫人於天津飲冰室門前

李惠仙（左四）帶着5個孩子攝於天津，
分別為思忠（左一）、思成（左二）、
思莊（左三）、思達（左五）、思永（左
六），約攝於1918年

十七八歲時與梁啟超產生了愛情，有了思永。由於李夫人脾氣乖戾，梁啟超為保護王夫人，把她送回澳門待產。同時請李夫人的兄弟從中周旋，得到李夫人首允之後，才把母子接回日本。她共生育子女八人，後來長大成人的有思永（子）、思忠（子）、思懿（女）、思達（子）、思寧（女）、思禮（子）。

梁思成的童年生活，總是離不開娘，他記得自己已經五六歲了，拉完屎還撅着屁股，非等娘來擦不可。

梁思成是這樣來回憶和評價他的娘的：

我小的時候很淘氣，有一次考試成績落在弟弟思永後面，我媽氣極了，用雞毛撣綑上鐵絲抽我。娘嚇壞了，一把把我摟在懷裡，用身子護着我。我媽正在火頭上，一下子收不住，一鞭一鞭地抽在娘身上。我嚇得大哭。事後娘摟着我溫和地說：「成龍上天，成蛇鑽草，你看哪樣好？不怕笨，就怕懶。人家學一遍，我學十遍，馬馬虎虎不刻苦讀書將來一事無成。看你爹很有學問，還不停地讀書。」她這些樸素的語言我記了一輩子。從那以後我再也不敢馬馬虎虎了。

她是個毅力堅強的人，儘管她操持着一大家人的吃穿，她還每天督促孩子們的學習，孩子們做作業時，她就坐在一旁，聽他們背書，她也跟着背，他們寫字她也跟着寫，就這樣她學會了讀書看報，還會記賬，寫簡單的書信。

梁啟超的子女除早喪的外，後來個個成才，這雖然和梁啟超的教育有關，但是對子女的早期教育，應歸功於這位普通的「娘」。

梁啟超能寫出那麼多的著作，有很大一部分要感謝娘給他創造了一個和睦安定的家庭。我們兄弟姐妹十人，很少打架拌嘴，娘總是用她的愛關心我們，教導我們。我媽對傭人很苛刻，動不動就打罵罰跪，娘總是小心翼翼地周旋

其間，實在不行了，就偷偷告訴我爹，讓他出來說情。而她自己對我媽和我爹的照顧也是無微不至，對我媽更是處處委曲求全。她是一個頭腦清醒、有見地、有才能，既富有感情又十分理智的善良的人。可惜生在舊社會。

看起來梁啟超是把家庭的財政大權給了第一夫人，把愛情給了第二夫人。

記得在天津時我爹一個人住在小樓的書房裡，我媽、娘和我們孩子住在後宅。一天晚上我從爹那裡出來，他對我說：「告訴你娘，讓她過這邊來。」我那時十四五歲，正愛搗鼓點小玩意，就說：「爹，這多麻煩，趕明兒我給您裝個電鈴，您什麼時候要找我娘，一按電鈴就行了。」他咯咯地笑說：「看你傻不傻。」

沒想到這個在舊社會沒有什麼社會地位但品格高尚的母親，卻在十年動亂中，因為是梁啟超的老婆，被抄沒全部財物，甚至連換洗的衣服都沒有一件，被趕入一間難以住人的陰暗小屋。她已是 85 歲的高齡，卻被編入勞改隊去掃街。梁思成和他的弟妹幾乎沒有一個倖免，不是被定為走資派，便是反動學術權威，紛紛被隔離審查。當時我們的處境也很困難，我只好把原來留作紀念的梁啟超的大衣，連夜改成女式的，偷偷託人給老人家送去。

老人終於經受不起這樣的打擊，在一個淒風苦雨的夜晚離開了人間。在她閉上雙眼以前，多麼希望能再看一眼她的兒女們，但是他們竟沒有一人能來到她的床前告別。她默默地離去了！

在日本度過的童年

梁啟超初到日本時住在東京，居住條件較差。一位華僑把他在神戶郊外須磨海濱的一幢別墅「怡和山莊」借給他們住。因為此處依山傍海，可以聽見海濤和松濤，所以梁啟超將它改名叫「雙濤園」。

雙濤園的後山有一大片松樹，樹下落了厚厚的一層松針，在腐爛的針葉上，一年四季長着松蘑。日本人常常帶着小爐子和醬油等佐料，到林子裡烤松蘑吃。思成還記得隨父母姐弟上山吃烤松蘑的情景，每每回憶起來都是津津有味。

當時梁啟超在愛國華僑的資助下，在日本辦起報紙，旨在向海內外的同胞宣傳愛國主義思想和介紹西方文明。辦報的收益也是他們一家人的生活來源，所以生活很不穩定，有時困難到揭不開鍋，只能吃米飯就着日本的鹹蘿蔔，或清水煮白菜蘸醬油。

梁啟超愛喝酒，每天晚飯後，孩子們都圍坐在一個小圓桌旁，父親一邊喝酒一邊給他們講故事。他講的多半都是古代民族英雄的故事。如南宋忠臣陸秀夫為忠於宋，保護幼主奮戰元軍，最後被元軍逼迫逃到廣東，走投無路，就在梁啟超的家鄉新會縣沿海的懸崖上，揹着幼主一起投海就義的故事。後來新會人民為紀念這位民族英雄，在他投海的海濱崖石上刻了「崖門」二字，現在崖門已成為新會縣的一處名勝古蹟。

像陸秀夫這樣的民族英雄也就一個個深深地印在梁思成幼小的心靈裡。

梁思成幼年在父親為華僑子弟辦的同文學校學習。同文學校在神戶市內，從須磨到神戶要乘一段小火車，每天孩子們帶着飯糰出發，天黑了才回到家。後來小火車站的路警和他們熟了，有時孩子們遲到兩三分鐘，他就等他們到了後才吹哨放行。每天趕火車去上學，對孩子來說也許太緊張了，致使思成留下深刻的印象。直到晚年還常夢見趕火車上學的情景，睡夢中還能說出流利的日語，但醒來後卻一切都忘了。

有一段時間，康有為也和他們住在一起，但孩子們都不敢接近他。1958年的一天，周總理見到梁思成對他說：「今年是康有為一百週年誕辰，他的女兒要求舉辦一個紀念活動，你有什麼建議嗎？」梁思成說，自己雖是梁啟超的兒子，但對康梁毫無研究，談不出什麼看法。總理又問他對康有為

小學時期的梁思成

雙濤園群童（左一為梁思成）

有什麼印象，他想了想說，只記得一件事，就是康有為剪辮子的故事。

康有為逃亡日本後，仍留着他那大清帝國的大辮子，所以出出進進招來不少看熱鬧的人。梁啟超和許多華僑都勸他把辮子剪了，他死活不同意，後來他自己也感到太被日本人取笑了，只好同意剪掉。剪辮子的那天，好像舉行什麼盛大典禮一般，他朝北京方向擺了香案，還宣讀了一篇奏文。奏明聖上自己着滿服在日本的種種苦衷，乞求聖上恩准削髮。接着又讀了一篇給祖宗和生身父母的祭文，因為身體髮膚受之父母，不可損傷。每念完一篇就行一次三跪九叩禮，行禮完畢才坐下來。請來的日本理髮師站在一旁莫名其妙地看着，他已經問了好幾次是不是要理髮。等理髮師剛拿起剪子，忽然十幾串鞭炮齊鳴，理髮師大吃一驚，把手上的剪子都嚇掉了。周總理聽到這裡哈哈大笑了起來。

梁啟超對子女們要求十分嚴格。他不僅是孩子們的慈父，也是孩子們的朋友。他注意引導孩子們對知識的興趣，又十分尊重他們的個性和志願。他非常細緻地掌握每個孩子的特點，因材施教，對每個子女的前途都有周到的考慮和安排，但又不強求他們一定按照自己的意圖去辦，而是反覆地徵求孩子們的意見直到他們滿意為止。梁思莊入大學後，在選專業時，梁啟超經過細緻的考慮，以他的遠見卓識看到將來生物學對社會發展的重要性，最初他建議思莊學當時在中國幾乎是空白的現代生物學，但因思莊當時就讀的麥基爾大學的生物學教授教得很不好，引不起思莊對生物學的興趣，她把苦惱告訴了二哥思成。梁啟超知道後立刻寫信給思莊：「莊莊，聽見你二哥說你不大喜歡生物學，既然如此，為什麼不早同我說。凡學問最好是因自己性之所近，往往事半功倍。你離開我很久，你的思想近來發展方向我不知道，我所推薦的學科未必合你的適，你應該自己體察做主，用姐姐哥哥當顧問，不必泥定爹爹的話，……我很怕因為我的話擾亂了你治學之路，所以趕緊寄這封信。八月五日爹爹。」後來梁思莊聽從父親的意見學了圖書館學，考入了美國著名的哥倫比亞大學圖書館學院，最終成為中國著名的圖書館專家。

梁啟超不僅要求孩子有堅強的奮鬥精神，還要他們樂觀、風趣、富有人情味。他說：「我生平對於自己所做的事，總是做得津津有味，而且興會淋漓，什麼悲觀咧，厭世咧，這種字，在我所用的字典裡頭可以說完全沒有。」他又說：「凡人必常常生活於趣味之中，生活才有價值。若哭喪着臉捱過幾十年，那麼生命便成為沙漠，要來何用？」

梁思成的世交摯友張銳老先生回憶說：

無論在天津飲冰室藏書樓、北京松坡圖書館、清華園或是北戴河，任公先生經常在飯前飯後高談闊論，邊談邊笑，上下古今，無所不包，毫無架子。立憲派而有民主作風亦奇事也。思成心靈受其陶冶最突出的，一曰好學不倦，二曰赤子之心。

梁啟超的孩子們

梁啟超的孩子們都得到了他的這種真傳，每個人都有一部艱辛的奮鬥史，但他們從不悲觀，個個都是勝利者。他們是：

長女梁思順（1893～1966），字令嫻，出生於廣東新會，自幼愛好詩詞和音樂，直接受教於梁啟超，著有《藝蘅館詞選》，此書也是研究梁啟超學術思想的重要參考資料。

長子出生兩月後夭亡。

次子梁思成。

三子梁思永（1904～1954），出生於澳門，著名考古學家。1924 年畢業於

清華，1930 年畢業於美國哈佛大學。回國後在南京政府中央研究院歷史語言研究所考古組工作。1931 年他參加河南安陽小屯和後岡及山東歷城龍山鎮城子崖的第二次發掘。他的工作提高了中國考古發掘的科學水平，使之納入近代考古學的範疇。1934 年他又赴安陽主持侯家莊西北岡商代王陵區的發掘，到 1935 年共發掘大墓十座，小墓千餘座。此次發掘規模的宏大、田野工作的精細和考古收穫的豐富在國內是空前的。1939 年他在第六次太平洋學術會議上所作的學術報告全面總結了龍山文化。直至目前對龍山文化的進一步研究，仍基於梁思永半個世紀前的創見。1941 年他因肺結核病臥床休養。1948 年他被南京政府科學院選為院士。1949 年新中國成立後，他以奔放的熱情，抱病投入人民考古事業，1950 年被任命為中國科學院考古研究所副所長。他在病榻上主持考古所的工作，制定長遠規劃，指導野外工作和室內研究，熱情培養青年一代，終因工作過度辛勞，於 1954 年病逝，終年不到 50 歲。他的學術論文很多，以他主筆的《城子崖遺址發掘報告》，是中國首次出版的大型田野考古報告集。他是中國考古界公認的中國近代考古學和近代考古教育的開拓者之一。

四子梁思忠（1907～1932），出生於日本，畢業於美國弗吉尼亞陸軍學院和西點軍校。回國後任國民黨十九路軍炮兵校官，曾在上海參加「一·二八」抗擊日軍的戰鬥，1932 年病亡，年僅 25 歲。

二女早喪。

三女梁思莊（1908～1986），出生於日本，著名圖書館學專家。1930 年畢業於加拿大蒙特利爾市麥基爾大學，獲文學學士，1931 年又獲美國哥倫比亞大學圖書館學學士學位。她為中國圖書館事業嘔心瀝血、默默無聞地工作了 50 年，一生致力於西文編目工作，被公認為全國首屈一指的專家。北京大學圖書館的幾十萬種西文圖書的目錄經她親自編製或指導編製而成，它的高質量受到國內外專家的交口稱讚。她一生為校內外的教師、學者、青年學生、各行各業人員所解決的問題，包括許多疑難問題不計其數。她

梁啟超與思順（右一）、思成（左一）、思永（右二）三兒

梁啟超抱着 2 歲的思莊和 3 歲的思忠，1910 年攝於日本

一生留下的文章不多，但許多專家、教授們的著作和學生們的論文中，都包含了她的大量心血和辛勤勞動。

五子梁思達（1921～2001），出生於日本，長期從事經濟學研究。1949年後在北京國務院外資企業局（後改為國家工商管理局）任職。他曾參與科學院經濟所編寫《中國近代經濟史》一書。1965年主編了《舊中國機製麵粉工業統計資料》一書。

四女梁思懿（1914～1988），出生於北京，社會活動家。早年在燕京大學就讀，1941年赴美國學習美國歷史，1949年得知新中國即將誕生，立即回國，一直從事對外友好聯絡工作，多次代表中國參加國際紅十字會議。

五女梁思寧（1916～2006），出生於北京。曾就讀於南開大學，因抗日戰爭爆發失學。1940年投奔新四軍，參加革命工作幾十年，離休後，住在山東濟南。

六子梁思禮，1924年出生於北京，著名火箭控制系統專家。1941年他隨梁思懿赴美學習，在辛辛那提大學獲碩士和博士學位。1949年回國，參加國務院組織的「十二年科學遠景規劃」，負責起草運載火箭的長遠規劃。1956年調入國防部第五研究院，任導彈系統研究室主任。他為祖國從無到有的導彈控制系統事業貢獻自己的才智，是我國航天事業的開拓者之一。30年來他親自領導和參加了多種導彈、運載火箭控制系統的研製試驗。1966年他參加了我國導彈核武器試驗。這次試驗的成功震驚了全世界，從此我國進入了核大國的行列。由於他在1980年向太平洋發射遠程火箭的飛行試驗工作中做出的貢獻，獲得了1985年國家科技進步特等獎。他是中國航天事業的第一代人，也是當代中國導彈控制系統的帶頭人，為我國的航天事業做出了重要貢獻。1987年他當選為國際宇航科學院院士。1990年被選為我國首屆工程院院士。

梁思成兄妹十人，他們的年齡相差很遠，思成和姐姐思順相差八歲，和最小的弟弟思禮相差二十三歲。在眾多的弟妹中，思成、思永、思莊三人年齡最接近，感情也最好。但是兩個「淘氣精」哥哥儘管非常疼愛自己的小妹妹，仍忍不住要對她做惡作劇。一天，兩個哥哥送給思莊一個漂亮的紙盒，思莊高高興興地打開一看，嚇得尖叫了起來，扔掉盒子，跑得老遠。原來盒裡裝滿了綠色的小肉蟲子——槐樹蟲，而兩個哥哥早已溜得無影無蹤了。有時梁思成全身披掛上各種怪裝飾，或者倒立着怪聲怪調地唱歌，然後由思永把思莊騙出來，這些新花樣每次都嚇得思莊尖聲怪叫。但要是被娘知道了他們的惡作劇，他們就要乖乖地向小妹妹「賠禮道歉」。

思成對大姐思順非常敬重，對思永、思莊非常關心。思永從事的考古工作，思成也有極大的興趣，他曾親赴安陽去看思永的發掘成果。後來思永患結核病長期臥床，抗戰時期思永所在的歷史語言研究所從昆明遷到四川李莊，史語所在李莊山上，而思永已不能步行上山，必須躺在滑竿上被抬上山去。為了保證思永的安全，思成曾親自躺在滑竿上，讓腳夫抬上去，以體會須注意的事項。在思莊結婚時，思成又從百忙中抽出時間，為她設計了一套簡潔小巧的傢具。至今這套傢具還擺設在吳荔明（梁思莊之女）家中，雖然這是六十多年前的設計，但今天看來仍然別有韻味。

03 歸來

梁思成入學清華

1913 年，思成隨父母回國，先住在天津，後來到北京，他曾在北京匯文學校及崇德高小讀書。1914 年開始，梁啟超逐漸脫離政界，應清華校長的聘請到清華講學。現在清華大學北院住宅區西北角，一棟小小的二層樓房便是梁啟超當年在清華講學時的住處。

1915 年，梁思成進入清華學校（清華學校是清華大學的前身，清華學校當時的留美預備班，學制 8 年）。他除了學業優秀外，興趣十分廣泛，愛好體育運動，並擅長音樂及美術。

梁公常帶笑對學生們說：

別看我現在又駝又瘸，可當年是馬約翰（清華大學體育教授）先生的好學生，有名的足球健將，在全校運動會上得過跳高第一名，單雙槓和爬繩的技巧也是呱呱叫的。

好了，好了，好漢不提當年勇。不過說真的，我非常感謝馬約翰。想當年如果沒有一個好身體，怎麼搞野外調查。在學校中單雙槓和爬繩的訓練，使我後來在測繪古建築時，爬樑上柱攀登自如。

我很感謝母校對我的培養，那時學校在生活上對我們管得很嚴。清華有不少大官闊佬的子弟，但是不管家裡寄多少錢來，都由齋務處掌管，學生花錢要記賬，周末交齋務處檢查，亂花錢不記賬要記過的。但另一方面學校提倡各種社團活動，對培養學生的民主精神，對學生的全面發展很有好處，只是學制太長了些，我看不用八年，最多五年就夠了。

就讀於清華的梁思成

歌唱團合影（前排中間為梁思成）

美術社成員與教師們合影（後排右五為梁思成）

他的老同學陳植 [1] 先生回憶說：

在清華的八年中，思成兄顯示出多方面的才能，善於鋼筆畫，構思簡潔，用筆瀟灑。曾在清華年報（1922 年～ 1923 年）任美術編輯。他酷愛音樂，與其弟思永及黃自等四五人向張藹貞女士學鋼琴，他還向菲律賓人范魯索學小提琴。在課餘孜孜不倦地學奏兩種樂器是相當艱苦的，他卻引以為樂。約在 1918 年，清華成立管絃樂隊，由荷蘭人海門斯指揮，1919 年思成兄任隊長，他吹第一小號，亦擅長短笛……此外，思成還與同班的吳文藻、徐宗漱等四人，將威爾斯的《世界史綱》譯成中文，由商務印書館出版。

清華校史組的黃延復先生撰文說：

學生時期的梁思成的另一與眾不同處，就是他具有冷靜而敏銳的政治頭腦，同學們稱他為「一個有政治頭腦的藝術家」。1919 年「五四」運動中，他是清華學生中的小領袖之一，是「愛國十人團」和義勇軍中的中堅分子。

為什麼這個「有政治頭腦的藝術家」，在 1924 年至 1949 年沒有走上政治活動家的道路，不問政治卻專心於學術研究？也許在梁思成的天平上，政治與藝術相比，還是藝術要重得多。

梁啟超十分擔心孩子們在清華接受了西方文化，而丟了國學。於是他每在假期為子女講學，先講《國學源流》後講《孟子》、《墨子》、《前清一代學術》等。梁思成回憶說：「父親的觀點很明確，而且信心極強，似乎覺得全世界都應當同意他的觀點。」清華八年的教育和梁啟超的影響，對梁思成形成樂觀開朗的性格、不斷進取的精神、堅定的自信心、學術上嚴

1　陳植（1902 ～ 2002），1923 年留學美國賓夕法尼亞大學建築系，1928 年獲得碩士學位。1929 年始任教於東北大學，1931 年與趙深合辦建築事務所，為華蓋三巨頭之一。1949 年後任上海市建築規劃局副局長，上海市民用建築設計院院長。

梁思成（左一）擔任管弦樂隊隊長

梁思成在清華年報上發表的美術作品

ADVERTISEMENTS

紅袖羅香伴讀書

ORGANIZATIONS

車禍受傷後的梁思成

謹的作風、廣泛的興趣與愛好起了決定性的作用，並使梁思成成為一個熾
熱的愛國主義者，對祖國、對民族文化的熱愛勝過了一切。張銳老先生用
「自強不息」四個字來概括清華對梁思成的影響。

1923 年，梁思成正準備畢業考試，並在做赴美留學的準備。5 月 7 日那天，
他和思永乘一輛摩托車去天安門廣場參加北京學生舉行的「國恥日」紀念
活動，車到南長街口，被軍閥金永炎的汽車撞傷。思成右腿骨折、脊椎受傷，
思永面部受傷滿臉是血。因為是梁啟超的兩位公子被撞傷，北京各報都大
加宣揚。李夫人見金某不來賠禮，直找到總統府去鬧了一場。

梁思成受傷後，被送入協和醫院治療。但是腿沒有接好，致使右腿比左腿
略短一厘米。過去他的鞋子要專門定做，後來為了省事，只在左腳的鞋後
跟處加一個小墊子。

他對自己推遲一年赴美、比同學落後一年感到焦急。但父親認為利用這一
年時間，多讀些國學是有用的。父親信中說：「吾欲汝在院兩月中取《論
語》、《孟子》，溫習暗誦，各能略舉其辭，尤於其中有益修身之句，可
益神智，且助文采也。更有餘日讀《荀子》則益善。《荀子》頗有訓古難
通者，宜讀王先謙《荀子集解》。」

這一年他確實對國學下了工夫。梁思成說：「我非常感謝父親對我在國學
研習方面的督促和培養，這為我後來研究建築史打下了基礎。」

沒想到在協和養傷期間，他的婚姻成了惱人的問題。1920 年他初識林徽因
時，她剛隨父從英國回來，她的父親林長民，是任公的摯友，兩家有意結
成兒女親家。因此梁思成初次對林徽因的拜訪就不是一般的訪問，而是以
一個求婚者的身份去的。但是李夫人不大喜歡林徽因，她討厭「現代女性」。
但一開始她沒有表示明顯的反對。

在梁思成住院期間，林徽因常去看他，那時正是炎熱的夏天，梁思成有時熱得只穿一件背心，林徽因去了就坐在床邊，有時還為梁思成擦手巾擦汗。李夫人知道後簡直就不能容忍，在她看來，他們正是應當迴避的時候。她激烈地反對這樁婚事。後來李夫人去世了，梁思成和林徽因也到了美國，他們才舉行訂婚儀式，那是由雙方家長在北京舉行的。

梁、林赴美學習建築

1924 年，梁思成和林徽因同去美國賓夕法尼亞大學建築系學習。但是那時建築系不招女生，林徽因也和一些美國女學生一樣報的是美術系，但選修建築系的課程。她是我國第一位女建築師。

賓夕法尼亞大學教建築設計的是斯敦凡爾特和 Paul-Cret 兩位著名教授。他們都曾在巴黎美院深造，是當時歐美最有影響的「學院派」的主流人物，很受學生崇拜。

20 世紀 20 年代，整個美國建築界在建築設計方面還是持折衷主義的（折衷主義建築是 19 世紀至 20 世紀在歐美流行的一種建築風格。它在建築外形上模仿歷史上各時代的建築風格，注重純形式美。由於建築師沒有考慮到當時不斷出現的新建築材料和新技術去創造與之相適應的新的建築形式，因而總的來說折衷主義建築思潮是保守的），一切建築外形的設計必須採用古代的一種建築形式，不得有多大改動，所謂設計也就是在平面上重新劃分。梁思成對這種功能與形式脫節、外形只能死板地去模仿古代建築的學習方法產生了懷疑，覺得長此下去自己也許會變成一個畫匠，而不是建築師，他把這種擔心告訴了父親，父親回信說：

你覺得自己天才不能符你的理想，又覺得這幾年專做呆板工夫，生怕會變成畫匠。你有這種感覺，便是你的學業在這時期內將發生進步的象徵，我

聽到歡喜極了。孟子說:「能與人規矩,不能使人巧。」凡學校所教與所學不外規矩方面的事,若巧則要離開了學校才能發現。規矩不過是求巧的一種工具,然而終不能以此為教,以此為學,正以能巧之人,習熟規矩後,乃愈其巧耳。況且一位大文學家、大美術家之成就,常常還要許多環境及附帶學問的幫助。中國先輩說要「讀萬卷書,行萬里路」。將來你學成之後,常常找機會轉變自己的環境,擴大自己的眼界和胸襟,到那時候或者天才會爆發出來,今尚非其時也。

關於學業,我有點意見。思成你所學太專門了,我願你趁畢業後一兩年,分出點光陰多學些常識,尤其是文學或人文科學中之某部門,稍微多用點工夫。我怕你因所學太專門之故,把生活也弄成過於單調。

……我是學問趣味方面極多的人,我之所以不能專職有成皆在此,然而我的生活內容異常豐富,能夠永久保持不厭不倦的精神,亦未始不在此。……我雖不願你們學我那氾濫無歸的短處,但最少也想你們參採我那爛漫向榮的長處。我這兩年來對我的思成,不知何故常常會有異兆的感覺,怕他會走入孤峭冷僻一路去。我希望你回來見我時,還我一個三四年前活潑有春氣的孩子,我就心滿意足了。這種境界,固然關係人格修養之全部,但學業上之熏染陶熔,影響亦非小。因為我們做學問的人,學業便佔卻全生活之主要部分。學業內容之充實擴大,與生命內容之充實擴大成正比例。……這些話許久要和你講,因為你沒有畢業以前,要注意你的專門,不願你分心,現在機會到了,不能不慎重和你說。你看了這信意見如何,無論校課如何忙迫,必要回我一封稍長的信,令我安心。

陳植先生回憶思成在賓夕法尼亞大學時的學習說:

在賓大,思成兄就學期間全力以赴、好學不倦給我以深刻的印象。我們常在交圖前夕徹宵繪圖或渲染,他是精益求精,我則在彌補因經常欣賞歌劇和交響樂而失去的時間。在當時「現代古典」之風盛行的影響下,思成兄

1924 年，一些留美學生在紐約國際大廈前合影（左一梁思成、左三林徽因、左六陳植）

梁思成與陳植

梁思成、林徽因在美國賓夕法尼亞大學留學時留影 (前排左林徽因、右梁思成)

在建築設計方面鮮落窠臼，成績斐然，幾次評為一級。他的設計構圖簡潔，樸實無華，亦曾嘗試將建築與雕塑相結合，以巨型浮雕使大幅牆面增添風韻。他的渲染，水墨清澈，偶用水彩，則色澤雅淡，明淨脫俗。

除建築設計外，思成兄對建築史及古典裝飾饒有興趣，課餘常在圖書館翻資料、做筆記、臨插圖，在掩卷之餘，發思古之幽情。學校的博物館與建築系近在咫尺，規模不大，但聞名遐邇，藏有我國古代銅、陶、瓷等文物，其中最令人感歎的是唐太宗陵墓的「六駿」之一，竟被盜賣而存於異邦的博物館。思成兄、徽因與我每往必對這一渾厚雄壯的浮雕凝視默賞。思成兄本人又常徘徊於佛像與漢唐冥器之間。考古已開始從喜愛逐漸成為他致志的方向。他對我國雕塑的鑒賞力是以後對石窟的壁畫、造像及寺院的佛像等進行長期的考察、研究、鑒別而不斷加強的，以致於後來成為這方面的專家。1947 年他從耶魯大學返國時，曾言在考慮撰寫《中國雕塑史》，惜終未如願以償。由於欽佩他在這方面的知識深邃，在他五十歲生日時我曾以隋代造像為贈。

梁公常常向朋友們談起他為什麼選擇這一行，並成了中國建築史專家的。他說：

當我第一次去拜訪林徽因時，她剛從英國回來，在交談中，她談到以後要學建築。我當時連建築是什麼都不知道，徽因告訴我，那是包括藝術和工程技術為一體的一門學科。因為我喜愛繪畫，所以我也選擇了建築這個專業。

在賓夕法尼亞大學學習時，看到歐洲各國對本國的古建築已有系統的整理和研究，並寫出本國的建築史。唯獨中國，我們這個東方古國，卻沒有自己的建築史。當時西方學者尚未注意中國建築的發展和技術。但我感到日本學術界已開始注意中國，如著名學者大村西崖、常盤大定、關野貞等都對中國建築藝術有一定的研究。我相信如果我們不整理自己的建築史，那麼早晚這塊領地會被日本學術界所佔領。作為一個中國建築師，我不能容忍這樣的事情發生。

同時，我在學習西方建築史的過程中，逐步認識到建築是民族文化的結晶，也是民族文化的象徵。我國有着燦爛的民族文化，怎麼能沒有建築史？

1925 年父親寄給我一部重新出版的古籍，「陶本」《營造法式》，我從書的序及目錄上，知道這是一本北宋官訂的建築設計與施工的專書，是我國古籍中少有的一部建築技術專書。但是在一陣驚喜之後，又帶來了莫大的失望和苦惱，原來這部精美的巨著竟如天書一般，無法看懂。我想既然在北宋就有這樣系統完整的建築技術方面的巨著，可見我國建築發展到宋代已經很成熟了，因此也就更加強了研究中國建築史、研究這本巨著的決心。

在賓夕法尼亞大學畢業後我轉入哈佛大學研究生院，準備進行《中國宮室史》的博士論文。我用了三個月的時間，閱讀了當時所有能查找到的有關中國建築的資料。我對這些資料進行分析研究後發現，依靠這些書本不可能完成我的論文。我必須回國去實地調查，我和導師說好，回國收集資料，兩年後交博士論文。徽因也結束了她在耶魯大學舞台美術方面的研究工作。1927 年我們到加拿大溫哥華結婚。因為我的姐夫周希哲在那裡任中國駐加領事，父親就託姐姐、姐夫幫忙料理我們的婚事。

我們結婚後立即動身去歐洲參觀遊歷了半年。在赴歐以前，我父親已經為我們擬了具體計劃。他來信說，「我替你們打算，到英國後折往瑞典、挪威一行。因北歐極有特色，市政亦極嚴整有新意（新造城市，建築上最有新意者為南美諸國，可惜力量不能供此一遊，次則北歐更可觀），必須一往。由是入德國，除幾個古都市外，萊茵河畔著名堡壘最好能參觀一二，回頭折入瑞士看些天然之美，再入意大利，多耽擱些日子，把文藝復興時代的美徹底研究瞭解。最後回到法國，在馬賽上船，中間最好能騰出點時間和金錢到土耳其一行，看看回教的建築和藝術，附帶着看看土耳其革命後的政治。」

他們在歐洲遊歷的觀感沒有留下文字的記錄，但二十年後林徽因和她的學生關肇鄴談起去西班牙參觀阿爾罕布拉宮的情景，卻是饒有趣味。

1927 年梁思成與林徽因在溫哥華結婚

阿爾罕布拉宮位於西班牙格蘭納達的郊外，是伊斯蘭世界中保存得比較好的一座宮殿。當梁思成、林徽因到達格蘭納達市時已是午後四點，待他們在旅店中安頓下來，已是五點以後了，開往阿爾罕布拉宮的末班旅遊車早已發出，但是他們已沒有等待到第二天的耐心，於是自己包了一輛馬車向阿爾罕布拉宮飛馳而去。到了阿爾罕布拉宮，宮門已經關閉，遊人早已散去。他們只好去央求守門人放他們進去，管理人員看到這兩個東方青年自己包車前來，被他們的激情所感動，因此答應了他們的請求，陪同他們入宮參觀。

阿爾罕布拉宮坐落在一個地勢險要的小山上，有一圈紅石圍牆蜿蜒於濃蔭之中，沿牆聳立起高高低低的方塔。圍牆的大門叫公正門，君主在這裡審理訴訟。整個宮殿以兩個互相垂直的長方形殿堂組成，南北向的叫石榴院，以朝覲儀式為主，比較肅穆。東西向的叫獅子院，比較奢華，是后妃們住的地方。

石榴院南北兩端有纖細的券廊，正殿在北端券廊的後面，厚厚的幾乎全封閉的牆，沉重地立在券廊背後，更突出了廊的輕快。院子中央一長條水池，晶瑩澄澈，在月光下映出天空的星光，閃閃爍爍，如若夢幻，如入仙境。

獅子院的北側是后妃的臥室，後面有一個小花園，從山上引來的泉水分成幾路流經各個臥室，又在院子中央匯成小池，池周欄板上雕着 12 頭雄獅，院子由此得名。獅子院有一圈柱廊，但柱子卻不規則地或單、或雙、或三個並列。這些裝飾纖麗、精巧的券廊，給獅子院以嬌媚的性格，同時又給獅子院造成不安定的、強烈的光影變化，使庭院洋溢着搖曳迷離的氣氛，似乎象徵着帝王對后妃那不穩定的愛情和變動着的心。當他們進入獅子院時，月亮已高高掛起，月光下的柱廊，加強了獅子院的神秘氣氛，月光賦予了那 12 頭雄獅生命，使它們栩栩如生，它們是后妃們宮廷生活悲歡離合的見證。

阿爾罕布拉宮的殿堂及券廊上的壁面滿覆着幾何紋樣和阿拉伯文字的圖案，以藍色為主。石榴院的殿堂間雜着金、黃和紅色。整個宮殿給人的印象，

Señán, Fotógrafo　　　PATIO DE LA CASA DE D. GOMEZ, PROPIEDAD DEL MARQUES DE VIANA

FOTOTIPIA HAUSER Y MENET-MADRID

Mr. 梁　　先生

天津意租界、

TIENTSIN

CHINA.

爹：西班牙住宅的院子與我們
北方的相似，差不多每家都
有，花木挺茂；我們平常所能
左大門外略一窺探一眼。宅內挺
潔，街上卻又皇又簇，相傍的
很。二月署

梁思成在法國時留影

梁思成在旅行途中寄給父親梁啟超的明信片（正反面）

西班牙的阿爾罕布拉宮
西班牙的阿爾罕布拉宮獅子院

並非富麗，並非堂皇，而是飄散着淡淡的憂鬱。

建造阿爾罕布拉宮的時候，格蘭納達王國已臣服於西班牙的天主教君主屈辱求存，並面臨着不可挽回的沒落，一種無可奈何的哀愁籠罩着宮廷。但當時的農業和手工業都很繁榮，宮廷還能以奢侈而精巧的手工藝，來裝點他們最後的歲月。這就造成了阿爾罕布拉宮的藝術風格：精緻而柔靡，絢麗而憂鬱，親切而徜徉。

他們在這空無一人的宮殿中遊蕩着、欣賞着、體會着，真是如醉如癡。最後他們不得不告別了熱心的管理員，乘上馬車返回格蘭納達。月光瀉滿大地，樹影婆娑，聽着「得得」的馬蹄聲，他們回頭向阿宮望去，那些高高低低的方塔聳立在蜿蜒的紅色圍牆上，在藍色月光的籠罩下，清晰卻又迷茫，依然飄散着淡淡的憂鬱。不由得令他們想起李後主的詞：

四十年來家國，三千里地山河；
鳳閣龍樓連霄漢，玉樹瓊枝作煙蘿。
幾曾識干戈？一旦歸為臣虜，沉腰潘鬢消磨。
最是倉皇辭廟日，教坊猶奏別離歌，垂淚對宮娥。

梁思成、林徽因在歐洲旅行的路線，基本上是按照梁啟超為他們設計的順序。在歐洲他們參觀了過去只在書本上看到的古建築，其興奮可想而知，他們對之攝影、速寫及畫水彩。可惜這些作品現在只保留下一張水彩畫了。

林徽因曾氣惱地對我說：「在歐洲我就沒有照一張好照片，你看看所有的照片，人都是這麼一丁點兒。思成真可氣，他是拿我當 scale（標尺）呀。」

美國學者費正清曾這樣概括梁思成與林徽因所受的教育：「在我們歷來所結識的人士中，他們是最具有深厚的雙重文化修養的。因為他們不僅受過正統的中國古典文化的教育，而且在歐洲和美國進行過深入的學習和廣泛

的旅行。這使他們得以在學貫中西的基礎上形成自己的審美興趣和標準。」

他們尚沒有全部完成遊歐的計劃，突然接到梁啟超病危的電報，便匆匆乘火車橫穿西伯利亞回國。

車到瀋陽時，比思成高幾班的清華同學高惜冰已在車站等候。原來他已是東北大學工學院院長，他說梁思成已被任命為建築系主任，建築系已招收了一班學生，但一個專業教師都沒有，也不知該開些什麼課，一切都等思成回來進行。

在他們歐遊之時，梁啟超已經在安排思成回國後的工作。當時基泰建築公司也通過楊廷寶[1]和梁思成聯繫，希望他到基泰去。當然基泰拉他去是看中了他的社會關係。那個時代想搞到大的設計任務，政府裡沒有人是不行的。梁啟超則希望他到東北大學任教，當時張學良繼任父職，東北時局在多方面表現出進取的精神。梁啟超認為東北有發展的希望，梁思成也覺得教學工作比較自由，可以有時間研究古建築和《營造法式》，實現他研究「中國建築史」的理想。

他沒有考慮自己開業，雖然他不愁找不到設計任務，但是他不善於官場應酬這一套。去基泰雖然可以專心搞設計，但也許會失去做研究工作的時間。

在東北大學的第一學期，他是系主任又是主力教師，還要辦理不少勤雜事務。林徽因是他能找到的唯一教師，她教美術和建築設計。第二學期他們

1　楊廷寶（1901～1982），河南人，中國建築學家和建築教育學家，中國近現代建築設計開拓者之一。

東北大學教工宿舍門前（坐者左起劉崇樂、傅鷹、陳植、
蔡方蔭、梁思成、徐宗漱，後立者為陳雪屏）

的日子好過了些，請到了陳植、童寯[1]、蔡方蔭[2]等人任教。

林徽因曾和我談起在東北那短暫的時日。她說：「當時東北時局不太穩定，各派勢力在爭奪地盤。一到晚上經常有土匪出沒（當地人稱為鬍子），他們多半從北部牧區下來。這種時候我們都不敢開燈，聽着他們的馬隊在屋外奔馳而過，那氣氛真是緊張。有時我們隔着窗子往外偷看，月光下鬍子們騎着駿馬，披着紅色的斗篷，奔馳而過，倒也十分羅曼蒂克。」她輕鬆地笑了。

劉致平[3]告訴我說，梁思成、林徽因兩位先生在東北任教時，幾乎每天都輔導學生到深夜。林徽因已經懷孕，過度的工作幾乎把她累垮。這可不那麼「羅曼蒂克」。

東北大學建築系——我國最早的一個建築系，僅僅存在了三年，就因「九一八」事變而夭折了。但是這個只辦了三年的建築系，卻培養了一批像劉致平、劉鴻典、張鎛、趙正之、陳繹勤等卓有成就的建築學者和大師。當我準備寫這本書時，在思成的遺物中，想找一些關於東北大學時期的資料，但除了一張照片外一無所獲。

我面前的這張照片，在東北大學教職員宿舍樓前，坐着一排年輕人，他們都是剛從美國學成歸來，在東北大學任教的人。這些人後來全部成為知名的學者和專家，他們是傅鷹、蔡方蔭、陳植、梁思成、陳雪屏、徐宗漱、劉崇樂。

1　童寯（1900～1983），中國著名建築學家、建築教育家。童設計的作品凝重大方，富有特色和創新精神，他是位建築界融貫中西、通釋古今的大師。早在 20 世紀 30 年代初，童就進行了江南古典園林研究，是我國近代造園理論研究的開拓者。

2　蔡方蔭（1901～1963），江西南昌人，中國力學專家、教育家、土木建築結構專家、中國科學院院士。

3　劉致平（1909～1995），遼寧鐵嶺人，1928年考入東北大學，是建築系第一班學生。1935年，經梁思成先生推薦，成為營造學社社員，並始任法式助理。劉致平與梁思成、劉敦楨一起在調查研究和設計方面做了大量的工作。

04 中國營造學社

梁思成加入營造學社

1919年朱啟鈐[1]受北方政府總統徐世昌的委託，赴上海出席南北議和會議。當他路過南京時，在江南圖書館發現了手抄本的《營造法式》一書。兩次刊行後，他產生了深入研究中國營造學的興趣。於是他自籌資金發起「營造學社」。這是中國最早研究中國古建築的學術團體。

初邀入社的，大都是些國學家

我國歷代學者對文化的傳統觀念，局限於文人學士的詩、文、書、畫，而建築被視為「匠作之事」。特別是明清以來，學者們的學術研究，也就是到浩瀚的古籍中去考證，這也是營造學社初成立時所走的研究道路。

然而朱啟鈐則認為除此之外還應做到：「訪問大木匠師、各作名工、工部老吏及樣房算房專家。明清大工，畫圖估算，出於樣房算房。本為世家之工，號稱專家，至今猶有存者。其餘北京四大廠商，所蓄匠師，係出冀州。諸作皆備。術語名詞，實物構造，非親與其人講習，不能剖析。製作模型，燙樣傳彩，亦有專長。至廠商老吏經驗宏富者，工料事例，可備咨詢。」於是，他請了老木匠楊文起和老畫匠祖鶴洲為學社製作斗拱模型和彩畫樣片。朱啟鈐雖然曾為北洋政府的上層人物，但他肯於和普通工匠交往並發揮他們的作用，這正是他的難能可貴之處。

朱啟鈐雖然大半輩子生活在半封建半殖民地的社會中，但他對建築的認識卻與近代的觀點十分接近，這亦是他的可貴之處。近代學者普遍認識到「建

---

1 朱啟鈐（1872～1964），字桂辛、桂莘，號蠖公，祖籍貴州開州（貴州開陽），中國北洋政府官員，愛國人士，著名古建築學家。

築是民族文化的結晶，也是民族文化的象徵」，但在封建社會把建築只看做「匠作之事」，根本提不到文化的範疇中來。然而，朱啟鈐卻已經認識到「吾民族之文化進展，其一部分寄之於建築，建築於吾人最密切，自有建築，而後有社會組織，而後有聲名文物。其相輔以彰者，在可以覘其時代，由此而文化進展之痕跡顯焉。總之研求營造學，非通全部文化史不可，而欲通文化史非研求實質之營造不可。啟鈐十年來粗知注意者，如此而已」。

同時，朱啟鈐很早就注意到近代學者感興趣的各民族文化的相互交融、相互滲透、相互影響。他說：「蓋自太古以來，早吸收外來民族之文化結晶直至近代而未幾也，凡建築本身及其富麗之物，殆無一處不足見多數殊源之風格。混融變幻以構成之也。遠古不敢遽談，試觀漢以後之來自匈奴西域者；魏晉以後之來自佛教者；唐以後之來自波斯大食者；元明以後之來自南洋者；明以後來自遠西者。其風範格律，顯然可尋者，因不俟吾人之贅詞。」朱啟鈐在說明為何定名為「營造學社」時又進一步闡明了他的建築觀，他說：「本社命名之初，本擬為中國建築學社。顧以建築本身，雖為吾人所欲研究者最重要之一端，然若專限於建築本身，則其於全部文化之關係仍不能彰顯，故打破此範圍而名以營造學社。則凡屬實質的藝術，無不包括，由是以言。凡彩繪、雕塑、染織、髹漆、鑄冶、塼埴一切考工之事，皆本社所有之事。推而極之，凡信仰傳說儀文樂歌一切無形之思想背景，屬於民俗學家之事，亦皆本社所應旁搜遠紹者。」

20世紀60年代初，梁思成在《拙匠隨筆》（一）中曾為建築作了這樣一個公式：「建築 $\subset$（社會科學$\cup$技術科學$\cup$美術）」即建築學是包含了社會科學與技術科學及美術的一門多種學科互相交叉、滲透的學科。在20世紀60年代時還沒有交叉學科和多學科滲透等這些名詞，但其本質，在梁思成的思想中是明確的。在20世紀30年代初，人們對建築的觀念還停留在磚、瓦、灰、沙、石的階段，鋼筋混凝土結構剛剛引進來不久。建築還沒有發展成一門複雜的技術科學。朱啟鈐自然也不可能預見到這一點，但對建築與社會科學及美術的互相交叉與滲透的關係，在他的建築觀中已基本形成。

朱啟鈐像

梁思成、林徽因回北平參加中國營造學社

由此可見，朱啟鈐之所以創辦營造學社，並非像其他失意政客的沽名釣譽之舉，而是由於他本人多年來對中國建築的悉心研究與志趣。

1929年，朱啟鈐為籌措學社的研究經費，向支配美國退還庚款的「中華教育基金董事會」（簡稱「中基會」）申請補助。「中基會」董事之一的周詒春是學社的社員，也是思成初入清華學校時的校長（他曾是朱啟鈐的幕僚）。他認為學社缺少現代建築學科的專門人才，他從梁啟超那裡知道梁思成對研究古建築有興趣，因此專程跑到瀋陽來找他，勸梁思成加入營造學社。開始梁思成十分躊躇，因為東北大學建築系剛剛辦起來，他一時捨不得離開。另一方面，由於朱啟鈐曾為袁世凱稱帝籌備大典，這事使他很彆扭，但終於被周詒春說服，答應他考慮這件事。

當時梁再冰出生不久，林徽因由於工作勞累，結核病又復發了，只好回北平養病。看來她的身體不能適應東北寒冷的氣候，也使梁思成不得不考慮回北平工作。但最後迫使他下決心離開東北大學，還有兩個重要原因：一是東北時局的不穩定，日本侵略軍已劍拔弩張，東北大學的前途岌岌可危；另一個近因是東北大學幾位院長之間派系鬥爭激烈，鬧得不可開交，校長張學良竟揚言要槍斃他們，梁思成雖沒有參與其間，但對張學良的這種作風極其氣憤，於是決定離開東北大學。1931年9月梁思成到營造學社工作。於是在1931年，梁思成和林徽因在北平東城北總布胡同三號安下了他們的第二個家。

朱啟鈐為了區別於他個人出資辦的營造學社，固在接受庚款補助後，將學社改名「中國營造學社」，1930年學社正式成立。社長由朱啟鈐自任，社員最初僅三十人，至1937年發展到八十餘人。社員只是一種榮譽，並不擔任研究工作。研究工作由職員承擔，職員約二十人，職員領取工資，但並非都是社員。社員的情況比較複雜主要由以下幾種人組成：

（一）財界和政界人士：他們直接從經費上或行政上支持學社的工作。如

負責中美、中英庚款的官員有周詒春、任鴻雋、徐新六、朱家驊、杭立武、葉恭綽、李書華;財界人士有錢新之、周作民、胡筆江、任鳳苞、葉揆初、吳延清。

(二)學術文化界人士:作為一個學術團體要想取得社會的承認,必須有一定的學術水平。但學社初創,尚未出成果。為了提高學社的知名度就只有邀請當時已享有盛名的學者和文化界人士入社,以提高學社的聲望。他們是漢學家胡玉縉、美術史家葉瀚、史學家陳垣、地質學家李四光、考古學家李濟以及馬衡、吳其昌、金開潘、袁同禮、馬世傑、孫壯、裘善元、葉公超等。

(三)建築界人士:鮑鼎、莊俊、華南圭、關頌聲、楊廷寶、趙深、陳植、彭濟群、汪申、徐敬直、夏昌世、林志可、盧樹森、關祖章。可以說當時著名的建築師均加入了學社,可見建築界對學社的支持。

(四)老交通系成員及社會名流:這些人大都與朱啟鈐有多年的交往,本人亦有一定的財力,支持學社的工作,並為之解囊相助。其中陶湘、郭葆昌是校訂出版《李明仲營造法式》的主要人士。

(五)營造廠商:陸根泉、錢馨如、趙雪訪、馬輝堂、宋華卿,其中馬輝堂和他的徒弟宋華卿是前清木廠主,專事承包皇家工程,精通清式做法。趙雪訪是琉璃廠廠主,馬、宋、趙三人是以古建專家的身份被邀請入社的。

(六)外籍學者:美籍有瞿孟生、溫德、費慰梅,德籍有艾克、鮑希曼,日籍有松崎、橋川、荒木。

有人不太理解,認為一個學術團體為何要拉這麼多官僚、資本家來入社,與研究工作毫無關係。筆者認為,朱啟鈐在吸收社員時是很有一番考慮的。20世紀30年代國民政府財政困難,不可能對學社這樣的學術團體提供經費。

梁思成在北平中央公園中國營造學社辦公室前

北平總布胡同三號梁宅內院

北平總布胡同三號梁宅內景

梁思成在總布胡同三號起居室

書房一角

因此只有從能為科教事業提供經費的庚款，或從某些大銀行取得贊助，因此必須取得庚款基金會董事們，教育部的官員們，各大銀行的董事、董事長、總裁們的理解和認可，這就是為什麼在社員中出現這麼多官員、資本家的原因。除了以上財政界的人士外，如果學社沒有知名度較高的研究人員入社，只靠梁思成、劉敦楨[1]這兩個尚未嶄露頭角的年輕人，則經費的審批亦恐難以通過。因此，朱啟鈐積極邀請了不少史學家、考古學家、美學家等知名學者入社，以壯聲勢。再有當時社會治安很差，外出調研時工作人員的安全有賴於當地政府的保護。所以每次外出調研，社長朱啟鈐均事先通過社員中有關的黨政頭面人物，向當地政府打招呼。每到一處各縣縣長、教育局長均親自接待，並派嚮導，必要時還派保安人員護送。綜上觀之，可見朱啟鈐對社員的組成，絕非出自私交，而是從開展學社的事業着眼，是十分明智的。學社之所以取得這樣輝煌的成果，在很大程度上有賴於全體社員的支持。

這裡還要特別提到外籍社員的加入和作用。朱啟鈐認為「東西文化交互往來，有息息相通之意，一人之知識有限，未啟之閫奧實多，非合中外人士之有志者共同研究」。因此，他歡迎外籍人士入社，並在彙刊上介紹國外對中國建築研究的動態。外籍學者中如鮑希曼、艾克與學社均有一些學術上的交往，二人均著有多篇有關中國建築的論文。艾克還收集了不少閩南地區古建築的資料送給學社。美籍社員費慰梅通過多年對山東武梁祠畫像石的研究，也做出不小的貢獻。

在學社成立伊始，學社成員與日本學術界的交往最為頻繁。但自「九一八」事變以後，梁思成、劉敦楨等人堅決反對與日本侵略者有任何形式的來往，於是斷絕了與日本學術團體的聯繫。三位日籍社員也先後離開了學社。

1　劉敦楨（1897 ~ 1968），湖南人，著名建築學家、教育家，建築史學家，中國科學院院士。曾創辦我國第一所由中國人經營的建築師事務所。長期從事建築教育和建築歷史研究工作，是我國建築教育的創始人之一，又是中國建築歷史研究的開拓者。

學社的研究工作分文獻和實物調查兩方面進行。在組織機構上分「文獻」和「法式」兩組，法式組主任為梁思成，文獻組主任為劉敦楨。劉敦楨比梁思成年長四歲，1922 年畢業於日本東京高工建築系，到學社任職前在南京中央大學建築系任教。

學社早期的工作注重於文獻方面。中國幾千年文化留傳下來的有關建築技術方面的書籍，僅有兩部：一部是宋代的《營造法式》（《營造法式》是北宋官訂的建築設計、施工的專書，它的性質略似於今天的設計手冊和建築規範，它是中國古籍中最完善的一部建築技術專書，是研究中國古代建築的一部不可少的參考書）；另一部是清代的《工部工程做法則例》（清代官訂的一本關於建築方面的專業用書），都是當年負責修建的官員撰寫的。因為這兩部書的內容既專又偏，一般人看不懂。匠人們因不識字，也不用書。有關的術語名詞也因世代口授相傳而演變，致使書中的術語名詞日久失用，構造做法就更加難解了，於是這兩部巨著成了今日之謎。

梁思成認為清代的《工部工程做法則例》更接近現代，應當先從《工部工程做法則例》入手，他還認為研究建築史，應首先對古建築進行實地調查測繪。於是他以故宮為教材，拜老木匠為師，開始了艱難的跋涉。

第一本闡述中國古建築做法的現代讀物

清代有關建築工程方面的書籍除了官訂的《工部工程做法則例》外，還有許許多多流傳於民間的則例抄本。這些抄本的來源有很多渠道，大體上有以下三方面：一是匠人自己總結出來的做法，也是各作師徒薪火相傳的課本，其中除正文外還有口訣，或簡算法等不一；二是從樣房算房流傳出來的做法秘本；三是工部書吏從檔房中私下抄錄、夾帶出來的《內工則例》。其內容有大木作、小木作、石作、瓦作、塔材作、土作、油作、畫作、裱作、

內裡裝修作、漆作、佛作、陳設作以及木料價格、雜項價目、材料重量、人工估算等。

這些民間的「則例」可謂不成文法，略似近代的「工程定額」、「預算表」、「材料做法表」等。而從工部抄錄的《內工則例》，有些是對《工部工程做法則例》的補充，有的乾脆就是某些具體工程的「工程檔案」。如「圓明園大木作製造之定例」，可說是一種單行則例，隨時、隨事、隨地而編定。自民國以後這些抄本逐漸流散，更有不少流失到國外。因為當時這些抄本的價值尚未被人認識，經營古籍者亦未把它列入業務範圍之內，因此只是偶爾能在出售破舊物品的地攤或舊書攤上見到，或由私人收藏輾轉借閱。朱啟鈐經過長期的收集，積累了約幾十本，除去內容重複者外約有數十種。由於這些則例中估算的比例份量較重，朱啟鈐遂將這些抄本小冊統一定名為《營造算例》。梁思成初到學社，就是從學習整理這些算例和學習清代的《工部工程做法則例》入手，由此開始了對清式建築的研究。

梁思成在研究《工部工程做法則例》時遇到各種術語，常常求教於老工匠。像「螞蚱頭」、「三福雲」等，就是老師傅對照着實物指給他看，他才明白的。

《營造算例》經梁整理後於 1931 年在《營造學社彙刊》二卷一、二、三期陸續發表，內容有：

緣起	朱啟鈐
廡殿歇山斗科大木大式做法	梁思成整理
大木小式做法	梁思成整理
大木雜式做法	梁思成整理
土作做法，發券做法	梁思成整理
瓦作做法，大式瓦作做法	梁思成整理
石作做法，石作分法	梁思成整理

橋座分法　　　　　　　　梁思成整理
琉璃瓦料做法　　　　　　梁思成整理

朱啟鈐在「營造算例印行緣起」中，對這些抄本的價值及形成，有一段頗
有見地的論述，將原文抄錄如下：

此種手抄小冊，乃真有工程做法之價值。彼工部官書，注重則例，於做法
二字似有名不副實之嫌。意當日此種做法，原於事例成案相輔而行。迨編
定「則例」時，秉筆司員，病術語之艱深，比例之繁複，若以長吏所不習
知之文字，貿然進御，倘遭詔問，瞠然不知所對。不如僅就淺顯易解者，
編成則例，奏准頒行。而真正做法，遂被刪汰矣。試觀大清會典所收工程
做法部分，即係將原書數目字，一概改為若干，而卷帙大減，止數十頁，
固是著書有體，繁簡異宜。而無形之中，士大夫之工程知識，日就汩塞。
一切實權漸淪於算房樣房之手，部曹旅進旅退，漫不經心者，固不足道，
即使良有司志在鉤考，而官書如此，書吏又隱相欺謾，求如明賀仲軾之手
抄部案，成兩宮鼎建記，亦不可得。蓋學者但知形下與形上分涂，一切錢
物，鄙為不屑。遷流所極，乃至營建結構之原則，算經致用之法程，竟亦
熟視無睹。委諸賤隸，殊可慨也。自此種抄本小冊之發見，始憬然工部官
書標題之中做法二字，近於衍文。彼李明仲營造法式，亦合諸種原稿而成，
故於看詳總釋制度功限，各自為類，而以法式命名。清代工部工程做法則
例，當日如有此類算例在內，價值更當增重也。譬諸法家者流，以律為經，
以例為緯，此種小冊，純係算法，間標定義，顛撲不破。乃是料估專門匠
家之根本大法，迥非當年頒佈今日通行之工部工程做法則例、內庭工程做
法則例等書，僅供事後銷算錢糧之用，所可同年而語。至於因地因時，記
載成案，以備援用之各種單行章程，如所謂內工現行則例，或某地某事現
行則例等者，尤其末焉者矣。彼此相衡，較量輕重，主體客觀，不容倒置，
抱殘守缺，表暴為先，世有同志，願共商榷，茲為定一總名，曰營造算例。
刊行之初，不加筆削，以存其真，歸納演繹，尚有所俟。最後之目的，如
製為圖解，演作公式，期於印證官書，樹為圭臬，進一步之整理，願以異

日，敢告讀者請發其凡。初次刊行，但以印刷代抄寫，志在保存本來面目，除別字減筆，加以更正外，餘悉暫仍其舊。其有眉批小註，一律以細字附於各條之下。

1932年梁思成又重新校讀《營造算例》一次，將它分出章節，把顛倒的次序重新排列，字句稍有增減並加標點，使讀者於綱領條目易於辨別，以單行本出版。後來學社又收集到一些算例，其中最重要的有《牌樓算例》，經劉敦楨整理後在《營造學社彙刊》四卷一期上發表。1934年梁思成撰寫、整理的《清式營造則例》出版，於是將《營造算例》加以再版，內容補入《牌樓算例》，作為《營造算例》的輔刊，與《清式營造則例》成為姐妹篇再版，至此各式算例已基本收齊。

從朱啟鈐開始收集算例，到梁思成、劉敦楨二人的整理，直至發表前後約十年。他們的努力，為我國建築文庫保存了一批珍貴的建築史料。

朱啟鈐因《工部工程做法則例》一書原有的附圖太少，不能說明問題，且圖紙既簡陋又不準確，因此聘請大木、琉璃、彩畫等匠師為「做法」補圖，總計畫了四百多幅，但這些匠師從未受過科學製圖的訓練，且對原文不理解或誤解，因而所繪的圖多不適用。於是法式組決定重新繪製，按書中說明的各式建築物，繪製平、立、剖面圖，務求對各建築物之做法，一一解釋準確精詳。這項工作由梁思成負責、邵力工[1]協助。當時因「九一八」事變，從瀋陽流亡到北平的東北大學建築系學生很多，梁思成設法給他們在學社找些繪圖及測繪的工作，暫時維持生計，因此部分學生也參加了這項工作。但東北大學的學生繪圖質量不理想，因此將繪圖工作暫停，由邵力工帶領他們去測繪故宮。《工部工程做法則例》圖紙遂由邵力工繪製，後因抗日戰爭爆發而停頓，沒有最後完成。

1　邵力工 (1904～1991)，北京人，1925年畢業於美國俄亥俄州州立大學土木建築工程系函授班二年。1932年入營造學社任法式助理，1935年成為正式社員。

東北大學的這批學生不久就轉學他校，或另謀出路，其中有林宣、梁思敬、葉楯、王先澤、趙正之等人，只有趙正之留在學社直至1937年「七七」事變。

梁思成經過對「清工部工程做法」及各種民間抄本的深入研究，於1932年完成《清式營造則例》一書，該書並非《工部工程做法則例》的釋本，而是以《工部工程做法則例》及《營造算例》為藍本，從那裡邊「提臚」出來的，旨在從建築的角度對清代「官式」建築的做法和清式營造原則作一個初步的介紹。這是我國第一本以現代科學的觀點和方法總結中國古代建築構造做法的讀物。

莫宗江[1]回憶梁思成的工作時說：「梁先生的工作特點是計劃性極強，一個題目來了，他能很快地定出計劃，而且完全按計劃執行。寫《清式營造則例》時，他一邊研究《工部工程做法則例》，一邊向老工匠學習，學的過程就把圖畫出來，只二十幾天就畫了一大摞。我每天都去看他的作業，讓我太吃驚了，他一輩子都是如此嚴格按計劃執行，工作效率非常高。」

文獻組其他同仁還做了不少古籍收集整理的工作，如《園冶》、《梓人遺制》、《工段營造錄》的整理出版，同時還編輯了《哲匠錄》、《明代營造史料》、《重修圓明園史料》等書。

1　莫宗江(1916～1999)，廣東新會人，著名建築歷史學家、國徽的主要設計者之一、清華大學建築工程系教授，他是著名古建大師梁思成的弟子和主要助手。莫宗江曾協助林徽因讓景泰藍工藝重獲新生。

第二部

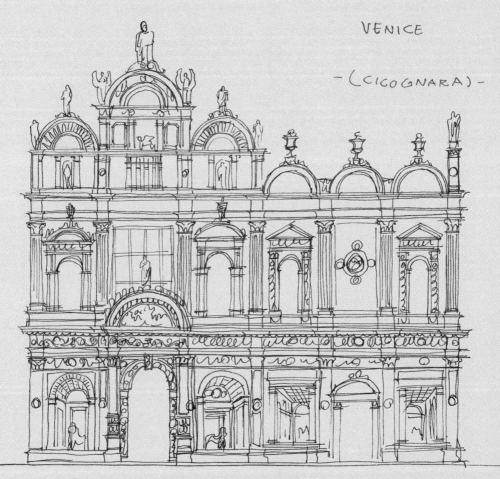

SCUOLA DI S. MARCO.

VENICE

- (CICOGNARA) -

01 讀萬卷書，行萬里路

中國第一篇古建築調查報告 ── 獨樂寺的發現

1932 年 3 月《清式營造則例》脫稿後，梁思成認為對清式的研究可暫告一段落。對古建築更深入的研究不能停留在古籍中，必須對實物進行測繪調查。梁思成的這個計劃得到社長朱啟鈐的全力支持，因為朱啟鈐認為，「須為中國營造史，辟一較可循尋之途徑，使漫無歸束之零星材料得一整比之方，否則終無下手處也」，「研求營造學，非通全部文化史不可，而欲通文化史，非研求實質之營造不可」，「物質演進，茲事體大，非依科學的眼光，作有系統之研究」。就是說要研究中國建築史，必要採取科學的方法，對實物進行調查，這點在朱啟鈐的思想中是明確的，但苦於沒有專門人才。梁思成、劉敦楨的到來使朱啟鈐的這一願望得以實現。這也是朱啟鈐能與梁思成、劉敦楨密切合作的思想基礎。

但是到哪裡去尋找明清以前的古建築呢？

梁思成想起民間有句諺語，說的是華北四大名勝：滄州獅子，應州塔，正定菩薩，趙州橋。正定菩薩所在的隆興寺，是我國歷史上有名的大伽藍[1]之一，離北平較近，因此他準備從正定的隆興寺開始。

當梁思成準備出發到正定去時，楊廷寶突然闖來。他剛從鼓樓來，當時鼓樓是民眾教育館。那天他閒着沒事跑進去轉轉，看到有幾張介紹薊縣風光的照片。其中有一張獨樂寺的照片，那碩大的斗拱完全和清故宮的結構不同，因此立刻趕來通知梁思成。梁思成當即乘車直奔鼓樓，進去一看，果然奇特，於是立即改變計劃，先去薊縣。

1　伽藍：僧伽藍摩的簡稱，即僧眾所居住的園庭，亦即寺院的通稱。

1932 年春，梁思成首次赴薊縣調查獨樂寺，當時莫宗江、陳明達[1]尚未到學社，學社還沒有一個像樣的測繪隊伍。思成只好請他在南開大學學習的弟弟——梁思達同行。當時上層知識分子很少下鄉，他們不僅受制於交通，還有許多困難和危險。那些供旅客住宿的小客棧，通常只有火炕。蚊子、虱子、跳蚤，傳染着各種疾病。飲食呢？到處佈滿了蒼蠅，那時可怕的霍亂正在中國大地上到處蔓延。除此以外說不定還會碰上土匪，他們專靠打劫過往客商為生。

六十年後梁思達回憶起這次調查仍滿懷激情：

二哥去薊縣測繪獨樂寺時，我參加了。記得是在 1932 年南大放春假期間，二哥問我願不願一起去薊縣走一趟，我非常高興地隨他一起去了。

從北京出發的那天，天還沒亮，大家都來到東直門外長途汽車站，擠上了已塞得很滿的車廂，車頂上細繫着不少行李物件。那時的道路大都是鋪墊着碎石子的土公路，缺少像樣的橋樑，當穿過遍佈鵝卵石和細沙的旱河時，行車艱難，乘客還得下車步行一段，遇到泥濘的地方，還得大家下來推車。到達薊縣，已是黃昏時分了。就這樣一批「土地爺」下車了，還得先互相抽打一頓，拍去身上浮土，才能進屋。一家地處獨樂寺對門的小店，就成了我們的「駐地」。

我這「外行」，只參加了一小部分工作。主要和一位姓邵的先生（即邵力工），一起丈量獨樂寺的山門。我爬上山門當中的門頭去量尺寸，邵先生在下面把我報的數字記錄下來，每個斗拱的尺寸，都必須量準記清，學社的人當然任務更重更忙。那次我度過了一個繁忙、緊張、愉快的「春假」。二哥和學社工作人員的嚴肅認真、一絲不苟、注重科學的工作精神與作風，給我留下極

1　陳明達（1914～1997），湖南祁陽人，1932 年經莫宗江介紹到營造學社工作，成為劉敦楨的助手，並參加考察古建築，整理繪製資料。隨梁思成、劉敦楨考察西南地區 40 餘縣的古建築。

遠眺獨樂寺（上、下）

調查獨樂寺時的梁思成

其深刻的印象。

當晚思成打電話回北平告訴徽因說：「沒有土匪。四個人住店一宿一毛五。」一語道出這是一次城裡人到陌生鄉下的大膽探險。

思成在日記中寫道：

這是一次難忘的考察，是我第一次離開主要交通幹線的旅行。那輛在美國大概早就被當成廢鐵賣掉了的老破車，還在北京和那座小城之間定期地——或不如說是無定時地——行駛。出了北京城東門幾英里，我們來到箭桿河。旱季，它的主流只剩下不到三十英尺寬，但是兩岸之間的細沙河床卻足有一英里半寬。在借助渡船渡過河水後，那輛公共汽車在鬆軟的沙土中寸步難移。我們這些乘客得幫忙把這老古董一直推過整個河床，而引擎就衝着我們的眼鼻轟鳴。在別的難走的地方，我們還得多次下車。為了這五十英里路程，我們花了三個多小時，但這使人感到興奮和有趣。當時我還不知道，在此後的幾年中我會對這樣的旅行習以為常，而毫不以為怪了。獨樂寺觀音閣高聳於城牆之上，老遠就可以看到。從遠處，人們可以看出這是一座古拙而又醇和的建築。

薊縣為古代重鎮，位於北京東面約九十公里，地處盤山之麓，風景優美。離縣城十多里便可見到獨樂寺的觀音閣。每年農曆三月，這裡舉行廟會，周圍百多里的居民都來參加，祈望「帶福還家」。明末清初，薊縣經過三次大戰亂，相傳全城人都曾拚死保護獨樂寺。北伐成功以後，薊縣國民黨黨部有人在「破除迷信」的口號下，倡議拍賣此寺廟，消息傳出，全縣嘩然，群起反對。可見當地人民對獨樂寺的愛護。

獨樂寺建築群組，還保存有兩座古建築，一是前面的山門，二是觀音閣。觀音閣是一座外表兩層實際三層的木結構。它是環繞着一尊高約十六米的十一面觀音的泥塑像建造起來的，因此二層和三層的樓板中央部分留出一

個空井，讓這尊高大的塑像，由地面層穿過上面兩層，豎立在當中。這樣到了第二層，瞻拜者就可以達到觀音菩薩下垂的左手的高度，到第三層，他們就可以站在觀音菩薩胸部的高度，抬起頭來瞻仰觀音菩薩慈祥的面孔和舉起的右手。它雖是一尊巨像，可是使人感到十分親切。從地面上通過兩層的樓井向上看時，觀音像又是那樣高大雄偉。在這一點上，當時的匠師在處理瞻拜者和觀音菩薩像的關係上，應該說是非常成功的。

在結構上，這座三層大閣靈巧地運用了中國傳統木結構的方法，那就是木材框架結構的方法，把一層層的框架疊架上去。第一層的框架，運用它的斗拱，構成了下層的屋簷，中層的斗拱構成了上層的平座，上層的斗拱構成了整座建築的上簷。在結構方法上，基本上就是把三個單層大殿的框架重疊起來。從外觀上看極像敦煌壁畫中所見的唐代建築，在藝術風格上也保持了唐代那種雄厚的風格。它的木質構架可分三大部分：柱、斗拱及樑枋。

清式做法柱與柱徑有一定的比例。觀音閣及山門的柱高不隨徑變，柱頭削成圓形，柱身微側向內。這是明清所未見的。

斗拱的變化尤大，觀音閣斗拱雄大堅實，是結構的有機組成部分，它是柱高的 1/2 以上，佔全高的 1/3。斗拱的形制，則按其功能上的需要如承簷、承平坐、承樑枋，或在柱頭、或在轉角、或補間，內外上下個個不同，又條理井然。清式斗拱則漸失其原來功用，弱小纖巧，每每數十攢排列簷下，幾乎變成純粹的裝飾。

在用材方面，按近代科學的計算方法，樑枋的斷面高寬比例約 2：1。清式樑枋用材，斷面的比例為 10：8 或 12：10。觀音閣及山門則為 2：1，與近代方法相符。其最大的特點在用料的標準化，觀音閣樑枋不下千百，而大小僅六種。清式建築皆以「斗口」為單位，凡樑柱的高寬、面闊、進深、修廣皆受斗口的牽制，規定甚為繁雜，計算則更繁難。這些「規矩」使建築各部分的佈置分配都受制約，使設計者不可能發揮創造能力。

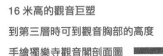

16 米高的觀音巨塑

到第三層時可到觀音胸部的高度

手繪獨樂寺觀音閣剖面圖

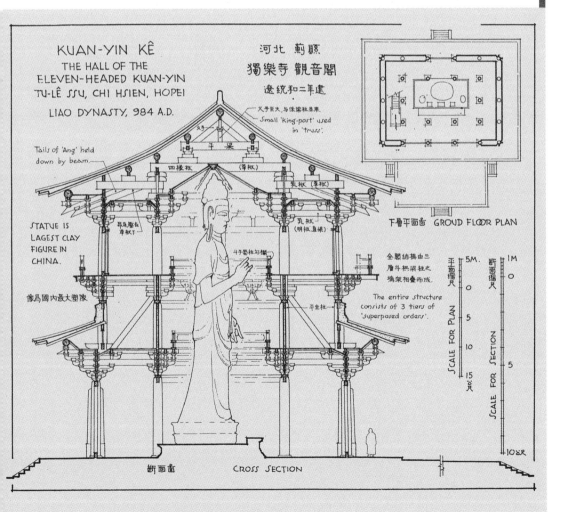

KUAN-YIN KÊ
THE HALL OF THE
ELEVEN-HEADED KUAN-YIN
TU-LÊ SSU, CHI HSIEN, HOPEI
LIAO DYNASTY, 984 A.D.

河北 薊縣
獨樂寺 觀音閣
遼統和二年建

Tails of 'Ang' held down by beam.

父子巨大，与侏儒柱生用。
Small 'King-post' used in 'truss'.

父子
平梁
四椽栿 (等栿)
乳栿 (草栿)
乳栿 (明栿兼算桯)

STATUE IS LAGEST CLAY FIGURE IN CHINA.

昂及聖在 等栿下
斗子蜀柱勾欄
平坐柱

像爲國內最大塑像

全閣結搆由三層斗栱梁柱之構架相疊而成。
The entire structure consists of 3 tiers of 'superposed orders'.

下層平面圖 GROUD FLOOR PLAN

平面縮尺   斷面縮尺
5M.   1M

SCALE FOR PLAN   SCALE FOR SECTION

斷面圖   CROSS SECTION

從山門的脊飾更可以看到有趣的變化：唐代脊飾為鰭形尾，宋以後則為吻，二者變化程序尚不可知。在獨樂寺山門的脊飾中則表現了變化的過程，它的上段為鰭形的尾，下段已成今日所見的吻。

總之獨樂寺山門及觀音閣的調查，為中國建築史及《營造法式》的研究，提供了豐富的實物資料，同時也證明了梁思成的研究道路及研究方法的正確。《薊縣獨樂寺觀音閣山門考》的發表，在國內外學術界均引起較大的反響。這篇報告所以引起震動，有兩個原因，一是因為獨樂寺是當時我國已發現的最古的一座木構建築。它建於遼代統和二年（公元984年），早於《營造法式》頒行114年，上距唐亡僅75年，其年代及形制皆適處唐宋二式之中，上承唐代遺風，下啟宋式營造，是研究我國建築發展的極寶貴的資料。又因它地處偏僻，所以在結構上保存了相當多的唐代做法。再一個原因是，這篇報告是我國第一篇用科學方法描述和分析中國古建築的報告。

1931年底至1932年，莫宗江、陳明達等相繼來到學社，經過短期的學習，逐步形成一支效率很高的測繪隊伍，主力是莫宗江和陳明達。莫宗江回憶說，初到學社深感自己學識的低淺，在國學方面根本不能與梁啟雄、謝國楨等人相比，而梁思成、劉敦楨二位先生不但漢語基礎深厚，而且在國外學習多年。自己只有好好向這些前輩學習。學社每天工作六小時，上班時不許說話聊天（也沒有人說話），不許辦私事，到休息時梁思成帶頭到院子裡去活動，整個班子工作效率極高。

梁思成對青年人十分愛護，治學嚴謹，工作上絲毫不能馬虎，錯了就得重畫。梁思成對建築製圖獨具匠心。除了要準確地表現建築的結構、構造外，還對線條的粗細、均勻、線條的交點等等一絲不苟。他作出的圖紙不僅在學術問題上能表達清楚，具有相當的科學性，同時在畫面的構圖上也精心安排，從藝術角度來看，也是一幅耐人尋味的建築畫。

寶坻縣廣濟寺三大士殿

梁思成在調查獨樂寺時，與當地師範學校的一位教員談到獨樂寺與後代建築不同之點時，這位教員告訴梁思成說，他家鄉河北寶坻縣有一個西大寺（即廣濟寺），結構和梁思成所說的獨樂寺諸點略同。

梁思成回到北京後設法得到西大寺的照片，預先鑒定一下，認為是明清以前的建築，於是六月份又出發到寶坻縣去。與他同行的有東北大學學生王先澤和一名僕人。因為六月份北方的雨季已經開始，所以交通情況比去薊縣時更糟糕，梁思成在《寶坻縣廣濟寺三大士殿》一文中對「行程」有一段十分精彩的描述：

我們預定六月初出發，那時雨季方才開始，長途汽車往往因雨停開，一直等到六月十一日才得成行。同行者有社友東北大學學生王先澤和一個僕人。那天還不到五點——預定開車的時刻，太陽還沒上來，我們就到了東四牌樓長途汽車站，一直等到七點，車才來到，那時六月的陽光，已發出迫人的熱焰。汽車站在豬市當中——北平全市每日所用的豬都從那裡分發出來——所以我們在兩千多隻豬的慘號聲中，上車向東出朝陽門而去。

由朝陽門到通州間馬路平坦，車行很快。到了通州橋，車折向北，由北門外過去，在那裡可以看見通州塔，高高聳起，它那不足度的「收分」和重重過深過密的簷，使人得到不安定的印象。

通州以東的公路是土路，將就以前的大路所改成的。過了通州約兩三里到箭桿河——白河的一支流，河上有橋，是那種特別的國產工程，在木柱木架之上，安紮高粱稈，鋪放泥土，居然有力量載渡現代機械文明的產物，倒頗值得注意。雖然車到了橋頭，乘客卻要被請下車來，步行過橋，讓空車開過去。過了橋是河心——沙洲，過了沙洲又有橋，如是者兩次，才算過完了箭桿河。河迤東有兩三段沙灘，長者三四里，短者二三十丈，滿載的車，到了沙上，

梁思成（前排右一）測繪三大士殿

三大士殿內部結構

三大士殿西半部

手繪三大士殿內部結構圖（三大士殿已被拆除）

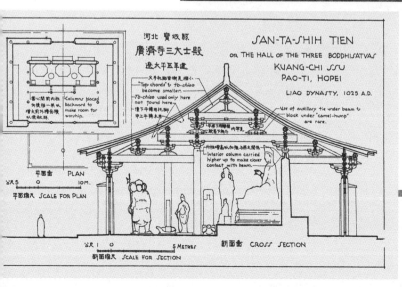

河北 寶坻縣
廣濟寺三大士殿
遼大平五年建

SAN-TA-SHIH TIEN
OR THE HALL OF THE THREE BODDHISATVAS
KUANG-CHI SSU
PAO-TI, HOPEI

LIAO DYNASTY, 1025 A.D.

Columns placed backward to make room for worship.

密心閣前內柱
向後推一架以
增大前外槽面積
以便做佛事

Top-chords to to-chiao become smaller.
To-chiao used only here not found here.

父手和驛管樹見縮小
僅下平榑用抗斗
甲上平榑未用

取驛下抱头

平榑下用驛高

Use of auxiliary tie under beam to block under "camel-hump" are rare.

內柱
內柱增高以加強与梁之關係
Interior column carried higher up to make closer contact with beam.

PLAN
平面圖

平面縮尺 SCALE FOR PLAN
公尺 5   0   10 M.

公尺 1 0   5 Metres
斷面縮尺 SCALE FOR SECTION

斷面圖 CROSS SECTION

車輪飛轉，而車不進，乘客又被請下來，讓輕車過去，客人卻在鬆軟的沙裡，彎腰伸頸，努力跋涉，過了沙灘。土路還算平坦，一直到夏墊。由夏墊折向東南沿着一道防水堤走，忽而在堤左，忽而過堤右，越走路越壞。過了新集之後，我們簡直就在泥濘裡開汽車，有許多地方泥漿一直浸沒車的蹬腳板，又有些地方車身竟斜到與地面成四十五度角，路既高低不平，速度直同蝸牛一樣。如此千辛萬苦，進城時已是下午三時半。我們還算僥倖，一路上機件輪帶都未損壞，不然何時才到達目的地，卻要成了個重要的疑問。

我們這次期望或者過奢，因為上次的薊縣是一個山麓小城，淨美可人的地方，使我聯想到法國的村鎮。寶坻在薊縣正南僅七十里，相距如此之近，我滿以為可以再找到另一個相似淨雅的小城鎮。豈料一進了城，只見一條塵土飛揚的街道，光溜溜沒有半點樹影，轉了幾彎小胡同，在一條雨潦未乾的街上，汽車到達了終點。

下車之後，頭一樣打聽住宿的客店，卻都是蒼蠅爬滿、窗外餵牲口的去處。好不容易找到一家泉州旅館，還勉強可住，那算是寶坻的「北京飯店」。泉州旅館坐落在南大街，寶坻城最主要的街上。南大街每日最主要的商品是鹹魚——由天津經一百七十里路運來的鹹魚——每日一出了旅館大門便入「鹹魚之肆」，我們在那裡住了五天。

寶坻西大寺的天王門和東西配殿等已是明清後的建築，正中的三大士殿倒是一個四阿頂、東西五間、南北四間的大建築，斗拱雄大、出簷深遠、屋頂舉折緩和，脊端有碩大的正吻，全部權衡與薊縣獨樂寺山門略同而更大些。殿內碑記，說明大殿建於遼聖宗太平五年（公元 1025 年）。大殿前有許多稻草，殿內有許多工人正在鍘草，塵土飛揚。原來城內駐有騎兵團，三大士殿便成了騎兵團的馬料廠。三大士像和侍立菩薩十八羅漢等全在塵霧迷濛中、在堆積的稻草裡。大殿初看甚覺一般，梁思成頗感失望，但抬頭一看，殿上並沒有天花板，於是他恍然大悟，這就是《營造法式》中所說的「徹上露明造」的做法。這樑枋結構的精巧，在後世建築物裡還沒有看見過。

梁思成在報告中說：「當初的失望，到此立刻消失。這先抑後揚的高興，趣味尤富。在發現薊縣獨樂寺幾個月後，又得見一個遼構，實是一個奢侈的幸福。」

三大士殿的最大特點可以說是它的結構部分。「在三大士殿全部結構中，無論殿內殿外的斗拱和樑架，我們可以大膽地說，沒有一塊木頭不含有結構的機能和意義的。在殿內抬頭看上面的樑架，就像看一張 X 光照片，內部的骨幹，一目瞭然，這是三大士殿最善最美處。」

在後世普通建築中，尤其是明清建築，斗拱與樑架的關係，頗為粗疏，結構尤異。但在這座遼代遺物中，尤其是內部，斗拱與樑枋構架，完全織成一體不能分離。

結束了調查工作之後，在回北平的旅程中卻幾經周折，今將梁思成的原文照錄於下：

工作完了，想回北平，但因北平方面大雨，長途汽車沒有開出，只得等了一天。第二天因車仍不來，想繞道天津走，那天又值開往天津的汽車全部讓縣政府包去。因為我們已沒有再留住寶坻一天的忍耐，我們決由寶坻坐騾車到河西塢——北平與天津間汽車必停之點，然後換汽車回去。

十七日凌晨三點，我們在黑暗中由寶坻出南門，向河西塢出發。一隻老騾，拉着笨重的轎車和車裡充滿了希望的我們，向「光明」的路上走。出城不久，天漸放明，到香河縣時太陽已經很高了。十點到河西塢，聽說北上車已經過去，於是等南下車，滿擬到天津或楊村換車北返，但是來了兩輛，都已擠得人滿為患，我們當天到北平的計劃，好像是已被老騾破壞無遺了。

當時我們只有兩個辦法：一個是在河西塢過夜，等候第二天的汽車，一個是到最近的北寧路站等火車。打聽到最近的車站是落堡，相距四十八里，我們

正定隆興寺摩尼殿

隆興寺摩尼殿簷角鋪作

下了決心，換一輛車，加一匹驢向落垡前進。

中午一點半，到武清縣城，沿城外牆根過去。一陣大風，一片烏雲，過了武清不遠，我們便走進濛濛的小雨裡。越走雨越大，終了是傾盆而下。在一片大平原裡，隔幾里才見一個村落，我們既是趕車，走過也不能暫避。三時半，居然趕到落垡車站。那時騎驢的僕人已經濕透，雨卻也停了。在車站上我們冷得發抖，等到四時二十分，時刻表定作三時四十分的慢車才到。上車之後，竟像已經回到家裡一樣的舒服。七點過車到北平前門，那更是超過希望的幸運。

可惜這座少有的表現中國古代建築結構的傑作，卻在建國初期被視為無用的破廟而拆除。當梁思成得知將拆除三大士殿時，曾向河北省有關部門反映，希望無論如何把這座遼代的古建築保存下來。有人反對說：「遼代的建築又怎麼樣，反正是個沒用的破廟，不如把這些遼代的木頭拿去修橋，還能『為人民服務』。」硬是把它拆了。

後來梁思成在不被人理解時，常感歎地說：「我也是遼代的木頭。」這句話含有多少辛酸與苦悶啊！

經過這兩次古建築的調研，學社的野外考察工作逐步走上正軌。學社每年有計劃地在春秋兩季外出考察，冬季整理調查報告、查閱文獻，並準備下一步考察調研的地點。

為了適應工作發展的需要，學社在組織上也做了相應的調整。首先將社址遷入中央公園東朝房，以適應人員的增加。二是根據政府文化團體組織法的規定向教育部及國民黨北平市黨部申請立案（均獲批准），使學社成為政府承認的一個學術團體，取得了合法的地位，以便更順利地開展工作。三是成立幹事會，以批准每年度的工作計劃及工作報告。其實這無非是走個形式而已，決策權仍在朱啟鈐、梁思成、劉敦楨。四是添置測繪設備，如測

量儀器、照相器材等。學社原來根本沒有這些設備，去薊縣、寶坻時所用的測量儀器還是向清華大學工程系借用的，當時梁思成的同班同學施嘉揚先生正在該系任教，恰好給予方便。

1933 年對正定縣的調查

河北正定縣，宋遼時期的古建築很多。梁思成於 1933 年 4 月、11 月兩次赴正定調查。第一次與莫宗江及一個工人同去，原計劃工作兩周，但因灤東形勢突然吃緊，因此將計劃縮短至一周，匆匆返回北平。到了十一月份又與莫宗江、林徽因重返正定進一步詳細調查。四月份的調查，在出發前他們只知道正定有隆興寺、「四塔」、陽和樓幾處古建築。在初步調查中竟發現了多處宋遼時的古建築，除原已知道的幾處外，還有開元寺鐘樓、關帝廟、府文廟、縣文廟等十餘處。

隆興寺的摩尼殿、轉輪藏殿均十分古老。摩尼殿最大、最完整，它的外觀為重簷歇山頂，四面加抱廈，這種佈局除了故宮角樓外只在宋畫上見到；上下兩簷下的斗拱均十分雄大，柱頭有卷殺，四角的柱子比居中的要高，是《營造法式》中所謂「角柱生起」的實證。梁思成在文獻中沒有查到摩尼殿建造的年代，但從建築的形制看，他判斷此殿最晚也是北宋時建造的。果然在 1978 年摩尼殿大修時，在殿的闌額及斗拱構件上發現多處墨書題記，證明它建於北宋皇祐四年（公元 1052 年）。可見梁思成當年的判斷是十分準確的。

轉輪藏殿的中心是一個能轉動的轉輪藏（藏經架），它是中國現存的唯一一個十世紀的真正可以轉動的佛經書架。為了設置這個直徑約七米的轉輪藏，在殿的結構上採取了靈活的處理手法，表現出古代匠師的智慧與純熟的技巧。轉輪藏可稱為木構建築中一個極精巧的傑作。轉輪藏雖是一個藏經架，

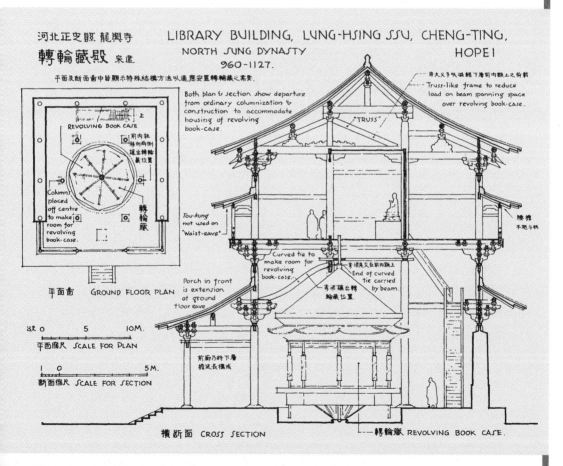

河北正定縣 龍興寺
轉輪藏殿 宋建

LIBRARY BUILDING, LUNG-HSING SSU, CHENG-TING, HOPEI
NORTH SUNG DYNASTY
960-1127.

平面及斷面畫中皆顯示特殊結構方法以適應安置轉輪藏之需要.
Both plan & section show departure from ordinary columnization & construction to accommodate housing of revolving book-case.

用大义手以減輕下層前内顆上之荷載
Truss-like frame to reduce load on beam spanning space over revolving book-case.

上
REVOLVING BOOK CASE

前內柱移向兩側提出轉輪藏位置

轉輪藏

Column placed off centre to make room for revolving book-case.

"TRUSS"

Tou-kung not used on "Waist-eave"

隨檐不施斗栱

Curved tie to make room for revolving book-case.

曇提是受在前内顆上
End of curved tie carried by beam

彎梁讓出轉輪藏位置

平面畫 GROUND FLOOR PLAN

Porch in front is extension of ground floor eave

比例尺 0   5   10M.
平面縮尺 SCALE FOR PLAN

0   5M.
斷面縮尺 SCALE FOR SECTION

前廊乃將下層擔延長構成

橫斷面 CROSS SECTION

轉輪藏 REVOLVING BOOK CASE.

隆興寺轉輪藏殿

手繪隆興寺轉輪藏殿內部結構圖

但它設計成一個下簷八角形、上簷圓形的亭子。亭身設經匷用以存放佛經。這個轉輪藏的簷、柱、斗拱恰似縮小了的建築模型，而樑、柱、斗拱的多處做法，與《營造法式》符合。日本古建築學家關野貞認為轉輪藏殿是清代建築。梁思成則認為可能始建於宋。1954 年重修時，在轉輪藏大懸柱上有元代至正二十五年的遊人題記，證明殿的建造應早於此。在轉輪藏對面的慈氏閣，經過梁思成的調查認為它略晚於藏殿。

梁思成對建築年代的判斷往往十分準確。他說：「研究建築不能僅限於建築本身，建築是民族文化的結晶，它與時代的政治、經濟、思想、文化、民俗息息相關。」梁思成本人就是對各時代的藝術，如雕塑、繪畫、書法等有廣泛的興趣，一直在悉心研究。因為對建築有敏銳的時代感，他說：「對建築物年代的判斷應以大木作為標準，其次輔以文獻記錄及裝修、雕刻、彩畫、瓦飾等互相參照，這樣結論才會準確。」兩年後，他又在《營造學社彙刊》五卷四期上發表了《平郊建築雜錄續》一文，以天寧寺塔為實例，總結了他多年調查的經驗，闡述了他對古建築年代鑒別的方法程序，這是關於梁思成工作方法的一篇重要論文。

橫跨正定南北大街上的陽和樓，略似北平故宮的端門。陽和樓的結構最為精巧。樑柱的結合，兩山的構成交待得清清楚楚，角柱的生起、闌額上的月樑形、微微翹起的屋脊兩端等等，都保留着宋式的做法。仔細研究陽和樓各部斗拱的做法，並將它與宋式及明初建築作比較，陽和樓的構造做法說明了宋朝到明朝的發展過程。陽和樓建於元初，它可以說是晚宋到明初兩種式樣的過渡，這正是陽和樓在建築史上的重要性。可惜它在 1949 年前已被拆除了。

其他古建築如關帝廟等多為元代所建。廣惠寺的華塔由形制上看，它的外形與平面都十分奇特，可為海內的孤例。開元寺鐘樓和縣文廟都是一個意外收穫，鐘樓外貌已非原形，下簷似金元式樣，上簷則為清代所修。但內部四柱及柱上雄偉的斗拱、短而大的月樑，均說明可能是唐代的遺構。在

正定縣最後一天，梁思成又用半日去測繪了縣文廟，發現縣文廟很可能是唐末五代遺物，但沒有確證。關於正定縣的調查工作，梁思成在報告中記錄了一段有趣的遭遇，現照錄於下：

第四天棚匠已將轉輪藏所需用的架子搭妥。以後兩天半——由早七時到晚八時，完全在轉輪藏殿、慈氏閣及摩尼殿三建築物上細測和攝影。其中雖有一天遇大雷雨冰雹，晚上驟冷，用報紙輔助薄被之不足，工作卻還順利。這幾天之中，一面拚命趕着測量，在轉輪藏平樑叉手之間，或摩尼殿替木襻間之下，手按着兩三寸厚幾十年的積塵，量着材樑拱斗，一面心裡惦記着灤東危局，揣想北平被殘暴的鄰軍炸成焦土，結果是詳細之中仍多遺漏，不禁感歎「東亞和平之保護者」的厚賜。

第六天的下午在隆興寺測量總平面，便匆匆將大佛寺做完。最後一天，重到陽和樓將樑架細量，以補前兩次所遺漏。餘半日，我忽然想到還有縣文廟不曾參觀，不妨去碰碰運氣。

縣文廟前牌樓上高懸着正定女子鄉村師範學校的匾額。我因記起前次在省立七中的久候，不敢再惹動號房，所以一直向裡走，以防時間上不必需的耗失，預備如果建築上沒有可注意的，便立刻回頭。走進大門，迎面的前殿便大令人失望，我差不多回頭不再前進了，忽想「既來之則看完之」比較是好態度，於是信步繞越前殿東邊進去。果然！好一座大成殿，雄壯古勁的五間，赫然現在眼前。正在雀躍高興的時候，覺得後面有人在我背上一拍，不竟失驚回首。一位鬚髮斑白的老者，嚴重地向着我問我來意，並且說這是女子學校，其意若曰「你們青年男子，不宜越禮擅入」，經過解釋之後，他自通姓名，說是乃校校長，半信半疑地引導着我們「參觀」，我又解釋我們只要看大成殿，並不願參觀其他。因為時間短促，我們匆匆便開始測繪大成殿——現在的食堂——平面。校長起始耐性陪着，不久或許是感覺枯燥，或許是看我們並無不軌行動竟放心地回校長室去。可惜時間過短，斷面及樑架均不暇細測。完了之後，校長又引導我們看了幾座古碑，除一座元碑外，多是明物。我告

3 淶水　4 涿縣

2 易縣　1 定興

5 保定

6 高陽

11 曲陽　10 定縣　7 蠡縣

9 安國　8 安平

12 正定

梁思成在藏殿簷下

1934 年、1935 年劉敦楨等河北調查路線圖

我國僅存的一個能轉動的佛經架——轉輪藏經架

華塔塔尖

正定陽和樓

陽和樓斗拱

手繪陽和樓斗拱剖面圖（陽和樓已被拆除）

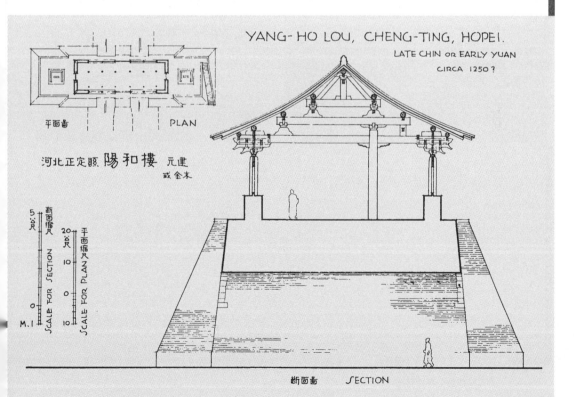

YANG-HO LOU, CHENG-TING, HOPEI.

LATE CHIN or EARLY YUAN

CIRCA 1250?

平面圖　PLAN

河北正定縣 陽和樓 元建
或金本

斷面圖尺　5尺

SCALE FOR SECTION

平面圖尺　20尺

SCALE FOR PLAN

10

0

M.1

10

斷面圖　SECTION

林徽因在正定開元寺鐘樓樑上

梁思成在善化寺普賢閣斗拱後尾

訴他這大成殿也許是正定全城最古的一座建築，請他保護不要擅改，以存原形。他當初的懷疑至是彷彿完全消失，還懇勤地送別我們。

這次梁思成、莫宗江等在正定縣發現的重要古建築有：

隆興寺	**摩尼殿**	（宋代，公元 1052 年）
	轉輪藏殿	（宋建經後代修葺）
	慈氏閣	（宋建經後代修葺）
	山門	（清重修）
	戒壇	（清重修）
正定縣	**文廟**	（五代或宋初）
正定府	**文廟**	（明末）
開元寺	**鐘樓**	（唐末或五代，但上部及外簷經後代重修）
	磚塔	（明代）
臨濟寺	**青塔**	（金，公元 1185 年）
廣惠寺	**華塔**	（號稱唐建，但金、元、清後代屢次重修，確實年代不可考）
天寧寺	**木塔**	（縣志謂寺建於唐，現僅存此塔，年代未考）
	陽和樓和關帝廟	（元初建現已拆毀）

（請參閱梁思成《正定調查記略》）

1933 年第一次赴山西調查大同古建及雲岡石窟

大同是南北朝時的佛教藝術中心之一，是遼金兩代的陪都，古剎林立，聞名遐邇，學社早有計劃前往考察。1933 年 9 月，梁思成、劉敦楨、林徽因、莫宗江，還有一名工人一起前往。但是沒有想到，在這古代著名的西京，他們卻找不到一個下榻之處，所有的旅店衛生條件都極差。幸虧大同車站的站長李景熙先生是梁思成在美國時的同學，承他與車務處的王沛然二人將他們接到家中並為他們騰出房舍，供他們住宿。但是這眾多人的飲食也

是個問題。不得已找到大同市當局求援，經市政府官員出面，向大同唯一的一家專為大同上層人士辦理宴席的酒樓打招呼，請他們專為學社同仁準備便飯，每天三餐各一大碗湯麵。

大同的華嚴寺和善化寺是遼金以來的巨剎，寺中保留很多座遼金時期的殿宇。華嚴寺的大雄寶殿（上寺）是今天已發現的古代木建築中體型最大的，殿內還有優美的遼代塑像。薄伽教藏殿（下寺）是在公元 1038 年建成的一座佛經圖書館，它有特殊重要的意義。在殿內山牆內兩側和後面的牆壁，是一排「凵」字形排列的製作精巧的藏經的書櫥壁藏。這個書櫥最下層是須彌座，中層是有門的書櫥本體，上面做所謂「天宮樓閣」。這個「天宮樓閣」可以說是當時木建築的一個精美準確的模型。整座壁藏則是中國現存最古的書櫥，也是國內唯一的孤品。

善化寺是一個保存比較完整的遼金時代的建築組群。現在還保存着四座主要建築和五座次要建築，是在公元 11 世紀中葉到 12 世紀中葉建成的。它不似正定隆興寺那樣深邃，但是庭院廣闊，氣魄雄偉，呈現很不相同的氣氛。這兩組建築雖然年代相距不遠，但隆興寺是在漢族統治之下建造的，而善化寺所在的大同，當時是在東北民族契丹、女真統治下的。

梁思成認為，這兩個組群所呈現的迥然不同的氣氛，一個深邃而比較細緻，一個廣闊而比較豪放，很可能在一定程度上反映了當時南北不同民族的風格。

善化寺和華嚴寺中，諸殿的建造年代以華嚴寺的薄伽教藏殿最早，為遼興宗重熙七年（公元 1038 年）。最晚的是善化寺的三聖殿，金太宗天會六年至熙宗皇統三年（公元 1128—1143 年），相距 105 年。其間梁思成對大同各建築從平面到材契到各個部件都做了深入詳盡的研究比較，並與已發現的遼代獨樂寺、寶坻三大士殿及正定縣的宋遼建築相互參照。往上追溯日本唐招提寺的做法，往下到明清的官式建築中仍能看到遼金時的舊手法。同時善化寺和正定隆興寺，兩寺的總體佈局尚可辨認，是研究宋遼佛寺佈局，

大同華嚴寺大雄寶殿

1936 年劉敦楨等河南調查路線圖

華嚴寺大雄寶殿內的佛像

華嚴寺大雄寶殿內景

手繪華嚴寺薄伽教藏殿內部結構圖

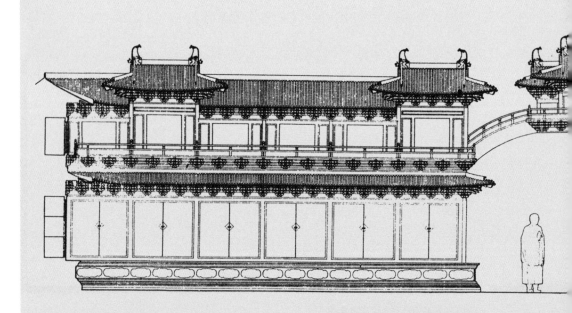

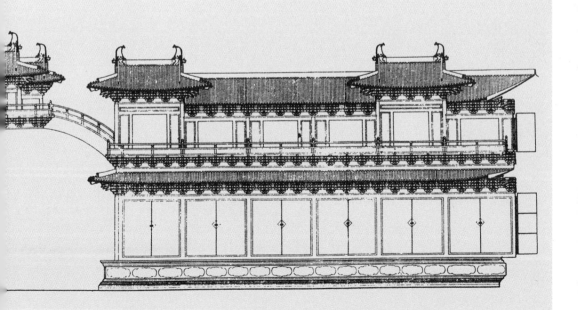

大同華嚴寺薄伽教藏殿

大同華嚴寺薄伽教藏殿內遼代佛像

大同華嚴寺薄伽教藏內天宮樓閣

梁思成在善化寺大雄寶殿內

大同善化寺大雄寶殿

鳥瞰大同善化寺

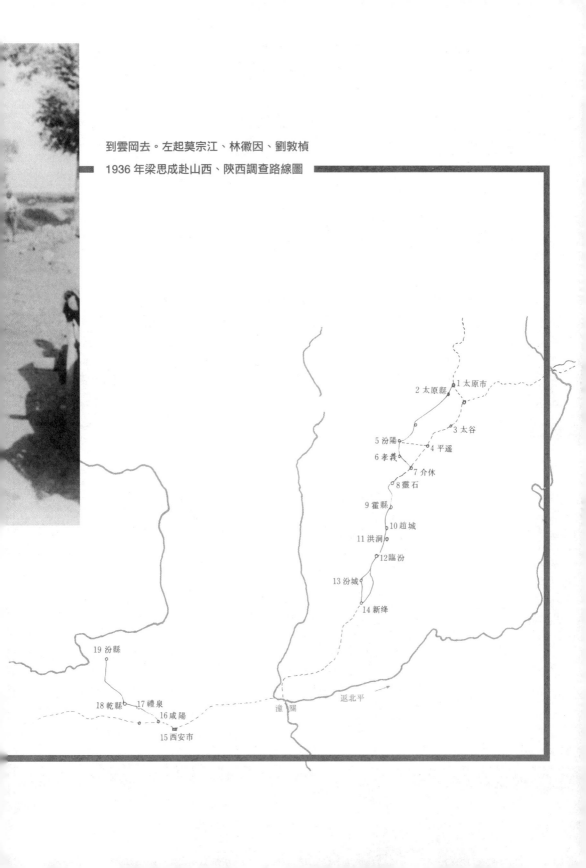

到雲岡去。左起莫宗江、林徽因、劉敦楨

1936 年梁思成赴山西、陝西調查路線圖

1 太原市
2 太原縣
3 太谷
5 汾陽
4 平遙
6 孝義
7 介休
8 靈石
9 霍縣
10 趙城
11 洪洞
12 臨汾
13 汾城
14 新絳
19 汾縣
18 乾縣
17 禮泉
16 咸陽
15 西安市
潼關
返北平

林徽因在雲岡石窟

林徽因在石窟中

雲岡石窟中北魏時期的屋頂及斗拱

雲岡石窟中北魏時期的木塔

並與文獻材料相印證的重要資料。

雲岡石窟在我國佛教史及藝術史上都佔有極重要的位置。也許是因為雲岡石窟沒有文字，所以在偏重碑拓文字的中國金石學界沒有引起重視。它幾乎湮沒了一千多年，近代人中最早認識雲岡石窟在藝術史上的價值並發表文章介紹的，要推日本人伊東忠太和我國的著名史學家陳垣，後來國內外不少專家對它作了系統的調查介紹，如法國的沙畹（Chavannes）等人。在雲岡石窟中可以明晰地看到，在中國藝術固有的血脈中忽然滲入旺盛而有力的外來影響。外來文化的淵源可以追溯到古代的希臘、波斯和印度，它通過南北兩路，經西域各族和西藏到達中國內地。這種不同民族文化的大交流，賦予我國文化以旺盛的生命力。這是歷史上最有趣的現象，也是近代史學者最重視研究的問題。

雲岡石窟開鑿於北魏盛期，為六朝佛教藝術稀有之傑作。中外學者對它的調查已不止一次，但對石刻中所表現的建築則沒有系統的介紹。梁思成、林徽因、劉敦楨準備對石窟中表現的建築做系統的研究。當時的雲岡沒有什麼遊人，空曠的山崖上，毗連着一個又一個的石窟，坐着莊嚴的佛像，那裡連一棵樹都沒有，也許正是這種特殊的環境，讓人不由得對佛產生至高無上的崇敬與虔誠。那裡沒有旅館，地裡的莊稼長得不到一尺高，一片貧瘠的土地。他們實在找不到落腳處，最後一戶農家答應把他的一間沒有門窗只剩下屋頂和四壁的廂房借給他們。雲岡的藝術使這些年輕人着了魔，他們在無門無窗的屋子裡住了三天，白天吃的是煮土豆和玉米麵糊，連鹹菜都非常寶貴。雲岡的氣候中午炎熱，夜間卻冷得要蓋棉被，他們幾個人冷得縮作一團，但雲岡藝術的魅力，使他們不願離去。他們關於雲岡建築的研究，有兩方面的內容：其一是洞窟本身的佈置、構造及年代，與敦煌等處洞窟的比較；另一種是石刻上所表現的建築物及建築部分，有塔、柱、闌額、斗拱、屋頂、門、欄杆、踏步、藻井等都明顯表示了在建築結構上應用了構架原則。柱、闌額、斗拱等等這些構件均應用於後代，說明中國建築兩千年來一直保持其結構上的獨立性，形成了中國建築的特點。雲岡

石窟的研究可以說填補了建築史唐以前的空白。

大同及雲岡兩篇報告長達二十四萬餘字。從這兩篇報告中我們可以清晰地看出梁思成通過薊縣、寶坻、正定、大同、雲岡等地的調查已初步理清中國建築發展的脈絡。通過對實物的研究使他對宋代的《營造法式》這本天書的研究也已初獲成果。

佛宮寺木塔

梁思成、劉敦楨既然要去山西，就想順便考察一下四大勝蹟之一的應州塔。但是去應縣的交通卻很不方便，他們擔心翻山越嶺地跑到那兒，到頭來只是一座清代重建的塔。於是梁思成在北平圖書館查閱了所有能找到的有關應縣的資料，卻不見一張應縣木塔的圖片。他決定寫一封信給應縣的照相館，並在信中附上一元錢，請他們代照一張木塔的照片寄來。他在信的封面寫上「應縣最大的照相館收」，其實那也是應縣唯一的照相館，不久，果然收到那家照相館寄來的木塔照片。思成一看到照片，就決定把它列入大同行程的計劃內。

結束了大同的調查。梁思成、劉敦楨、莫宗江又出發到應縣去調查佛宮寺木塔。這是我國現存最古的一座木塔，也是最大的一座木塔。在木結構中，它在世界範圍來說也算是最高的一座。塔高 67.31 米，直徑 30.27 米，塔高五層，加上上面四層的平座暗層，實際上是一座九層重疊式的木框架結構，全部用傳統的柱樑、斗拱層層疊上而建成的。除了塔基和第一層的牆壁是用磚石以及頂上的剎是用鍛鐵之外，全部都是木材。每一層的簷和平座都由斗拱承托。由下而上，由於每層的高度遞減，每層的寬度也逐漸收縮，特別是由於八角形的平面，為內部樑尾的交叉點造成相當複雜的結構問題，但是古代不知名的偉大建築師卻運用了五十多種不同的斗拱圓滿地解決了

應縣佛宮寺木塔

手繪應縣佛宮寺木塔剖面圖

萬壽寺塔

1932 年調查平郊杏子口佛龕時的林徽因

莫宗江在應縣木塔簷下

應縣木塔中部

這一複雜問題。後代的香客用「鬼斧神工」四個字,來讚頌這座塔神妙的結構是十分恰當的。塔的立面也經過精心設計,創造了優美的總體輪廓,呈現出雄偉華美的外形。在九百多年前,用木料建造這麼高大的建築,在世界上也是僅有的。九百多年以來,這座金屬塔剎的木塔竟得倖免於雷電的破壞,經歷了多次地震。現在佛宮寺木塔在我國建築史上有着重要的地位,被稱為國寶,它當之無愧。

有一張照片我非常喜歡:一個年輕人蹲在應縣木塔簷下斗拱的空隙間,與斗拱相比他顯得十分渺小。如果沒有這張照片,人們很難想像木塔的雄大。這個青年就是莫宗江教授。

佛宮寺的總平面形式,還保持着南朝時代佛寺的典型平面,即塔在大殿前面寺廟的中軸線上。

莫宗江說:「應縣木塔事實上是九層重疊,具有獨立樑柱的結構。我們硬是一層一層、一根柱、一檁樑、一個斗拱一個斗拱地測。最後把幾千根的樑架斗拱都測完了,但塔剎還無法測。當我們上到塔頂時已感到呼呼的大風彷彿要把人颳下去,但塔剎還有十多米高,唯一的辦法是攀住塔剎下垂的鐵鏈上去,但是這九百多年前的鐵鏈,誰知道它是否已銹蝕斷裂,令人望而生畏。但梁先生硬是雙腳懸空地攀了上去,我們也就跟了上去,這樣才把塔剎測了下來。」結束了應縣木塔的調查,他們又出發到渾源的懸空寺去調查,然後返回大同。

我有幸發現了梁先生在應縣時給林徽因的幾封信的片斷。錄下來與大家共享。

昨晨七時由大同乘汽車出發,車還新,路也平坦,有時竟走到每小時五十里的速度,十時許到岱岳。岱岳是山陰縣一個重鎮,可是僱車費了兩個鐘頭才找到,到應縣時已八點。

離縣二十里已見塔，由夕陽返照中見其閃爍，一直看到它成了剪影，那算是我對於這塔的拜見禮。在路上因車擺動太甚，稍稍覺暈，到後即愈。縣長養有好馬，回程當借匹騎走，可免受暈車苦罪。

今天正式的去拜見佛宮寺塔，好到令人叫絕，半天喘不出一口氣來！

塔共有五層，但是下層有副塔（重簷建築之次要一層，宋式謂之副塔），上四層，每層有平座，實算共十層。因樑架斗拱之間，每層須量俯視、仰視、平面各一，共二十幾個平面圖要畫。塔平面是八角，每層須做一個正中線和一個斜中線的斷面。斗拱不同者三四十種，工作是意外的繁多，意外的有趣，未來前的「五天」工作預示恐怕不夠太多。

塔身之大，實在驚人。每面三開間，八面完全同樣。我的第一個感觸，便是可惜你不在此同我享此眼福，不然我真不知你要幾體投地的傾倒！回想在大同善化寺暮色裡面向著塑像瞠目咋舌的情形，使我愉快得不願忘記那一剎那人生稀有的，由審美本能所觸發的悅感。尤其是同幾個興趣同樣的人，在同一個時候浸在那悅感裡邊。士能（指劉敦楨）忘情時那句「如果元明以後有此精品，我的劉字倒掛起來了」，我時常還聽得見。這塔比起大同諸殿更加雄偉，單是那高度已可觀。士能很高興他竟聽我們的勸說沒有放棄這一處同來看看，雖然他要不待測量先走了。

應縣是個小小的城，是一個產鹽區。在地下掘下不深就有鹹水，可以煮鹽，所以是個沒有樹的地方，在塔上看全城，只數到十四棵不很高的樹！

工作繁重，歸期怕要延長得多，但一切吃住都還舒適，住處離塔亦不遠，請你放心……

士能已回，我同莫君留此詳細工作，離家已將一月卻似更久。想北平正是秋高氣爽的時候。非常想家！

相片已照完，十層平面全量了，並且非常精細，將來謄畫正圖時可以省事許多。明天起，量斗拱和斷面，又該飛簷走壁了。我的腿已有過厄運，所以可以不怕。現在做熟了，希望一天可以做兩層，最後用儀器測各簷高度和塔剎，三四天或可竣工。

這塔真是個獨一無二的偉大作品。不見此塔，不知木構的可能性到了什麼程度。我佩服極了，佩服建造這塔的時代，和那時代裡不知名的大建築師、不知名的匠人。

這塔的現狀尚不壞，雖略有朽裂處。八百七十餘年的風雨它不動聲色的承受了，並且它還領教過現代文明：民國十六七年間馮玉祥攻山西時，這塔曾吃了不少的炮彈，痕跡依然存在，這實在叫我臉紅。第二層有一根泥道拱竟為打去一節，第四層內部闌額內尚嵌著一彈未經取出，而最下層西面兩簷柱都有碗口大小的孔，正穿通柱身，可謂無獨有偶。此外槍孔無數，幸而尚未打倒，也算是這塔的福氣。現在應縣人士有捐錢重修之議，將來回平後將不免為他們奔走一番，不用說動工時還須再來應縣一次。

×縣至今無音信，雖然前天已發電去詢問，若兩三天內回信來，與大同諸寺略同則不去，若有唐代特徵如人字拱（！）鴟尾等等，則一步一磕頭也要去的！……

這兩天工作頗順利，塔第五層（即頂層）的橫斷面已做了一半，明天可以做完。斷面做完之後將有頂上之行，實測塔頂相輪之高；然後樓梯、欄杆、格扇的詳樣；然後用儀器測全高及方向；然後抄碑；然後檢查損壞處以備將來修理。我對這座偉大建築物目前的任務，便暫時告一段落了。

今天工作將完時，忽然來了一陣「不測的風雲」。在天晴日美的下午五時前後狂風暴雨，雷電交作。我們正在最上層樑架上，不由得不感到自身的危險，不單是在二百八十多尺高將近千年的木架上，而且緊在塔頂鐵質相輪之下，

電母風伯不見得會講特別交情。我們急着爬下，則見實測記錄冊子已被吹開，有一頁已飛到欄杆上了。若再遲半秒鐘，則十天的功作有全部損失的危險。我們追回那一頁後，急步下樓——約五分鐘——到了樓下，卻已有一線驕陽由藍天雲隙裡射出，風雨雷電已全簽了停戰協定了。我抬頭看塔仍然存在，慶祝它又避過了一次雷打的危險，走在急流成渠的街道上回到住處去。

關於這塔，我只有一椿事要加附註。在佛宮寺的全部平面佈置上，這塔恰恰在全寺的中心，前有山門、鐘樓、鼓樓、東西兩配殿，後面有橋道平台，台上還有東西兩配殿和大殿。這是個極有趣的佈置，至少我們疑心古代的伽藍有許多是如此把高塔放在當中的。

莫宗江回憶學社的調查工作時說：「我們每到一個地方，很快就分工，誰測平面，誰畫橫斷面，誰畫縱斷面，誰畫斗拱。分工完了，拉開皮尺就幹，效率之高，現在回想都難以置信，因為當時每去一個地方經常要步行幾十里，一定要幹完了才能離去。梁先生爬樑上柱的本事特大。他教會我們，一進殿堂三下兩下就爬上去了，上去後就一邊量一邊畫。應縣木塔這麼龐大複雜的建築，只用了一個星期就測完了。」

這裡筆者把學社一行在大同工作的日程及分工整理於下：

9月6日上午8時到達大同，略事安頓便進城巡視一周，決定考察的建築物。6日下午，開始調查華嚴寺大殿。梁思成、劉敦楨、林徽因、莫宗江的分工如下：梁思成攝影；劉敦楨、林徽因抄錄碑文，記錄結構上特異諸點；莫宗江與工人測量平面。原計劃先赴雲岡，因雨後路滑，雲岡之行順延。
7日上午調查華嚴寺薄伽教藏殿及海會殿，攝影並測平面。
7日下午至9日上午調查雲岡，9日中午返回大同。
9日下午調查善化寺，晚林徽因返回北平。
10日至16日對華嚴寺、善化寺全部殿堂搭架細測，並用經緯儀測總平面及各殿高度。

17 日梁思成、劉敦楨、莫宗江赴應縣調查佛宮寺，劉敦楨先期回北平。

18 日至 23 日梁思成、莫宗江詳測佛宮寺木塔。

24 日由應縣赴渾源考察懸空寺後返大同。

25 日補攝華嚴寺薄伽教藏殿壁藏照片及量尺寸。

26 日返回北平。

其後又復派莫宗江、陳明達二人赴大同，補測普賢閣及壁藏遺漏的尺寸。

前後共二十日詳測及詳查的建築有華嚴寺薄伽教藏殿及海會殿，善化寺大雄寶殿、普賢閣、三聖殿、山門，雲岡諸窟。略測的有華嚴寺大雄寶殿、善化寺東西朵殿、東西配殿及大同市東、西、南三座城樓及鐘樓。

1933 年二次調查正定並調查趙州橋

1933 年的 11 月，梁思成、林徽因、莫宗江再次到正定去，做補充調查。他們結束了正定的工作後，林徽因返回北平。梁思成和莫宗江從正定到趙縣，去調查民謠中稱之魯班爺修的趙州橋，即安濟橋。橋當然不是魯班修的，但意外的是他們竟發現此橋建於隋大業年間，由匠師李春主持建造。我國隋唐以來橋樑的年代確實可考的極少，而安濟橋則準確地知道它建於公元 605 年至 617 年，是我國現存最古的石橋。這橋以長 37.37 米、高 7.23 米的大弧形石券，橫跨河上。橋兩端各砌兩小券，做成空撞券。據文獻記載，李春的設計是為了山洪暴發時兇猛的河水可以順利通過石橋，且能減輕橋身自重。同時它在工程技術及藝術形象方面也是一個重大的創造。

歐洲古代的橋，如法國 14 世紀建造的 Pont des Consuls，雖然在橋墩之上部發小券，但小券並不伏在主券上。至 19 世紀中葉以後才盛行於歐洲。在《說橋》（A Book of Bridges）一書中則認為 1912 年落成的 Algeria，Constantineis

Point Sidi Rached，一道主券長七十米，兩端各伏有四小券的橋，是半受法國 Ceret 兩古橋（1321 年）影響的產品。但這些橋計算起來，較安濟橋竟是晚了七百年，乃至一千二百餘年。 除大石橋外，他們還附帶調查了其他兩個小石橋，濟美橋和永通橋。隨之又到趙縣城內調查了北宋時的陀羅尼經幢，此幢可稱經幢中體形最大者，而且形象華麗、雕刻精美，是這一時期經幢的典型代表作。

1934 年晉汾之遊

1934 年梁思成為了整理應縣木塔的調查，一直沒有離開北平，只到天壇去看了一下祈年殿的修繕工程。

到了 8 月他正準備邀請他的美國好友費正清夫婦同往北戴河避暑時，費氏夫婦卻邀請梁氏夫妻隨他們到山西的汾陽城外峪道河去消夏。因為汾陽離趙城不遠，趙城的調查本已列入他們的計劃，因而也就欣然同往。

山西汾陽城外的峪道河，沿河有數十家磨坊，靠峪道河的清泉為動力，直到電磨機出現，平遙創立了山西麵粉業的中心，這些水力磨坊才漸漸地消寂下來。但此處依山靠水，風景優美，於是有不少傳教士買下那些廢棄的磨房改成別墅。費氏夫婦帶他們去的就是一個傳教士的磨房別墅。別墅的主人，正是 20 世紀 80 年代曾任美國駐華大使恆安石的父親。

梁氏夫婦與費氏夫婦一行，以峪道河為根據地，向鄰近的太原、文水、汾陽、孝義、介休、靈石、霍縣、趙城等縣做了多次考察，發現古建築四十餘處。正是這次旅行使費慰梅瞭解了梁思成的研究工作，並對中國古建築發生了興趣。因此行未帶助手，對發現的古建築只做了攝影與預測，原計劃秋後再來詳細調查，但直到 1936 年 5 月才成行。

趙州橋全景

手繪趙縣趙州橋平面圖

趙州橋隋代欄板

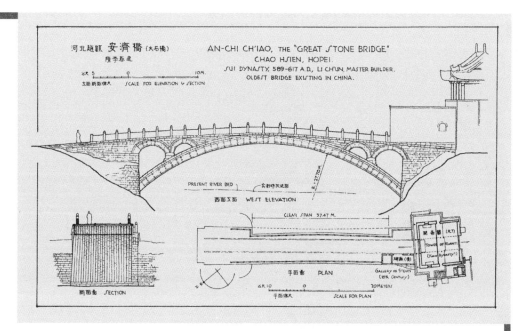

河北趙縣 安濟橋 (大石橋)
隋李春建

AN-CHI CH'IAO, THE "GREAT STONE BRIDGE."
CHAO HSIEN, HOPEI.
SUI DYNASTY, 589-617 A.D., LI CH'UN, MASTER BUILDER.
OLDEST BRIDGE EXISTING IN CHINA.

尺 5   10M.
立面斷面墙尺   SCALE FOR ELEVATION & SECTION

R. 27.70 M

PRESENT RIVER BED   实测时灰迹别

西面立面 WEST ELEVATION

CLEAR SPAN 37.47 M.

斷面圖 SECTION

手面圖 PLAN

關帝閣 (元?)
TOWER OF KUANTI
(Yüan Dynasty?)

碑亭 (清)
GALLERY OF STELES
(18th Century)

尺8 10   0   20 METERS
平面墙尺   SCALE FOR PLAN

趙縣陀羅尼經幢，這是國內最大的經幢
梁思成、林徽因與費氏夫婦同赴山西調查古建築
1934 年、1937 年梁思成、林徽因等山西調查路線圖

這次發現的古建築中最重要的有兩處，一是太原的晉祠，一是趙城的上、下廣勝寺及明應王殿。

晉祠

晉祠在太原近郊，是太原的名勝之一，但梁思成根據以往的經驗，認為越是名勝遭重修的可能性越大，因此古建築最難保存，所以他們並未計劃前往考察。直到他們已乘上太原去汾陽的汽車，路過晉祠的後面時，他們驚異地抓住車窗望着那大殿的一角側影，愛不忍釋。

由汾陽回太原的途中，他們便到晉祠去做了初步的考察。晉祠的佈置既像廟觀的院落，又像華麗的宮苑，全部兼有開敞堂皇的佈局和曲折深邃的雅趣。聖母殿是晉祠最大的一組建築，正殿前有飛樑（即一座十字橋）、獻殿及金人台等。正殿是一接近正方形、重簷歇山頂的殿堂。它面闊七間進深五間。四周有圍廊，是《營造法式》中所謂「副階周匝」形式的實例。所不同的是，它前廊深兩間，內槽深三間，故前廊異常空敞，這種佈局梁思成還是初次見到。斗拱的做法與隆興寺摩尼殿相似，但比之更為豪放生動。從殿的結構上看，縣志中所說它重建於宋天聖年間的說法是準確的。在斗拱上，首次出現了假昂的做法，這是值得注意的。在正殿前橫跨放生池上的飛樑，在池中立方石柱若干，柱頭以普拍枋聯絡，其上置大斗，斗上施十字相交的拱，以承橋的承重樑。這種石柱式的橋，過去僅在古畫中見到，這個石柱橋是唯一的實例，看來也是宋代原物。在飛樑前又有重建於金大定八年（公元 1168 年）的獻殿。

晉祠獻殿

晉祠聖母殿

聖母殿前寬闊的前廊

晉祠聖母殿前的飛樑，即一獻十字橋

飛樑——這種石柱式的橋僅在古畫中見過

趙城上、下廣勝寺

廣勝寺在趙城霍山，分上寺與下寺。廣勝寺諸門殿在結構上為我國建築實物中罕見之特例。下寺的山門前後各有垂花雨塔懸出簷柱以外，做法極特殊，而且給人一種簡潔的美感。上、下各寺殿堂的結構均施用巨昂，即使用斜樑及圓形的樑袱，都是過去所不曾見到的，可稱元代建築的特徵。下寺的正殿為了增加活動空間，採用減柱和移柱法，表現出靈活的設計手法，是明清後正規建築中所不見的。廣勝寺創建於唐，金代曾大修，元大德七年發生劇烈的地震，所以「大剎毀」，現存的殿宇是元延祐六年（公元1319年）重修的。

明應王殿

為廣勝寺泉水龍王之殿。我國凡是有水的地方都有龍王廟，但這一處龍王廟規模之大，遠在普通龍王廟之上。且除去規模大外，它也是龍王廟中極古的一座。殿內四壁皆有元代壁畫，其題材為非宗教的，這在古代壁畫中極為罕見。殿建成於元泰定元年（公元1324年），是元朝祠祀建築殿堂的一種類型。殿前庭院很大，供公共集會和露天看戲之用。中國戲曲在元代有很大發展，許多公共建築正對大殿建造戲台，成為元朝以來祠祀建築的特有形式。明應王殿的壁畫和上、下廣勝寺的樑架都是極罕見的遺物。

考察完廣勝寺，他們又滿懷信心地出發，到霍山中去尋訪唐代的興唐寺。

我們晨九時離開廣勝寺下山，又折回到霍山時已走了十二小時！沿途風景較廣勝寺更佳，但近山時實已入夜，山路崎嶇，峰巒迫近如巨屏，谷中漸黑，涼風四起，只聽腳下泉聲奔湍，看山後一兩顆星點透出夜色，騾役俱疲，摸索難進，竟落後里許。我們本是一直徒步先行的，至此更得奮勇前進，不敢

稍怠（怕伕役強主回頭，在小村落裡住下），入山深處，出手已不見掌，加以腳下危石錯落，松柏橫斜，行頗不易。喘息攀登，約一小時，始見遠處一燈高懸，掩映松間，知已近廟，更急進敲門。

等到老道出來應對，始知原來我們仍遠離興唐寺三里多，這處為霍嶽山神之廟稱中鎮廟。乃將錯就錯，在此住下。

我們到時已數小時未食，故第一件事便到「香廚」裡去烹煮，廚在山坡上窖穴中，高踞廟後左角。廟址既大，高下不齊，廢園荒圃，在黑夜中更是神秘，當夜我們就在正殿塑像下秉燭洗臉鋪床，同時細察樑架，知其非近代物。這殿奇高，燭影之中，印象森然。

第二天起來忙到興唐寺去，一夜的希望頓成泡影。興唐寺雖在山中，卻不知如何竟已全部拆建，除卻幾座清式的小殿外，還加洋式門面等等。新塑像極小，或罩以玻璃框，鄙俗無比，全廟無一樣值得記錄的。

梁思成在這次調查中看到了許多民間的中小古建築。它們不像大城市的建築或朝廷賜建的廟宇，必須遵循一定的「法式」、「則例」，匠師在手法上表現出自由、大膽、靈活而富有生命力的精神。發券的建築為山西一個重要的特徵，如太原的永祚寺大雄寶殿，是中國發券建築的主要作品，也是建築史研究中有趣之實例。1934 年 10 月，梁思成又率莫宗江、麥儼增到晉汾地區進行考察與測繪。前後兩次調查測繪的古建築有：

太原   晉祠（宋代）

        永祚寺大殿及雙塔（明代，公元 1597 年）

汾陽   峪道河龍天廟（元建經後代修葺）

        縣文廟

        城隍廟

        善惠寺

小相村靈巖寺，大佛彷彿在與林徽因説話

太谷資福寺大殿簷下

大相村崇勝寺（元建明代修葺）

杏花村國寧寺

小相村靈巖寺（毀）

文水 開柵鎮聖母廟（元代）

文水縣文廟

孝義 吳屯村東嶽廟

霍縣 太清觀、文廟、東福昌寺、西福昌寺

火星聖母廟

縣政府大堂

趙城 上、下廣勝寺

明應王殿（元代）

霍山中鎮廟

洪洞 泰雲寺（元代）、龍祥觀（元代）

彌勒寺（宋代）、火神廟（元代）

文廟（明代）、東嶽廟（明代）

臨汾 平陽府文廟（明代）

縣文廟、大雲寺磚塔（清代）

雲泉宮正殿（宋代）、崇寧寺正殿（明代）

新絳 文廟（明代）、武廟（清初）

龍興寺塔（明代）

太谷 資福寺藏經樓（元代）

1934 年調查浙江古建築

1934 年 10 月，梁思成、林徽因應浙江省建設廳的邀請到杭州商討六和塔重修計劃（詳見《杭州六和塔復原狀計劃》，《梁思成文集（一）》）。劉致平亦同行並負責測繪靈隱寺雙石塔及閘口白塔（詳見《浙江杭縣閘口白塔及靈隱雙石塔》，《梁思成文集（一）》）。靈隱雙塔建於宋建隆元年（公元 960 年），閘口白塔也是

同一時期的作品。此三塔實際上可說是塔形的經幢，或可說是當時木塔的忠實模型，因此對宋初木塔的研究，是一個極可貴的資料。杭州的工作完畢後，他們又赴浙南的宣平縣陶村調查延福寺。從延福寺的月樑、梭柱及柱質等做法上看，鑒定它的確是元泰定三年（公元 1326 年）的作品。江南的氣候本不宜於木建築的保存，他們此行不但發現了元代的延福寺，還在金華天寧寺發現了一座元代大殿，實屬難得。在歸途中他們在吳縣甪直鎮，調研了保聖寺大殿；過南京時往棲霞寺石塔及蕭梁忠武王墓攝影。這次赴杭測繪鑒定了以下古建築：

杭州　靈隱寺雙石塔（宋代，公元 960 年）、閘口白塔（同前）

宣平　延福寺（元代，公元 1326 年）

金華　天寧寺大殿（元代）

1935 年第一次赴河南調查安陽古建築

1935 年 5 月，梁思成的弟弟考古學家梁思永，在安陽侯家莊主持考古發掘，共發現大墓十座、小墓千餘座，發掘規模的宏大、考古收穫的豐富在國內都是空前的。梁思成素對考古有濃厚的興趣，因此他赴安陽去看思永的考古成果，順便調查安陽的古建築。天寧寺的雷音殿是安陽最古的建築，建於遼金時期，寺內磚塔形制奇特，為元代所建。

1935 年調查蘇州古建築

1935 年 8 月劉敦楨暑假南下新都，歸途中順便去蘇州遊覽兩日，不期發現蘇州竟有多處古建築。「返平後出所攝照片示梁思成先生，相與驚詫，以為大江以南，一城之內，聚若許古物，捨杭州外，當推此為巨擘。適南京

送北平

8 上海
7 松江
1 杭州
6 寧波
P2 諸暨
3 金華市
4 武義
5 宜平

林徽因在延福寺樑上

1934 年梁思成等浙江調查路線圖

宣平延福寺

梁思成與梁思永（左）在安陽合影

中央博物館徵求建築圖案，聘梁先生與余為審查員，因此決計乘南行之便再做第二次考察。」他們邀請社友盧樹森、夏昌世二位一起參加測繪工作。從 9 月 7 日開始工作，10 日晚梁思成因事返京，11 日夏昌世亦返南京，劉敦楨與盧樹森留下。先量三清殿內簷斗拱及雙塔尺寸，又至北塔虎丘塔等處補攝照片，至 14 日結束工作。經他們調查的古建築有：

玄妙觀三清殿	宋孝宗淳熙六年 (公元 1179 年) 重建
羅漢院雙塔	宋太宗太平興國七年 (公元 982 年)
報恩寺塔	塔身磚造，重建於南宋，外圍採用木構，經多次修葺，最後一次是光緒二十六年 (公元 1900 年)
虎丘雲巖寺塔	五代至宋初
虎丘二山門	元順帝至元四年 (公元 1338 年)
府文廟	內藏平江府圖碑刻，南宋紹定二年 (公元 1229 年)，為我國官署建築不可多得之史料
瑞光塔	南宋淳熙年間 (公元 1174—1189 年)
開元寺無樑殿	明萬曆四十六年 (公元 1618 年)

他們還去調查了留園、怡園、環秀山莊、拙政園、獅子林、木瀆花園、嚴家花園等園林。

調查完了蘇州古蹟，梁思成又到南京調查了梁陵，並到邢台調查了天寧寺塔，回到北平後又與劉敦楨一同去測繪了正覺寺金剛寶座塔。

1936 年調查龍門石窟並赴山東調查中部 11 個縣

1936 年 5 月劉敦楨率陳明達等赴河南西北部調查古建築。5 月 28 日梁思成、林徽因抵洛陽，會同劉敦楨等考察龍門石窟，他們對龍門踏勘了 4 天。劉

敦楨編號及記錄建築特徵；林徽因記錄佛像雕飾；梁思成、陳明達攝影；趙正之抄錄銘刻年代。

寫生及局部實測，則由大家分別擔任。在龍門期間最感苦惱的莫過跳蚤的襲擊。劉敦楨在日記中寫下「寓室湫隘，蚤類猖獗，經夜不能交睫」。後來梁思成也回憶起這次的跳蚤大戰：「我們回到旅店鋪上自備的床單，但不一會兒就落上一層沙土，揮去不久又落一層，如是者三四次，最後才發現原來是成千上萬的跳蚤。」石窟工作完畢，他們又調查了附近的關羽墓。

6月結束了龍門石窟的調查之後，梁思成、林徽因到開封調查了宋代的繁塔、鐵塔及龍亭等處，然後從開封直抵濟南，與麥儼增會合，繼續往東，到歷城、章丘、臨淄、益都、濰縣又回到濟南，再南下到長清、泰安、滋陽（現兗州市）、濟寧、鄒縣、滕縣計 11 個縣。重要的古建築有隋大業七年（公元 611 年）建的歷城神通寺四門塔，它的外形與雲岡浮雕所見極相似。泰安岱廟的山門，仍保持方形門洞的古制，恰似宋畫《清明上河圖》中所見，也是國內的唯一孤例。

他們原計劃還要調查益都雲門摩崖雕像。雲門雕像是隋代雕像的精品，但已破壞得很厲害，同時途中經常有土匪出沒、搶劫。益都當局極力勸阻，他們也就只好作罷。此行調查測繪的古建築有：

開封　祐國寺鐵塔（宋慶曆年間，公元 1041—1048 年）

　　　　繁塔（宋太平興國二年，公元 977 年）

　　　　龍亭

歷城　神通寺四門塔（隋大業七年，公元 611 年）

　　　　朗公塔（唐建）

　　　　元、明墓塔三十餘座、千佛崖唐代造像、湧泉庵等

章丘　常道觀元代大殿、白雲觀、清淨觀元代正殿

　　　　文廟金代大成殿、永興寺、民居等

臨淄	興國寺遺址、北魏佛像
益都	縣文廟
濰縣	縣文廟、石佛寺明代大殿
長清	靈巖寺千佛殿（宋建明代重修）、辟支塔（宋代）
	慧宗塔及法定塔（唐代），宋、元、明歷代墓塔一百四十餘座
泰安	岱廟、泰山上道觀多處
滋陽	興隆寺磚塔（宋嘉祐八年建，公元 1063 年）
	靈應廟大殿（明代）、泗水橋等
濟寧	鐵塔寺鐵塔（北宋建）、鐘樓
鄒縣	法興寺（宋塔）、亞聖廟
滕縣	龍泉寺（明塔）、興國寺遺址，此外，民居、橋樑、園林等多處

回京後梁思成又到邢台去調查天寧寺古建。

1936 年 4 月裡有一個快樂的間歇，美國建築和城市規劃學家克拉倫斯·斯坦因及其迷人的夫人著名女演員愛琳妮·麥克馬洪來到了北京。徽因寫道：「我們愛上了他們，他們差不多同時也愛上了我們。」

通過克拉倫斯·斯坦因，促使思成閱讀和思考了城市規劃，一個在他日後的年代裡至關重要的課題。

1936 年第一次調查陝西古建築

1936 年梁思成與莫宗江、麥儼增赴晉汾地區去測繪 1934 年發現的古建築。

11 月份結束了山西的工作，梁思成一行繼續奔赴西安。當時山西往西安去的火車尚未正式開通，他們只好乘坐四處漏風的鐵皮貨車前往。時值 11 月

返北平

6 濟南　15 章丘　17 臨淄

14 歷城　19 濰縣

7 聊城　8 長清　16 博山　18 益都

9 泰安

山　　　　　東

10 滋陽

11 濟寧　12 鄒縣

13 滕縣

1 洛陽

3 鄭州

2 龍門　4 開封

河　　　南

5 徐州

到龍門去

1936 年梁思成等河南、山東調查路線圖

林徽因在測繪山東滋陽興隆寺塔

山東歷城神通寺四門塔

林徽因在塔內

林徽因在測繪山東歷城神通寺墓塔

河北邢台天寧寺塔
泰安岱廟山門仍保持方形門洞的古制

下旬，天氣十分寒冷，途中又逢寒流，他們在不很嚴密的車廂中凍得上下牙直打戰，只好把報紙夾在毛毯中圍在身上，這樣可以不透風，利於保暖，但仍是凍得不能交談。在西安因已進入冬季，野外調查十分困難，他們只測繪了：

西安	慈恩寺大雁塔，建於唐武后長安年間（公元 701—704 年） 大雁塔門楣石刻忠實地反映了唐代木建築的形式 青龍寺、臥龍寺、寶塔寺（唐代）
長安縣	香積寺塔（唐代）
咸陽	周文王、武王陵、唐武氏順陵
興平縣	漢武帝陵、霍去病墓（漢代）

1936 年以來，日本帝國主義的侵華野心越來越暴露，時局日益動盪緊張，梁思成與劉敦楨也感到時間的緊迫，他們馬不停蹄地連續調查，要趕在侵略者入侵以前把華北、中原地區的古建築全部調查完畢，唯恐戰爭一旦爆發，這些祖國的瑰寶、民族的珍貴遺產將在戰火中化為灰燼。

1937 年第二次赴陝西調查

1937 年 5 月劉敦楨與麥儼增再赴河南、陝西調查。

梁思成夫婦亦應顧祝同之邀到西安作小雁塔的維修計劃，同時梁思成還為西安碑林工程作了設計。

西安雖是歷史名城，但城內最古的木結構建築只有舊布政司署的府門三間是元代作品，其次是位於華覺巷的東大寺及大學習巷的西大寺，兩個清真寺以華覺巷東大寺年代為早，建於明洪武二十五年（公元 1392 年），西大寺

1936 年莫宗江（左）、梁思成（中）考察咸陽順陵

西安華覺巷清真寺禮拜殿

1937 年劉敦楨、梁思成等陝西、河南調查路線圖

禮拜殿內景

林徽因在藥王廟測繪佛像

建於明永樂十一年（公元 1413 年）。這兩個寺以東大寺規模較大，但殿堂已大部分於清代改建。西大寺規模略小，但明代建築保存完好，可惜後來被毀了。西安的木構建築幾乎都是清代重建的，但唐代以來的磚石塔、經幢則比比皆是。在陝西境內，所到各處亦大體如此。

於是他們又一同調查了西安的古建築。這期間梁思成、林徽因還出長安，到耀縣調查了藥王廟。

他們原計劃繼續西行至蘭州赴敦煌。但因時局緊張，國民政府為防止間諜活動，在陝甘一帶處處設卡，必須有軍事部門的通行證，否則不能通行，至使此行未果，成為梁思成的終生遺憾。

梁思成、林徽因這次陝西之行調查的古建築有：

西安	舊布政司署府大門（元代）、鐘樓（明建清代重修）
	華覺巷清真寺（建於明代，清代大部分重修）
	大學習巷清真寺（明永樂十一年建，1413 年）
	臥龍寺、花塔寺（唐代）、大雁塔（唐代）、小雁塔（唐代）
	碑林
長安	香積寺塔（唐代）、興教寺玄奘塔（唐代）
臨潼	秦始皇陵、華清池、靈泉觀
戶縣	草堂寺、靈感寺
耀縣	藥王廟

1937 年第四次赴山西調查五台山佛光寺及榆次永壽寺雨花宮

到了 1937 年，梁思成已經跑了許多地區，有了很多的重要發現。但是最早

的木結構建築仍是初期調查的薊縣獨樂寺、應縣木塔等宋遼時期的建築。
日本人曾斷言，中國已不存在唐以前的木構建築，要看唐制木構建築，人
們只能到日本奈良去。但梁思成始終有一個信念，相信在國內肯定還有唐
代的木構建築存在。當他第一次閱讀伯希和的《敦煌石窟圖錄》時，注意
到第 61 號窟的宋代壁畫「五台山圖」中的大佛光之寺。他又在北平圖書館
的《清涼山（山西五台山）志》中讀到了佛光寺的記載。《清涼山志》中
記載佛光寺不在台懷這個中心區，而是地處台外。有可能因為它的交通不
便，祈福進香的信徒很少，寺僧貧苦，沒有力量修裝建築，這就比較有利
於古建築的保存。於是梁思成決定去碰一碰運氣。

1937 年 6 月梁思成、林徽因剛從西安返京，立刻與莫宗江、紀玉堂一起奔
赴五台山尋找佛光寺去了。雨花宮是他們前往太原途中，經過榆次時，林
徽因在車廂內無意中看到的。他們從歷年的實地考察經驗斷定，這座廟宇
有不可放過的價值。

他們到達太原後，在等待省政府辦理旅行手續期間，前後兩天相繼到榆次
去做了勘察。這座規模不算小的永壽寺，現在只留下雨花宮這個小殿堂了。
他們做了必要的測繪，拍攝了照片，準備在回程時再詳細考察，但因戰爭
而未按原計劃完成工作。1949 年後雨花宮因修築鐵路而被拆除了。

雨花宮的結構，最成功的一點是省略掉不必要的構材，那也是它最大的特
點。從斗拱使用極度的「偷心制」和補間鋪作最簡略的做法上可以看到，
匠師在處理各構材時，盡可能地和相鄰構件取得相輔的功用。由此表現出
各構材之間的遞相承轉和互相協應，產生出純結構的美，卻並沒有特加任
何裝飾。

雨花宮建於宋大中祥符元年（1008 年），早於雨花宮的木建築只有五台山的
南禪寺大殿（782 年）、佛光寺大殿（857 年）、敦煌 120 窟前木廊（976 年）、
敦煌 130 窟前木廊（980 年）和獨樂寺觀音閣及山門（984 年）五處。直到現在，

雨花宮在已知的遺例中，仍是一個結構簡潔的重要例證，也是唐宋間木構建築過渡形式的重要實例（參閱《營造學社彙刊》七卷二期，莫宗江《山西榆次永壽寺雨花宮》）。

他們結束了雨花宮的測繪後返回太原，前往五台山，他們不入台懷，而是北行趨南台外圍，騎駄騾進山。在陡峻的山路上，沿倚着崖邊迂迴着走，崎嶇危險。有時連毛驢都不肯前進了，他們只好下驢，卸下裝備，拉着毛驢前進。如此走了兩天，第二天的黃昏時分才到豆村。夕陽中，前方的一處殿宇在向他們召喚，那就是佛光寺嗎？！……進入寺內瞻仰大殿，嗟歎驚喜，他們一向所抱着的國內殿宇必有唐構的信念，在此得到了實證。

佛光寺大殿魁偉整飭，從建築形制特點看，深遠的出簷，碩大的斗拱，柱頭的卷剎，門窗的形式處處可以證明是唐代建築。但為取得確鑿的證據，他們爬到「平」上面，因為通常殿宇建造年代多寫在脊檁上。但殿頂上黑暗無光，他們用手電筒探視，看見檁條被千百成群的蝙蝠盤踞，聚集在上面，無法驅除。脊檁上有無題字，仍無法知道。忽然，他們發現樑架上都有古制「叉手」的做法，這是他們從未見過的實物，是國內的孤例，使他們驚喜得如獲至寶。照相的時候，蝙蝠見光驚飛，穢氣難耐，而木材中又有千千萬萬的臭蟲，工作至苦。他們早晚攀登工作，或爬入頂內與蝙蝠、臭蟲為伍，或爬到殿中構架上，俯仰細量探索，唯恐不周，因為他們知道再次入山的機會恐怕是沒有了。

工作了幾天以後，才看見大殿樑下隱約有墨跡，因殿內光線不足，字跡又被一層土朱所掩蓋，審視了許久只隱約認出官職一二，獨林徽因見「女弟子寧公遇」的名字。他們又詳細檢查階前經幢上的姓名，果然，幢上除官職外也有女弟子寧公遇，稱為「佛殿主」。為求得題字的全文，即請寺僧入村募工搭架，想將樑下的土朱洗去，以窮究竟。不料村僻人稀，和尚去了一整天，僅得老農二人。於是紀玉堂忙着領老農搭架，籌劃了一天，才支起一架。梁思成問及原因，紀玉堂笑笑說「可也沒閒着」，原因是老農

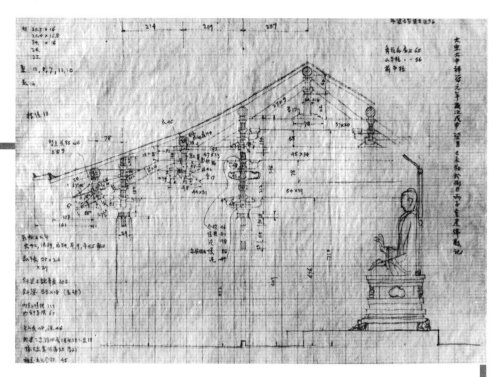

林徽因在雨花宮

手繪山西榆次永壽寺雨花宮測繪圖

山西榆次永壽寺雨花宮（現已毀）

佛光寺大殿
前往五台山去尋找佛光寺

對這種工作完全沒有經驗。他們忙着將布單撕開浸水互相傳遞上去，土朱着了水，墨跡就顯出來，但是水乾之後，又隱約不可見了，費了三天時間才讀完四條樑下的題字全文。這才知道大殿建於唐大中十一年（公元857年），樑下題字是列舉建殿時當地官長和施主的姓名。寧公遇是出資建殿的施主，而受她好處的功德主是兩位宦官，即樑下寫的「功德主故右軍中尉王」和「功德主河東監軍使元」二人。

確證了佛光寺大殿的年代後，他們高興極了，這是他們開始野外調查以來最高興的一天。那天夕陽西下，映得佛光寺殿前及整個庭院一片霞光，他們將帶去的全部應急食品，沙丁魚、餅乾、牛奶、罐頭等統統打開，大大慶祝了一番。

佛光寺大殿內尚存唐代塑像三十餘尊，唐壁畫一小橫幅，宋壁畫幾幅。寺內還有唐石刻經幢兩座，唐磚墓塔兩座，魏或齊的磚塔一座，宋中葉的大殿（文殊殿）一座（參閱《梁思成文集（二）》，《記五台山佛光寺的建築》）。

工作完畢他們才到台懷，調查了台懷的諸寺，又到繁峙、代縣調查了兩天，才聽到「盧溝橋事變」的消息，戰爭爆發已經五天了。

他們此行調查的古建築有：

榆次	永壽寺雨花宮
五台豆村	佛光寺
五台台懷	顯通寺、塔院寺、鎮海寺、菩薩頂、南山寺
	清涼寺、文廟天地閣、店面
繁峙	正覺寺
代縣	譙樓圓果寺、城門
	楊延興墓、店面

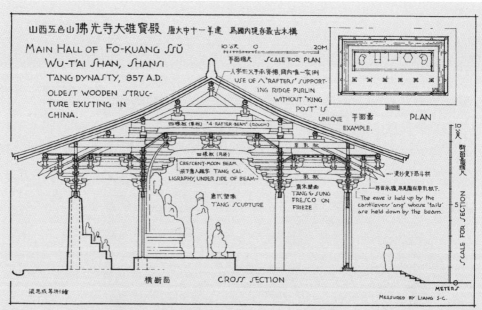

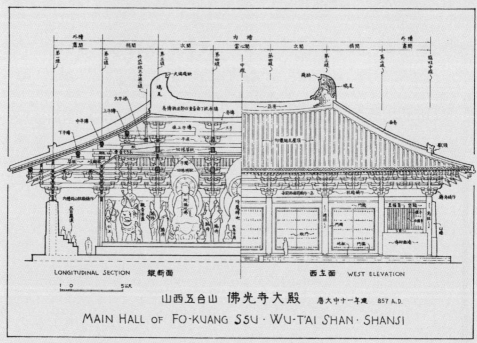

林徽因與佛殿主寧公遇

林徽因在唐代佛像中

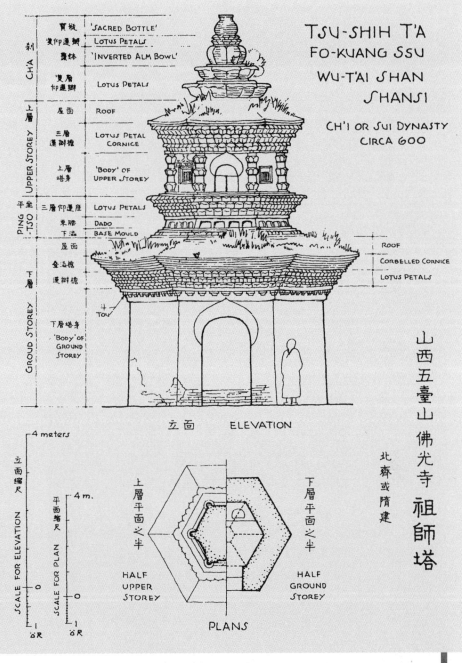

TSU-SHIH T'A
FO-KUANG SSU
WU-T'AI SHAN
SHANSI

CH'I OR SUI DYNASTY
CIRCA 600

刹 CHA	寶瓶	'SACRED BOTTLE'
	覆仰蓮瓣	LOTUS PETALS
	覆缽	'INVERTED ALM BOWL'
	覆層仰蓮瓣	LOTUS PETALS
上層 UPPER STOREY	屋面	ROOF
	三層蓮瓣檐	LOTUS PETAL CORNICE
	上層塔身	'BODY' OF UPPER STOREY
平坐 PING TSO	三層仰蓮座	LOTUS PETALS
	束腰	DADO
	下澀	BASE MOULD
下層 GROUD STOREY	屋面	ROOF
	金露檐	
	蓮瓣檐	
	斗	TOU
	下層塔身	'BODY' OF GROUND STOREY

ROOF
CORBELLED CORNICE
LOTUS PETALS

立面　ELEVATION

山西五臺山 佛光寺 祖師塔

北齊或隋建

4 meters

立面編尺　SCALE FOR ELEVATION

平面塔尺　SCALE FOR PLAN

4 m.

0

0

1

0 R

0 R

上層平面之半

下層平面之半

HALF UPPER STOREY

HALF GROUND STOREY

PLANS

佛光寺後山唐墓塔（左起：村童、莫宗江、林徽因）

林徽因在測繪唐代經幢

4 個縣共調查建築物約 56 處。

1934 年以後，文獻組的劉敦楨亦把主要精力放到實物的調查測繪上來。1934 年、1935 年、1936 年前後三次赴河北西部、南部調查，1936 年、1937 年又赴河南、山東、陝西調查，發現的重要古建築有：河北定興北齊石柱、曲陽北嶽廟德寧殿、安平聖姑廟、定縣料敵塔；河南登封太室、少室、啟母三石闕，少林寺初祖庵，嵩嶽寺塔，周公測景台，淨藏禪師塔，登封法王寺塔；山東肥城漢郭巨祠等。至抗日戰爭前夕，梁思成已與學社同仁完成了華北、西北、江浙一帶地區的古建調查，中國建築史上重要的建築物幾乎全是營造學社在抗日戰爭前調查發現的。

北平故宮的測繪

1934 年中央研究院撥款五千元給學社，要求學社將故宮全部建築都測繪出來，出一本專著。這項工作由梁思成負責，邵力工協助。所有殿堂及各門由梁思成率邵力工、麥儼增、紀玉堂測繪，次要建築如小朝房、小庫房等由邵力工負責。

他們自 1934 年開始至 1937 年測繪了天安門、端門、午門、太和門、太和殿、中和殿、保和殿、後右門、後右門北朝房、西北角庫、保和殿西庫房、中右門、中右門北朝房、西朝房、右翼門、弘義閣、弘義閣西庫房、西南角庫、貞度門、貞度門西朝房、東朝房、熙和門、熙和門南朝房、北朝房、協和門、協和門南朝房、北朝房、昭德門、昭德門東朝房、西朝房、東南角庫、體仁閣、左翼門、中左門、保和殿東庫房、東北角庫、後左門、文華門、文華殿、集義殿、文淵閣、傳心殿、紅木庫、實錄庫、西華門、武英門、武英殿、煥章殿、凝道殿、浴德堂、咸安門、南薰殿、燈籠庫、東華門、東西南北四角樓，共計六十餘處。除故宮外還測了安定門、阜成門、

東直門、宣武門、崇文門、新華門、天寧寺、恭王府等處。可惜因戰爭爆發，故宮的測繪沒有完成，已測繪的圖稿也沒有全部整理繪製出來。

1936 年 5 月林徽因率劉致平、麥儼增等測繪北海靜心齋。

20 世紀 30 年代我們的國家和民族還處於多難、貧窮、落後的時期，野外調查乘坐的是木輪的馬車，或騎驢、騎馬，或步行。能住宿在學校、廟宇中是較好的去處，否則只能在大車店與蠅蚊壁虱為伍。在劉敦楨先生的調查筆記中我們看到這樣一些片斷。如 5 月 25 日「下午五時暴雨驟至，所乘之馬顛躓頻仍，乃下馬步行，不五分鐘，身無寸縷之乾。如是約行三里，得小廟暫避」。6 月 26 日「久雨之後，泥深尺許，曳車之騾，前進為艱，乃下車步行」。6 月 28 日「……行三公里驟雨至，避山旁小廟中，六時雨止，溝道中洪流澎湃，不克前進，乃下山宿大社村周氏宗祠內。終日奔波，僅得饅頭三枚（人各一），晚間又為臭蟲蚊蟲所攻，不能安枕尤為痛苦」。6 月 27 日「……一路崗陵起伏，迂迴曲折。中途遇大風雨，飄搖欲墜者再，衣履盡濕，狼狽萬分」。

但到了 1937 年，除了以上困難外，還要辦護照、通行證及介紹信，處處受到盤查詢問。劉敦楨就曾因為遺失了護照與通行證，被視為形跡可疑分子，在寶雞至虢鎮途中被拘留兩天。到西安時從下車到城門內，還需經軍警三次盤查詢問，搬運工人也需更換三次。出西安城外調查，警察廳要派巡官「導遊」，實為監視他們的行動。

由於他們經常跑到最偏僻的山村，接觸最基層的勞苦大眾，所以他們對舊政府的腐敗、帝國主義的侵略有更深切的體會。1937 年，劉敦楨等到達登封時，正值登封鬧災，他們親眼看到農民以樹皮、觀音粉充飢，致腹脹如鼓、奄奄一息，慘痛萬狀。梁思成和莫宗江等到雁北調查時，親眼看到一家人只有一條褲子的慘狀，十七八歲的大姑娘，只能畏縮在炕頭。這些都激勵着他們克服困難去爭取勝利的信心和堅決抗擊日本侵略者的決心。

從 1932 年至 1937 年學社調查過的縣市有 137 個，經調查的古建殿堂房舍有 1823 座，詳細測繪的建築有 206 組，完成測繪圖稿 1898 張。

1935 年曲阜孔廟的修葺計劃及建築考察

1935 年 2 月，梁思成奉教育、內政兩部命，到曲阜勘察孔廟並作修葺計劃，同行的有莫宗江。曲阜孔廟佔據了曲阜的半個城，南北約六百多米，東西約一百五十多米。他們將孔廟所有門殿的平面都做了詳細測量，並在平面上詳細註明結構上損壞的情形及位置。其中大成殿奎文閣兩座最重要的殿宇及孔廟建築中最古的金代碑亭，他們都詳細地測繪其斷面圖及斗拱詳圖。省建設廳于噪民諸人協助將全廟的方位測出，各建築物牆柱的配置是按照梁思成、莫宗江的測量詳圖加上去的。他們除測繪孔廟外，還將孔林顏廟視察一遍。共攝影三百二十餘幅。在曲阜工作五日，梁思成先行回北平，莫宗江留下工作半月後始歸。

此行他們測繪了大小建築詳細平面約四十處，全部詳測的有大成殿、奎文閣、金碑亭兩座、元代碑亭兩座、元代門三座。返回北平後，梁思成立即著手撰寫了十三萬字的修葺計劃（參閱《梁思成文集（二）》，《曲阜孔廟的建築及其修葺計劃》），在這個計劃中他初步闡明了對古建築維修的原則及看法：

在設計人的立腳點上看，我們今日所處的地位，與兩千年以來每次重修時匠師所處地位有一個根本不同之點。以往的重修，其唯一的目標，在將已破敝的廟庭，恢復為富麗堂皇、工堅料實的殿宇；若能拆去舊屋，另建新殿，在當時更是頌為無上的功業或美德。但是今天我們的工作卻不同了，我們須對於各個時代之古建築，負保存或恢復原狀的責任。在設計以前須知道這座建築物的年代，須知這年代間建築物的特徵；對於這建築物，如見其有損毀處，須知其原因及補救方法；須盡我們的理智，應用到這座建築物本身上去，以

求現存構物壽命最大限度地延長，不能像古人拆舊建新，於是這問題也就複雜多了。所以在設計上，我以為根本的要點，在將今日我們所有對於力學及新材料的智識，盡量地用來補救孔廟現存建築在結構上的缺點，而同時在外表上，我們要極力地維持或恢復現存各殿宇建築初時的形制。所以在結構上，徒然將前人的錯誤（例如太肥太偏的額枋；其原尺寸根本不足以承許多補間斗拱之重量者）照樣地再襲做一次，是我這計劃中所不做的；在露明的部分，改用極不同的材料（例如用小方塊水泥磚以代大方磚鋪地），以致使參詣孔廟的人，得着與原用材料所給予極不同的印象者，也是我所需極力避免的。但在不露明的地方，凡有需要之處，必盡量地用新方法新材料，如鋼樑、螺絲銷子、防腐劑、防潮油氈、水泥鋼筋等等，以補救舊材料古方法之不足，但是我們非萬萬不得已，絕不讓這些東西改換了各殿宇原來的外形。

我本來沒有預備將孔廟建築作歷史的研究，但是在設計修葺計劃的工作中為要知道各殿宇的年代，以便恢復其原形，搜集了不少的材料；竟能差不多把每座殿宇的年代都考察了出來。我覺得這一處偉大的廟庭，除去其為偉大人格的聖地，值得我們景仰紀念外，單由歷史演變的立場上看，以一座私人的住宅，兩千餘年間，從未間斷地在政府的崇拜及保護之下：無論朝代如何替易，這廟庭的尊嚴神聖卻永遠未受過損害；即使偶有破壞，不久亦即修復。在建築的方面看，由三間的居堂，至宋代已長到三百餘間，世代修葺，從未懈弛；其規模制度，與帝王將相。在這兩點上，曲阜孔廟恐怕是人類文化史中唯一的一處建築物，所以我認為它有特別值得我們研究的價值。

本文中建築物各個的研究法，是由結構及歷史兩方面着眼，以法式與文獻相對照，以定其年代，這樣考證的結果，在這一大群年代不同的建築物中，竟找着金代碑亭兩座，元代碑亭兩座，元代門三座，明代遺構更有多處可數；至於清代的殿宇，亦因各個時代而異其形制。由建築結構的沿革上看，實在是一群有趣且難得的例子。

手繪曲阜孔廟大成殿剖面測繪草圖

手繪曲阜孔廟金代重簷碑亭測繪草圖

手繪曲阜孔廟平面總圖

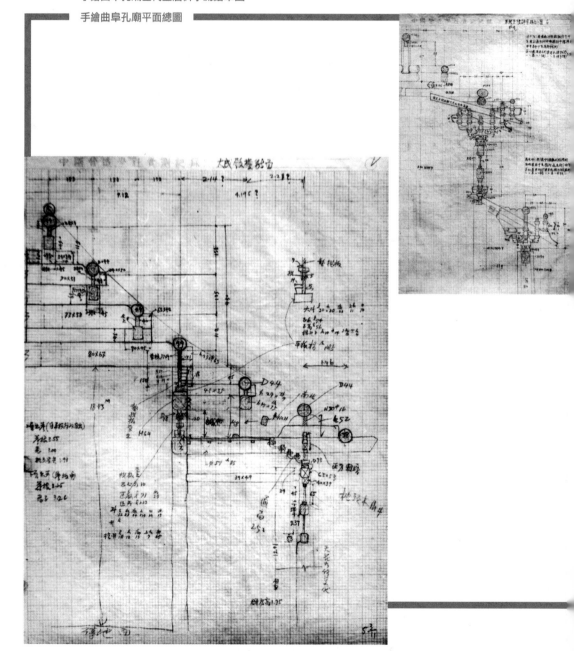

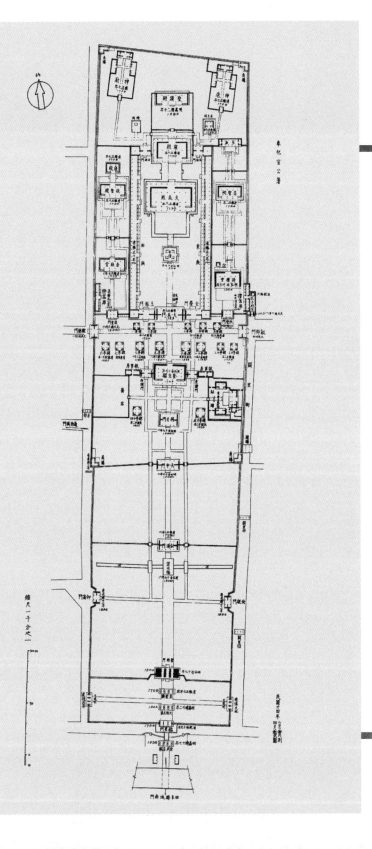

《中國建築參考圖集》的編輯與出版

20 世紀 30 年代正值中國內憂外患最為深重之時，當時的政治環境與社會心理形成國家至上與民族至上的思想。因此在建築中強調「中國固有式」的呼聲日高，不僅建築師有這個要求，政府官員乃至業主，都在不同程度上要求在建築上表現我國的民族形式。上海的華蓋建築事務所，十分積極地嘗試在新建築中體現本民族的風格。當時建築界深感這方面設計參考資料的貧乏，因此請求學社編輯可供建築師設計參考的圖集。自 1934 年開始，在梁思成主持下，由劉致平將學社歷年收集的圖片約四千餘張，從中選擇有設計參考價值的編成專集，供設計人員參考，至 1935 年已出版了台基、欄杆、斗拱（二集）和店面，到 1937 年抗戰前夕又出版了柱礎、琉璃瓦、外簷裝修、雀替、藻井共十集。

在《建築設計參考圖集》序中，梁思成對建築的設計創作做了如下的闡述：

原始時期建築只取其合用，以待風雨；求其堅固，取諸大壯。後雖逐漸發展，仍受地域人情風俗、政治經濟、氣候及自然條件的制約，因而所採取的建築形式，差不多可以說是被環境所逼出來的。如古代的埃及、巴比倫、伊琴、美洲、中國各系建築，都是這樣在它們各自環境之下產生出來。

到各地各文化漸漸會通的時代，一系的建築，便不能脫離它鄰近文化系統的影響。同時在它前一代的遺傳，也不容它不承受。一系建築之個性，猶如一個人格，莫不是同時受父母先天的遺傳和朋友師長的教益而形成的。

到了三世紀至十五世紀間，歐洲各不同的區域，又由希臘羅馬嫡系中繁衍出初期基督教、拜占庭、羅馬、哥特諸式建築。

近代建築師的產生及其對於作品樣式之自覺，起於歐洲文藝復興，那是個個性發展的時代，他們以個人的作品，左右了時代的潮流。

十九世紀之初，歐洲建築界受了新興科學考古學的影響，感到古典式不單限於希臘羅馬，所以除去仍以文藝復興或羅馬式建築為其正統的圖案樣式外，有許多比較富於想像力的建築師，也許因為感到完全模仿一式之單調，又加以照相術之發明，各處特有的建築形式，都得藉以搜集給設計人無數的參考材料，包括希臘、羅馬、中世紀、文藝復興以來各時各地的建築。於是對於中世紀的各種樣式，被他們目為古樸風雅，用為創作的藍本，而產生歐洲所謂浪漫派的建築。所以近百年來，歐洲建築界竟以抄襲各派作風為能事，甚至有專以某派為其設計圖案之專門樣式者。

但是在中國，數千年來，雖然有二十餘朝帝王的更替，雖然在政治上，有漢封建主與少數民族之間的頻連戰亂；在文化上，先有佛教的輸入，後有耶教……教之東來，中國的文化卻從來是賡續的。中國的建築，在中國整個環境總影響之下，雖各個時代有時代的特徵，其基本的方法及原則，卻始終一貫。數千年來的匠師們，在他們自己的潮流內順流而下，如同歐洲中世紀的匠師們一樣，對於他們自己及他們的作品都沒有一種自覺。

至二十世紀初，西方人開始對中國文化發生了興趣，也就在這個時期，我國一些早期留學的先輩建築師回國。這可以說是中國建築術由匠人手裡升到「士大夫」手裡之始。這些早期的中外建築師一般來說，雖然對中國建築有相當興趣，但對其結構上的美及真正藝術上的成功仍非常缺乏瞭解。

於是在中國的外國建築師，也隨了那時髦的潮流，將中國建築固有的許多樣式，加到他們新蓋的房子上去。其中尤以教會建築多取此式，如北平協和醫院、北平燕京大學、濟南齊魯大學、南京金陵大學、四川華西大學等。這多處的中國式新建築物，雖然對於中國建築趣味精神濃淡不同，設計的優劣不等，但他們的通病，則全在對於中國建築權衡結構缺乏基本的認識這一點上。他們均注重外形的摹仿，而不顧中外結構之異同處，所採用的四角翹起的中國式屋頂，勉強生硬地加在一座洋樓上；其上下結構劃然不同旨趣，除卻琉璃瓦本身顯然代表中國藝術的特徵外，其他可以說是仍為西洋建築。

現在我們又到了一個時期：歐洲大戰以後，藝潮洶湧，一變從前盲目的以抄襲古典為能事的態度，承認機械及新材料在我們生活中已佔據了主要的地位。這個時代的藝術，如果故意地避免機械和新科學材料的應用，便是作偽，不真實，失卻反映時代的藝術的真正價值。所謂「國際式」建築，名目雖然籠統，其精神觀念，卻是極誠實的；在這種觀念上努力嘗試誠樸合理的科學結構，其結果便產生了近來風行歐美的「國際式」新建築。其最顯著的特徵，便是由科學結構形成其合理的外表。

因此要「以西洋物質文明發揚我國固有文藝之真精神」，「融合東西建築之特長，以發揚吾國建築物之固有色彩」。我們這個時期，也是中國新建築師產生的時期，他們自己在文化上的地位是他們自己所知道的。他們對於他們的工作是依其意向而計劃的，他們並不像古代的匠師，盲目地在海中漂泊。他們自己把定了航向，向着一定的目標走。我希望他們認清目標，共同努力地為中國創造新建築，不宜再走外國人摹仿中國式樣的路，應該認真地研究瞭解中國建築的構架、組織及各部做法權衡等，始不至落抄襲外表皮毛之譏。

創造新的須要對舊的有認識，近幾年中國營造學社，已將所調查過的各處古建築整個地分析解釋，陸續地發表於《中國營造學社彙刊》上。這些材料可以幫助創造的建築師們，對中國古建築得一個較真切、較親密的認識。現在更將其中的詳部照片，分門別類，輯為圖集，專供國式建築圖案設計參考之助。我們所收集的材料，多在北方，不敢說對全國具有普遍的代表性，也不敢說全是精品，只是在已搜集的材料中，選其較有美術或結構價值的，聊以表示我們祖先留下的豐富遺產之一部而已。

1933 年至 1935 年梁思成陸續設計了北京大學女生宿舍、地質館。「仁立公司舖面改建」，就是基本上按照這一思想設計的，特別是「仁立」的業主提出採用「中國固有式」的要求。梁思成沒有用宮殿式屋頂來表示中國建築的民族形式，而是在建築的全衡比例、門窗的設計上來體現，取得了滿意的效果。

推動文物建築的保護工作

營造學社除了對古建築的調查研究外，還努力推動文物建築的保護工作。他們宣傳古建保護的意義，並介紹外國古建保護的經驗，如邀請關野貞作《日本古建築之保護》的報告，並將報告全文譯出刊登於學社彙刊。梁思成在每一次調研之後都向當地有關部門提出書面的保護措施及長遠之保護計劃，積極參加文物建築的維修工作，幾年來做過以下工作：

1931年，維修故宮南面角樓。

由美籍華人福開森君勸募美國柯洛齊將軍及夫人，捐助修繕費之半數。其餘由朱啟鈐先生在國內發起捐款並聯合故宮博物院、歷史博物館、古物陳列所及有關人員組成修理城樓委員會。工程完畢由學社委派專家依法驗收。在驗收過程中學社提出了修復文物建築的意見，並將此意見轉呈內政部。

1932年，在北平市政府主持下，與各文化機關共同組成圓明園遺址保管委員會，共同議決保管章程十四條，交工務局執行。

1932年，梁思成、劉敦楨、蔡方蔭受故宮博物院委託，擬定文淵閣樓面修理計劃，並按計劃進行修葺。

1932年，梁思成為內城僅存之東南角樓擬定修葺計劃。

1932年，梁思成為故宮博物院南薰殿擬定維修計劃。

1933年，北平市工務局修理鼓樓平座及上層西南角樑。邀學社協助設計，由劉敦楨、邵力工前往勘察，並繪簡圖說明書，送工務局。

1934年，為故宮博物院擬修理景山萬春、輯芳、周賞、觀秋、富覽五亭計劃。

由邵力工、麥儼增勘察實物，繪製圖表，梁思成、劉敦楨二人擬就修葺計劃大綱。於 1935 年 12 月竣工。

1934 年 1 月，北平市文物管理實施事務處，函聘學社為該處技術顧問。

1934 年，梁思成應中央古物保管委員會之邀，為薊縣獨樂寺及應縣佛宮寺木塔擬就修葺計劃。

1936 年，梁思成應中央古物保管委員會之邀，擬定趙縣大石橋修葺計劃，並赴趙縣復勘橋基結構。

1936 年，學社應蒙藏委員會邀請，參加北平護國寺修理工程。

1936 年 2 月，在北平萬國美術會陳列室舉行中國建築展覽會，陳列自漢以來歷代建築圖片二百幅。

1936 年 4 月，在上海市博物館舉行中國建築展覽會，展出歷代建築圖片三百餘幅，觀音閣模型、歷代斗拱模型十餘座，古建實測圖六十餘張，並由梁思成出席講演《我國歷代木建築之變遷》。

1937 年 3 月，學社為保護正定隆興寺佛香閣宋塑壁，於 1936 年向中英庚款董事會申請專款修葺，經該會撥款四千元。由劉致平攜同工匠一名再度復勘，並設計保護方案。

1937 年 6 月，由中央古物保管委員會與中央研究院負責修理河南登封告城測景台，並由劉敦楨擬就計劃。

02 最後的一次古建調查

正當梁思成和林徽因沉浸在發現唐代佛光寺大殿的歡樂中時，日本帝國主義發動了侵華戰爭。梁思成和林徽因十分焦急，很快返回了北平。

回到北平，看到軍隊已在他們家的胡同口挖了戰壕，政府機關已開始疏散、撤退。梁思成和劉敦楨曾在北平教授致政府要求抗日的呼籲書上簽過名，自然不能留在淪陷區。學社決定暫時解散。他們最擔心的是這幾年來學社工作的成果——大量的調查資料、測稿、圖版及照相圖片等，為了不使這些東西落入日本侵略者手中，他們決定把這些資料存入天津英租界的英資銀行保險庫中。商定必須有朱啟鈐、梁思成、劉敦楨三人共同簽名，方可提取。

當他們正在處理營造學社的這些事務時，政府的不抵抗政策使北平很快淪陷了。一天，梁思成忽然收到署名「東亞共榮協會」的請柬，邀請他參加會議，他知道日本人已經開始注意自己了。要想不當漢奸，必須立即離開北平。第二天，他和家人只帶了一些隨身換洗的衣服，其他所有的東西，不管貴重與否都只好扔下，告別了古都北平，到後方去了。

1937年梁思成帶領全家從北平到長沙後又轉赴昆明。梁再冰後來回憶這一段的旅程說：

1937年9月，父親帶領全家（包括外婆在內共五口人）經天津、青島、濟南、徐州、鄭州、武漢到達長沙，在火車站附近租了兩間房子住。這是一所灰磚樓房，房東就住在樓下，後面有一個狹窄陰暗的天井。這同我們在北平住的那個有丁香花的四合院（雖然也是租來的）相比，差別自然很大。父親和母親立即開始學習燒飯洗衣等家務勞動。給我印象最深的是，他們對於生活水平的明顯下降毫不在意，而是帶着興奮和愉快的心情來迎接這種變化的。

使我更難忘記的是父親教我們唱《義勇軍進行曲》的情景。那時，父親的許多老朋友們也來到了長沙，他們大多是清華和北大的教授們，準備到昆明去

籌辦西南聯大。我的三叔梁思永一家也來了，大家常到我們家來討論戰局和國內外形勢，晚間就在一起同聲高唱許多救亡歌曲。「歌詠隊」中男女老少都有，父親總是「樂隊指揮」。我們總是從「起來！不願做奴隸的人們！……」這首歌唱起，一直唱到「向前走，別退後，生死已到最後關頭！」。那高昂的歌聲和那位指揮嚴格要求的精神，至今仍像一簇不會熄滅的火焰，燃燒在我心中。

11月下旬的一個下午，突然有大批日本飛機來轟炸長沙。由於事先沒有警報，父親竟以為是中國飛機來了，用手遮額跑到陽台上去看，直到炸彈在他眼前落地起火才跑入房中抱起了我（8歲），母親抱起了弟弟（5歲），並攙扶着外婆下樓。這時門窗已震垮，到處是玻璃碎片。我們走到樓梯拐角處，第二批炸彈落下，牆上磚頭向外飛出，媽媽被震下幾個階梯，落到院中。等我們出門跑到大街上時，飛機再次俯衝，炸彈第三次呼嘯而來，父親估計我們一家人可能「在劫難逃」了，但這批炸彈竟沒有爆炸。

當晚，我們無家可歸了。後來，張奚若伯伯把他們租來的兩間屋子讓了一間給我們，他們全家五口人則擠在另一間裡。我們的東西後來都是從泥土瓦礫中掘出來的。

在這次轟炸後不久，我們就離開了長沙前往昆明。父親是北方來的這批知識分子中第一個去昆明的。當時同路沒有任何熟人，一家人頗有孤單之感。但是，父親並沒有絲毫猶豫。 我們是坐公共汽車走的。開始幾天還比較順利，湘西群山風景如畫，常德、沅陵一帶的山光水色和黃果樹的大瀑布都很引人入勝。我們「曉行夜宿」。早上起床後，父親很快地就把鋪蓋卷打起來了，晚上汽車到站後他立即同媽媽一起飛奔着去找那些「未晚先投宿，雞鳴早看天」的小客店，讓我們坐在行李上照顧暈車的外婆。

在離開北平前，父親就常常背痛，醫生診斷他患了脊椎間軟組織硬化症，並為他設計了一副鐵架子「穿」在襯衣裡面以支撐脊骨。在旅途中當然加重了

昆明龍頭村營造學社工作室

1939 年劉敦楨等雲南調查路線圖

他的負擔，但父親並不把這放在心上。

當我們經過湘黔交界的晃縣時，母親突然感染了肺炎，高燒至 40 度。當時還沒有抗生素和其他特效藥，肺炎是很可怕的病。縣城中沒有醫院，旅館擁擠而陰暗，但父親並不慌亂。他找到同車一位留學日本又懂得中草藥的女醫生，請她替母親治療，根據她開的處方給母親煎中藥服用，使母親在兩周後退了燒。每天下午，他還帶弟弟和我到小河邊去「打水漂」。我記得他投擲的石子總是飛得很遠，有時能跳躍一二十下。晚上他教我們看地圖，幫助我們認識自己走過的路，所以至今我還記得沿途許多地名。

後來的旅途中，汽車經常「拋錨」。有一次，車開到一個地勢險峻的大山頂上後，突然站住不動了。當時已是 12 月份，氣候很冷而且天色已晚。大病初癒的母親快凍僵了。聽說這一帶常有土匪搶汽車，乘客們都很害怕。父親會開車也會修車，就同司機一起研究車子出了什麼毛病，並根據經驗把他的手帕放入油箱，發現油已用光。但這裡前不着村後不着店，怎麼辦呢？他只好同乘客們一起推着車慢慢走，突然有個村莊奇跡般地出現在路旁，使我們當晚得免露宿在荒山野嶺上。

在離開長沙整四十天後，梁思成終於在 1938 年 1 月把一家五口人帶到了昆明。到了昆明不久，他的背痛劇烈地發作了，背部肌肉痙攣，痛得他晝夜不能入睡，經醫生診斷是扁桃體膿毒引發的。於是切除了扁桃體，但又引起牙周炎，於是把滿口牙也拔掉。大約有一年的時間，他一點也不能在床上平臥，日夜半躺在一張帆布椅上。醫生勸他找點手工做分散注意力，免得服用過量的止痛藥引起中毒，於是他開始找些襪子來織補。

梁思成到了昆明不久，莫宗江、陳明達、劉致平也先後來到了。原來學社就有對全國的古建築進行普查的宏大計劃，但因華北地區的發現一個接着一個，一時沒有力量顧及其他地區。現在幾個原在學社工作的同事，既然不謀而合地都到了昆明，思成感到組織隊伍對西南地區的古建築進行調查

梁思成一家與朋友們攝於昆明，左起：周培源、梁思成、葉企孫、林徽因、
梁再冰、金岳霖、吳有訓、梁從誡

的任務責無旁貸地落在了自己的肩上。

他函問中美庚款基金會，如果在昆明恢復學社的工作，是否能給以補助。基金會周詒春覆信說：「只要梁思成和劉敦楨在一起，就承認是營造學社，可以繼續補助。」當時劉敦楨從湖南新寧老家來信，同意來昆明，於是在昆明循津街「止園」，昆明市市長府的前院恢復了營造學社，一共有梁思成、劉敦楨、劉致平、莫宗江、陳明達五個人。

西南的調查工作整天在山區中進行，與華北的大平原相比又是另一番景象。一年四季鬱鬱蔥蔥的山林，自然景色極美，那時西南地區還沒有開發，馬隊和雙人抬的滑竿是主要的交通工具。在運氣好時能攔截一輛軍用卡車，載他們一程，否則就只有靠兩條腿了。由於山林茂密，他們最擔心的就是迷路。雲南的瘧疾非常可怕，他們走到哪裡都揹着帳子，帶着奎寧和指南針。四川的跳蚤多得驚人，他們每到一個地方，第一件事就是搞一大盆水來，脫了鞋襪站在水盆中央，然後抖動衣褲，不一會兒就能看到水面上浮着一層跳蚤。雲南、四川的自然資源十分豐富，但是封建勢力還很強大，20 世紀 30 年代買賣人口還是常見的，而且有普遍的吸毒現象。在華北只是大地主、大資本家才吸毒，而西南地區卻有相當一部分貧苦的勞動者也吸毒。他們在旅途中常常看到種植罌粟花的大片土地。那些腳夫們一個個骨瘦如柴，白天賣了一天苦力，晚上往往就把當天的收入買了鴉片，在街頭找個角落一躺，蒙上氈斗篷，躲在裡面吸，看了真叫人心酸。

有一天，在梁家的茶會上，林先生和客人們談起天府之國的文化。林先生說梁思成在調查古建築的旅途上，沿途收集四川的民間諺語，已記錄了厚厚的一本。梁先生說，在旅途中很少聽到抬滑竿的轎夫們用普通的語言對話，他們幾乎都是出口成章。兩人抬滑竿，後面的人看不見路，所以前後兩人要很好地配合。比如，要是路上有一堆牛糞或馬糞，前面的人就會說「天上鳶子飛」，後面的立刻回答「地上牛屎堆」，於是小心地避開牛糞。西南山區的道路很多是用石板鋪築的，時間久了，石板活動了，不小心

會踩滑摔跤，或把石縫中的泥漿濺到身上，這時前面的人就會高唱「嗬喲嗬」，後面的人就應聲答道「踩中莫踩角（guǒ）」，諸如此類的對話不勝枚舉。有時轎夫們高興了，前後你一句我一句地唱起山歌，詞彙豐富、語言優美。梁公說：「別看轎夫們生活貧苦，但卻不乏幽默感，他們決不放過任何開心的機會。要是遇上一個姑娘，他們就會開各種玩笑，姑娘若有點麻子，前面就說『左（右）邊有枝花』，後面的立刻接上『有點麻子才巴家』。」林先生接上來說：「要是碰上個厲害姑娘，馬上就會回嘴說『就是你的媽』。」大家都笑了。林先生又說：「四川的諺語和民謠真是美呀！只要略加整理就能成為很好的詩歌與民謠，可以把它編一本《滑竿曲》。」可惜生命之神沒有給林先生時間去完成這個有意義的工作。

雲南地區因歷年民族糾紛、宗教糾紛，特別是咸豐六年杜秀文回民之役，佛教寺院幾乎全遭毀滅。因此著名的巨剎很少保存完好，也自然影響了古建築的保存。但因雲南地處邊遠，所以很多明清的建築卻在構造做法上仍保存唐宋時代的手法，可供研究參考，這是很有趣的現象。難怪日本古建築專家伊東忠太，千里迢迢從貴州入滇，竟把昆明常樂寺塔（東寺塔）誤認為是唐代建築。其實東寺塔毀於清道光十六年（公元 1836 年）。現存之塔乃是清光緒九年（公元 1883 年）重建的。

在昆明工作不久，他們發現了一個嚴重的問題，在北平時學社有大量的工具書，而且北平圖書館為他們提供了極大的方便。到了昆明，他們沒有任何可供查閱的圖書資料，無從開展研究工作。於是他們只能和中央研究院的歷史語言研究所協商，借用他們的圖書設備。從此學社與史語所成了依附關係。當時史語所為躲避敵機轟炸，疏散到昆明郊區的龍泉鎮龍頭村，學社為了閱讀資料的方便，便只好也遷到龍頭村，租用了一處尼姑庵做工作室，住房則仿照當地的農村住房，蓋了幾間夯土牆的簡易房屋，這是梁思成第一次為自己蓋「住宅」，雖然是小小的卻也十分實用。

1939 年 9 月川康古建築調查

1939 年 9 月，梁思成、劉敦楨等人開始了他們計劃已久的川康地區的調查，但當他們準備於 8 月 27 日出發時，不幸梁思成左足中趾擦破，感染炎症，為慎重起見，暫緩出發，俟傷口痊癒後再乘飛機至重慶與劉敦楨等會合。

9 月 9 日，梁思成飛抵重慶。他們開始調查重慶巴縣及北碚古建，同時聯繫去成都的汽車，當時車輛較少需要等候。1939 年正是敵機對我國後方狂轟濫炸之時。他們往往因警報，疏散出城半夜始歸，或半夜遭遇警報，逃出城外次日始回。

9 月 26 日出發赴成都，但到達兩路口車站時車已爆滿，他們只好等乘貨車。貨車僅有油布一層為篷，三十多人擠在箱籠間動彈不得，偏偏又下了大雨。車頂僅一層油布，不一會兒他們就全身濕透了。路經簡陽時，路局的職工三人要搭車，因車已滿，他們便爬至貨箱頂上，但當時的公路很不平坦，顛簸搖晃得很厲害。其中一人不慎被摔下，雖送往醫院，卻已無生還的希望。

抵成都後他們立刻與省政府聯繫申報調查地點，在警報的空隙中辦完手續。這樣從昆明出發到真正開始調查，已是一個月過去了。

完成了成都的調查，梁思成一行 10 月 6 日出發到灌縣。抗戰時期汽油屬軍用品，當時民用汽車均改裝成用木炭為燃料，車速減慢，更發出一種焦油的臭味。灌縣的道教建築很多，他們調查測繪了二郎廟、常道觀、都江堰、竹索橋（即安瀾橋，此橋是我國索橋中最長的）。從灌縣返回成都，一個不幸的消息正在等待他們。林徽因來電報說英資銀行經理來信，告因天津大水，學社存在英資銀行的資料全遭水泡，必須盡快提取。梁思成、劉敦楨當即出具證明寄英資銀行經理及朱桂老（即朱啟鈐），可憑桂老一人簽名提取存件。同時向中英庚款董事會申請五千元作為整理資料的費用，但是當時他們還不知道資料被毀得那麼慘。

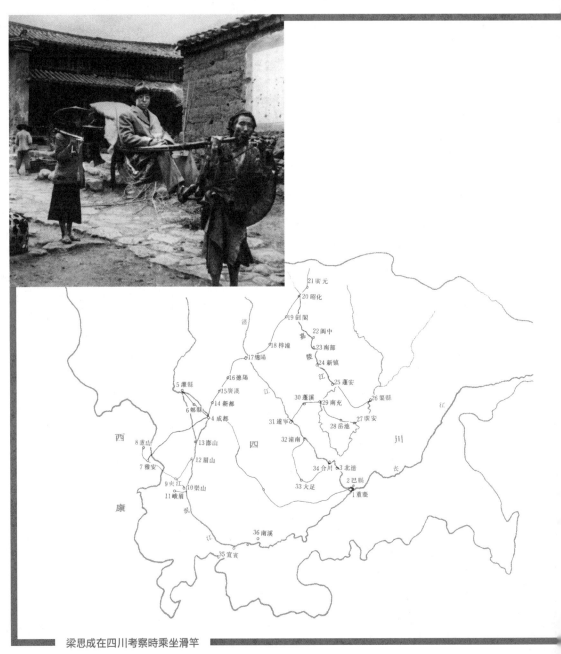

梁思成在四川考察時乘坐滑竿

1939—1940 年梁思成、劉敦楨川康地區調查路線圖

10 月 18 日梁思成一行赴雅安及盧山，成都至雅安的公路比成渝路更糟，不但顛簸，且塵土飛揚，前方若有車輛則連路都看不清。

雅安和盧山地瘠民貧，他們乘滑竿所到各處，在壁上還能看到當年紅軍留下的標語，雖已經塗抹，但猶隱約可見。

10 月 25 日從雅安乘竹筏，沿青衣江東下夾江。即使在邊遠的地區，敵機仍未放過，時時聽到縣城裡發出的警報聲。他們考察了夾江的千佛崖，又順流而下到樂山。

在樂山，他們兵分兩路，梁思成偕陳明達赴峨眉，劉敦楨偕莫宗江渡岷江北上訪崖墓及龍泓寺。劉敦楨、莫宗江 11 月 7 日自樂山返回成都。原計劃梁思成、陳明達二人也於 7 日返蓉一同北上，但直到 10 日梁思成、陳明達二人尚未抵蓉，而且音訊杳然。劉敦楨坐立不安，幾次赴車站打聽均無結果，直到 11 日梁思成、陳明達始歸，原來峨眉成都間車輛極少，再加上又毀了幾輛，因而交通中斷。梁思成、陳明達二人只好乘人力車分段更換，行兩日半始到成都。

11 月 16 日，梁思成、劉敦楨一行自成都乘人力車赴新都，沿川陝公路北上。他們走一段路，坐一段滑竿，有時能碰上較空的軍用汽車載他們一程。就這樣，他們調查了廣漢、德陽、綿陽、梓潼、劍閣、昭化、廣元。從廣元回到昭化，順嘉陵江南下至閬中、南部、蓬安、渠縣、南充、蓬溪、遂寧、大足、合川返回重慶，由重慶回昆明。

自 1939 年 9 月至 1940 年 2 月行期近半年，梁思成一行往返於岷江沿岸、川陝公路沿線、嘉陵江沿岸，跑了大半個四川。四川省的木構建築幾乎全毀於「張獻忠之亂」，現存的木構建築多建於 1646 年以後，早於此的可謂鳳毛麟角。成都的清真寺有多處，以鼓樓南街清真寺為最巨，寺內雖有明洪武八年（1375 年）的匾額，但從結構形制及各細部做法判斷該寺是清初重建的。

四川南充西橋，左起：陳明達、梁思成、莫宗江

蓬溪縣內的鷲峰寺大雄寶殿，建於明正統八年（1443年），殿的整體比例相當精美，可稱川省稀有的佳作。它的屋頂前後坡於垂脊下端處有階級一層，有如漢闕所示，這是此殿的一大特點。再有梓潼的七曲山文昌宮天尊殿，也是四川較古的木建築，建於明中葉。至於磚石建築，在磚塔中還存有宋代的保留了唐代形制的磚塔，其特點是平面多為方形，如宜賓舊州壩白塔等。

四川境內保存了大量的漢闕，其總數約佔全國漢闕總數的 3/4。崖墓的數量也很可觀，在他們所到的岷江兩崖、嘉陵江兩岸，崖墓時而散佈，時而集中，隨處可見。最多的要屬摩崖石刻，幾乎沒有一個縣是沒有石刻的。因此，他們這次調查的重點是漢闕、崖墓、摩崖石刻。

漢闕

見於雅安、梓潼、綿陽、渠縣等處，尤其以梓潼、渠縣數量最多，除去有銘文的以外還有無數的無名闕，保存較完好的有雅安高頤闕（漢，準確年代不詳）、綿陽平陽府君闕（漢末）、渠縣馮煥闕（公元122—125年）。高頤、平陽府君兩闕均為子母闕，也是四川闕中僅有的附子闕者。馮煥闕為單闕，也是川境中最常見的一種。在梁思成、劉敦楨以前研究漢闕的學者，多從美術觀點着眼，或者從考古的角度去研究銘文和史書對照，他們則從建築的觀點着眼。

高頤闕與平陽府君闕就形制看十分接近，都是下部有台基，台基上以條石數層累砌，闕身表面隱起地袱枋柱。闕身以上施石五層，仿木建築之出簷，上刻櫨斗、角神、枋、蜀柱及拱。第四層上隱起人物禽獸，第五層刻簷下枋頭。闕身上有四注頂，上面簷椽瓦隴仍保存一部分。他們還注意到闕上的柱枋斗拱皆有一定比例，斗拱的各部件均隨枋的大小變動，說明枋與其他構件間有連帶關係。可能這即是宋代「材」的前身。簷角的角神，也是

梁思成在測繪四川綿陽平陽府君闕

梁思成、陳明達在測繪無名闕

測繪四川雅安高頤闕

四川渠縣馮煥闕

我國建築中最早出現的角神實物。在平陽府君闕上，還有梁代大通、大寶年間加鑴的造像，雖然梁代造像損毀了闕的一部分，但卻是四川省最古的佛教藝術，十分珍貴。馮煥闕在形制上與高頤平陽二闕大體相同，唯闕的全體形制，簡潔秀拔，梁思成稱它「曼約寡儔，為漢闕中唯一逸品」。

崖墓

川省崖墓多位於彭山、樂山、宜賓、綿陽等處，但其他地區也時有發現。崖墓多為漢代所鑿，可能這是當時流行於四川省的殯葬形式，否則不可能有這樣大量的崖墓出現。彭山王家坨、樂山白崖崖墓規模為最巨，沿河流兩岸開鑿，延綿約二里多。中央研究院曾於 1942 年至 1943 年在彭山大規模地發掘研究。陳明達曾代表營造學社參加發掘工作。崖墓小的僅容一棺、大的堂奧相連，壁上有雕飾。樂山白崖、宜賓黃傘溪諸大墓，多鑿祭堂於前，自堂內開二墓道入，墓室闢於墓道之側。祭堂內，壁面浮雕枋柱、簷瓦、禽獸等。祭堂門外壁上亦雕有闕、石獸等。彭山江口附近崖墓則無祭堂，墓道外端為門，門上多刻兩重簷疊出，下刻獸及斗拱。在墓門上或墓室內的櫨斗或散斗下，皆施皿板，這種做法見於雲岡石窟、朝鮮雙楹塚、日本法隆寺，可見這一做法起源於我國漢代。

摩崖石刻

四川省摩崖造像，可謂全國之冠。沿岷江、嘉陵江流域兩岸及舊官道的崖壁，比比皆是。保存完好的有以下幾處：

夾江千佛崖，在夾江縣西北五里，青衣江北岸沿舊官道上下，鑿像大小百

四川彭山王家坨崖墓

樂山縣白崖崖墓

樂山縣白崖崖墓

彭山崖墓內部八角柱及斗拱

餘窟，東西長約三百米。成像年代有初唐、盛唐，以五代、北宋為最多。

廣元千佛崖，位於嘉陵江東岸，大小四百餘龕延綿里許。蓮宮紺髻，輝耀巖扉，至為壯觀。可惜在築川陝公路時，低處之龕鏟削多處，令人痛心。廣元千佛崖多鑿於唐代，與龍門造像類似。離千佛崖不遠又有皇澤寺摩崖造像二十餘龕，其中有一塔洞為初唐所鑿。

綿陽西山觀摩崖造像，位於縣西鳳凰山，有摩崖造像八十餘龕，多為道教題材。其中隋大業六年（公元 610 年）龕，為國內道教造像最古者。

大足北崖摩崖造像，位於北崖山西側，鑿龕窟百餘，長里許，俗稱佛灣，最早的龕鑿於唐乾寧三年（公元 896 年）。佛灣南端大都成於唐末五代，中部多為宋代造像。其題材內容有觀經變相、孔雀明王、千手觀音、被帽地藏、幡竿、挾軾、車、椅等，內容極為豐富。離北崖不遠處有宋代寶鼎寺摩崖造像，中央一巨龕就山崖地形鑿佛涅槃像，真容偉巨，為國內首選。

樂山龍泓寺摩崖造像，在龍泓寺外山崖上，有大小佛龕數十處。僅觀音變相窟為唐末作品，觀音的背部配列表示西方極樂世界的殿宇樓閣。中央兩層，左右各三層，中央兩層屋頂山面向外，左、中、右三處樓閣間以閣道聯繫，閣道皆彎形，如《營造法式》所載的「圓橋子」，建築的各細部形制比例逼真。這組雕像雖然規模不大，但內容豐富，可謂川省崖刻之精品，亦是研究唐代建築的寶貴資料。

樂山大佛位於凌雲寺前崖壁，沿崖還有摩崖造像多處，均已風化。唯大佛較完整，像高約七十一米，為海內最巨大的一尊。像始創於唐開元初年，由海通大師主持，但像鑿至膝部海通沒，輟工。貞元五年劍南節度使韋皋命工續營，至唐貞元十九年（公元 803 年）竣工。唐時飾以金碧，履以層樓，稱大像閣。明末毀於袁韜之亂。1925 年楊森部隊炮轟像的面部，後雖墁補，但神態迥異，亦我國佛教藝術之一重大損失。

類似樂山大佛，但規模較小的還有兩處，一為潼南大佛寺摩崖造像，創於唐咸通至宋紹興二十一年竣工，像高二十米，履閣七層。另一處在南部，像高十餘米，閣五層，明代造。

從 1939 年 9 月出發，到 1940 年 2 月返回昆明。歷半年之久的川康兩省考察，梁思成等人共計跑了三十五個縣，調查古建、崖墓、摩崖、石刻、漢闕等約七百三十餘處，其中重要的有：

巴縣	崇勝寺石燈台及摩崖造像、縉雲寺殘石像
重慶	五福宮、長安寺、老君洞
樂山	凌雲寺白塔及摩崖造像、白崖山崖墓、龍泓寺摩崖造像
峨眉	飛來寺飛來殿、聖積寺銅塔、城隍廟門神
夾江	店面、楊公闕、千佛崖摩崖造像
眉山	蟆頤觀大門
彭山	王家坨崖墓及出土瓦棺、寨子山崖墓、江口鎮後山崖墓 仙女山摩崖造像、象耳山摩崖造像
新津	觀音寺、大雄寶殿及觀音殿
成都	明蜀王府故基、鼓樓南街清真寺大殿文殊院、民居大門 民眾教育館梁代造像
郫縣	土地廟
灌縣	二郎廟、珠浦橋
新都	寂光寺大殿、寶光寺無垢塔及經幢、正因寺梁代千佛碑
廣漢	龍居寺中殿、金輪寺碑亭及大殿、龍興寺羅漢堂 廣東會館、鄉間民居、張氏亭園、文廟櫺星門、石牌坊 開元寺鐵鼎
德陽	鼓樓
綿陽	漢平陽府君闕、白雲洞摩崖、墳墓、西山觀摩崖造像
梓潼	七曲山文昌宮瑪瑙寺大殿、漢李業闕、南門外無名闕 西門外無名闕、北門外無名闕、墳墓、牌坊

調查四川廣元千佛崖

	臥龍山千佛崖摩崖造像
廣元	唐家溝崖墓、千佛崖摩崖造像、皇澤寺摩崖造像
昭化	觀音崖摩崖造像
閬中	清真寺大殿、久照亭、觀音寺化身窟、幡龍山崖墓
	間溪口摩崖造像、青崖山摩崖造像、鐵塔寺銅鐘及鐵幢
	桓侯祠鐵獅
南部	大佛寺造像、墳墓
渠縣	漢馮煥闕、漢沈府君闕、攔水橋無名闕
	趙家坪南側無名闕、趙家坪北側無名闕、王家坪無名闕
	巖峰場石墓、墳墓、文廟櫺星門
樂池	千佛崖摩崖造像、墳墓
南充	西橋、墳墓
蓬溪	鷲峰寺大雄寶殿兜率殿及白塔、寶梵寺大殿、定香寺大殿
潼南	仙女洞、大佛寺摩崖造像、千佛崖摩崖造像、牌坊
大足	報恩寺山門、北崖白塔、北崖摩崖造像
	周家白鶴林摩崖造像、寶鼎寺摩崖造像
合川	橋樑、濮崖寺摩崖造像
雅安	漢高頤闕

川康的調查是學社最後一次野外調查。

朱啟鈐將學社資料從天津取出來後，發現資料已完全泡毀，但他仍帶領喬家鐸、紀玉堂等將已泡毀的測稿等精心整理，並找到趙正之，請他將一些重要的測稿描下來，寄到李莊去。又把一些重要的建築照片加以翻拍後再複製兩份寄給梁思成、劉敦楨各一份。正是有了這些資料，梁思成、劉敦楨二人的研究工作才有可能進行。

1940 年冬，中央研究院歷史語言研究所決定遷往四川南溪縣李莊。學社為了依靠史語所的圖書資料，也就不得不被迫跟史語所遷往四川。這時建築

四川綿陽西山觀唐代道教摩崖造像

四川樂山龍泓寺

界同仁知道學社的困難，自動捐助學社由滇入川的遷移費，中央研究院史語所借給車輛運送。在南溪李莊，學社租了兩個相連的小院作為辦公室和宿舍，前院一排中間是辦公室，左、右為梁思成、劉敦楨兩家。劉致平、莫宗江等住在側面的一組小院，院內還有一棵大桂圓樹。他們在樹上拴了一根竹竿，梁思成每天領着幾個年輕人爬竹竿，為的是日後有條件外出測繪時，沒丟掉爬樑上柱的基本功。

林徽因到李莊後不久就病倒了，李莊沒有任何醫療條件，梁思成只好自己學會給林徽因打針，他學會了肌肉注射和靜脈注射。夏季李莊酷暑難熬，但他更怕陰冷難度的冬天，病弱的林徽因再也經受不起感冒和咳嗽了。每當他看着妻子痛苦地掙扎時，他會在心底呼喊：「神啊！假使你真的存在，請把我的生命給她吧！」為了保證林徽因的藥不間斷，也苦了孩子。梁從誡幾乎長年穿着草鞋或赤腳，只有到了最冷的冬天，才會穿上外婆給他做的布鞋。那個時候他們真正體會到「捉襟見肘」的滋味。

梁再冰回憶李莊苦難的歲月時說：

四川氣候潮濕，冬季常陰雨綿綿，夏季酷熱，對父親和母親的身體都很不利。我們的生活條件比在昆明時更差了。兩間陋室低矮、陰暗、潮濕，竹篾抹泥為牆，頂上席棚是蛇鼠經常出沒的地方，床上又常出現成群結隊的臭蟲，沒有自來水和電燈，煤油也須節約使用，夜間只能靠一兩盞菜油燈照明。

我們入川後不到一個月，母親肺結核病復發，病勢來得極猛，一開始就連續幾周高燒至四十度不退。李莊沒有任何醫療條件，不可能進行肺部透視檢查，當時也沒有肺病特效藥，病人只能憑體力慢慢煎熬。從此，母親就臥床不起了。儘管她稍好時還奮力持家和協助父親做研究工作，但她身體日益衰弱，父親的生活擔子因而加重。

更使父親傷腦筋的是，此時營造學社沒有固定經費來源。他無奈之下只得年年到重慶向「教育部」請求資助，但「乞討」所得無幾，很快地就會被通貨膨脹所抵消。抗戰後期物價上漲如脫韁之馬，父親每月薪金到手後如不立即去買油買米，則會迅速化為廢紙一堆。食品愈來愈貴，我們的飯食也就愈來愈差，母親吃得很少，身體日漸消瘦，後來幾乎不成人形。為了略微變換伙食花樣，父親在工作之餘不得不學習蒸饅頭、煮飯、做菜、醃菜和用橘皮做果醬等等。家中實在無錢可用時，父親只得到宜賓委託商行去當賣衣物。我們把派克鋼筆、手錶等「貴重物品」都「吃」掉了。父親還常開玩笑地說：把這隻表「紅燒」了吧！這件衣服可以「清燉」嗎？

三叔到李莊後肺病也復發了，病情同母親非常相似。父親對兄弟和妻子的病都愛莫能助。他自己的體質也明顯地下降，雖然才四十多歲，背已經駝得很厲害，精力也大不如前了。

1941年春天，正當母親病重時，三舅林恆（空軍飛行員）在一次對日空戰中犧牲，外婆和母親後來得知都為此傷痛不已。三舅的後事是父親在重慶時瞞着母親到成都去辦理的。

後來，又傳來了天津漲大水的消息。營造學社的一批無法帶到後方的圖片資料當時寄存在天津一家銀行的地窖中，漲水後全部被淹毀，這是父母和學社成員多年心血的積累，所以父親和母親聞訊後幾乎痛哭失聲。

儘管貧病交加，挫折一個接一個，但父母親並不悲觀氣餒，父親尤其樂觀開朗。他此時常教我讀些唐詩，杜甫的「劍外忽傳收薊北，初聞涕淚滿衣裳。……」是全家最喜愛的詩句之一。生活愈是清苦，父親愈相信那「即從巴峽穿巫峽，便下襄陽向洛陽」的日子即將到來。他從來不愁眉苦臉，仍然酷愛畫圖，畫圖時總愛哼哼唧唧地唱歌，晚間常點個煤油燈到他那簡陋的辦公室去。他仍在夢想着戰爭結束後再到全國各地去考察。有一次我聽到他對

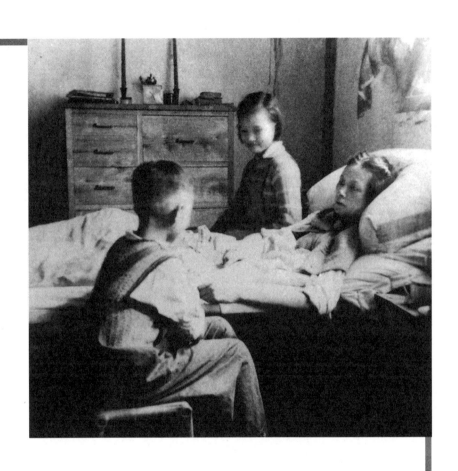

四川李莊學社工作室裡正在工作的莫宗江（前）、梁思成（後）
病中的林徽因和兩個孩子

母親說：如果他今生有機會去敦煌一次，他就是「一步一磕頭」也心甘情願。母親不發燒時也大量讀書做筆記，協助父親做寫《中國建築史》的準備。她睡的小小行軍帆布床周圍堆滿了中、外文書籍。

1945 年 8 月，日本投降了。父親所盼望的「朝辭白帝彩雲間，千里江陵一日還」的日子快要到了。但是，他已衰老許多，母親的身體也很難恢復了。這一年，他陪母親到重慶檢查一次身體，醫生悄悄告訴他，母親將會不久於人世。

這時美國的一些大學和博物館寫信來邀請梁思成到美國去訪問講學。費正清夫婦和一些美國朋友，知道他們的情況後也力勸他們到美國去工作並治病。梁思成覆信說：

我的祖國正在災難中，我不能離開她；假使我必須死在刺刀或炸彈下，我要死在祖國的土地上。

後來梁公曾對我說：

我當然知道這個決定所付出的代價，我不能不感謝徽因，她以偉大的自我犧牲來支持我。不！她並不是支持我，我認為這也是她的選擇。如果說，我從李白、杜甫、岳飛、文天祥這些偉大的民族英雄那裡繼承了愛國主義思想，而徽因除此之外，比我更多地從拜倫、盧梭等偉大的詩人、哲學家那裡學習了反侵略、反壓迫的精神。她對祖國的愛，是懷着詩人般的浪漫主義色彩的。後來有朋友責備我，說我的選擇使得徽因過早去世了。我無言以答。但我們都沒有後悔，那個時候我們急急忙忙地向前走，很少回顧。今天我仍然沒有後悔，只是有時想起徽因所受的折磨，心痛得難受。

由於戰爭關係，庚款來源下降，學社經費主要來自庚款，自然也就受到較大的影響。

大約自 1941 年起，梁思成每年都要到重慶向行政院及教育部申請經費，但學社仍沒有固定的經費來源，只能維持短期的開支。經教育部與中央研究院等單位協商，決定將學社主要成員的薪金，分別編入史語所及中央博物院籌備處編制內，以維持學社同仁的生計。但是研究工作所撥的經費，卻少得可憐，加上通貨膨脹，每年的經費，很快就變成一堆廢紙，所以外出調查是根本不可能的了。儘管如此，他們還是在宜賓地區就近調查了一些古建築。

1941 年，學社招聘了最後一名工作人員羅哲文[1]。羅哲文原名羅自福，當時我國與英、美、法結為盟國抗擊德、意、日侵略者，因此在後方，美國總統羅斯福、英國首相丘吉爾、蘇聯領袖斯大林三人的名字家喻戶曉，羅自福與羅斯福諧音，因此大人們常親熱地逗他，稱他「羅總統」，梁思成聽到後，便將他的名字改為羅哲文。這雖是一件小事，但也看出梁思成是很關心愛護青年人的。在昆明期間，莫宗江突患腹痛。送至惠滇醫院（昆明最大的醫院）就診，醫生診斷是輕度盲腸炎，當時的情況可以不必切除，但考慮到經常要外出調研，如果恰巧在鄉村小鎮，急性發作，則要送命。因此，梁思成請了昆明最有名的外科大夫范秉哲大夫，親自為莫宗江動手術。20 世紀 30 年代盲腸切除算是一個大手術，醫藥費也很可觀，這筆費用也是由梁思成支付。所以莫宗江常說：「梁先生不僅是我的嚴師，也是兄長。」

1　羅哲文，1924 年出生，四川宜賓人，中國古建築學家。1940 年考入中國營造學社，師從著名古建築學家梁思成、劉敦楨等。1946 年在清華大學與中國營造學社合辦的中國建築研究所及建築系工作。1950 年，先後任職於文化部文物局、國家文物局、文物檔案資料研究室、中國文物研究所等，一直從事中國古代建築的維修保護和調查研究工作。

1942 年，中大畢業的盧繩[1]和葉仲璣[2]到學社來進修中國建築。學社增加了兩個熱愛中國建築的新生力量，梁思成非常高興。當時後方的生活雖然清苦，但是大家互相關心，十分融洽，也不無樂趣。那時羅哲文只有十幾歲，還是稚氣未盡的孩子，常常和梁從誠（梁思成之子）、劉敘傑（劉敦楨之子）三人趴在地上玩彈子。盧繩看到後作了一首打油詩送給他們：「早打珠，晚打珠，日日打珠，不讀書。」並把這首詩抄寫在一張紙上貼在樹上。當時伙食標準很低，葉仲璣是個瘦子，很希望自己胖起來，於是有一天他心血來潮也寫了一張條子貼在樹上，「出賣老不胖半盒」。梁再冰常患感冒，於是她也寫了一張條子貼在樹上，「出賣傷風感冒」。這些條子使整個小院活躍了起來，大家吃過晚飯都在那裡休息閒談。 就在這樣困難的情況下梁思成仍努力完成了以下工作。

組織力量測繪宜賓古建築

1943 年莫宗江、盧繩測繪了宜賓舊州壩白塔及李莊旋螺殿。1944 年莫宗江、羅哲文、王世襄測繪李莊宋墓。劉致平詳細調查了成都的清真寺並對我國伊斯蘭教建築產生興趣，後來成為我國伊斯蘭教建築的專家，他還調查測繪了李莊的民居。羅哲文就在參加這些測繪工作中漸漸成長了起來。

1　盧繩，江蘇南京人，是中國現代建築史上一位很有影響的建築史學家與建築教育家。在建築理論、建築教育、建築歷史研究等領域都起到了承前啟後的作用，並取得了顯著成就，對我國古代建築的保護和研究做出了貢獻。

2　葉仲璣，安徽黟縣人，1942 年畢業於中央大學建築系。1949 年獲美國堪薩斯州立大學建築學碩士學位。建國後歷任重慶大學、重慶建築工程學院副教授、建築系主任。中國民主同盟盟員。1955 年主持武漢長江大橋橋頭堡建築藝術設計。

舉辦設計競賽

抗戰時期,梁思成雖然致力於古建築的研究,但他也注意到當時的建築教育,擔心學校教育缺少傳統建築設計的訓練,提出桂辛獎學金的設想。並於 1942 年、1944 年舉辦了兩屆建築設計競賽。兩次都是與中央大學建築系合作,當時楊廷寶先生在中大兼課,梁思成與楊廷寶商定,由楊廷寶輔導選定三年級學生參加競賽,題目是「國民大會堂設計」,要求做傳統的建築形式。1942 年的得獎人是鄭孝燮。鄭孝燮還清楚地記得評圖的那天,梁思成身着中式長袍,溫文爾雅,在學生作業前反覆地看過以後和楊廷寶先生交談了一會兒,便走到鄭孝燮的圖前,在上面畫了一個紅星,註明桂辛獎學金第一名。

1944 年的競賽題目是「後方某農場」。評委有中大教授童寯、李惠伯及學社梁思成。第一名獲獎人是朱暢中,第二名王祖堃,第三名張琦雲。

終於征服了「天書」

梁思成除了以上工作外,還繼續研究《營造法式》,勝利地征服了這本天書,並在莫宗江的協助下用現代工程製圖法將法式大木作的全部插圖繪製完畢。後因抗戰後的復原工作及創辦清華大學建築系,因而這項研究工作暫時擱置了起來。直到 1962 年 3 月廣州會議後,才由梁思成、莫宗江及梁的助手樓慶西、徐伯安、郭黛姮三人組成研究小組繼續工作。到 1966 年,除小木作和彩畫作有待實例的補充外,其他諸卷已全部完成,不過因「文化大革命」而停頓直至 1983 年才出版了上卷。《營造法式》的研究工作,自朱啟鈐開始,至梁思成、莫宗江、樓慶西等可謂前後經歷了三代人的努力,但仍未最後完成。

1941 年以後學社已無力量外出野外調查，劉敦楨集中精力，整理西南地區的調查資料。到了 1943 年因學社缺少經費，研究工作難以開展，劉敦楨遂決定離開學社到中央大學建築系任教。離開李莊的前一天晚上，梁思成、劉敦楨兩人促膝長談，他們自 1931 年開始，為了同一個目標，共同奮鬥了十一年，這時卻不能不分別了，兩人邊談邊流淚，直至嚎啕痛哭。不久陳明達也離開了學社赴西南公路局就職。

我國第一本《中國建築史》

1939 年，中央博物院聘請梁思成擔任建築史料編纂委員會主任。梁思成於 1942 年開始編寫《中國建築史》，林徽因、莫宗江、盧繩都參加了這項工作。林徽因負責收集遼、宋的文獻資料，盧繩負責收集元、明、清的文獻資料，莫宗江負責繪製插圖，於 1944 年完書。這是我國第一本由中國人自己編寫的比較完整、系統的中國建築史，梁思成實現了「《中國建築史》要由中國人來寫」的夙願。

在新中國建立初期，中國科學院編譯局曾建議出版該書，但梁思成認為它是 1944 年完成的，部分觀點有待修正沒有同意。鑒於當時各校教學上急需中國建築史的教材，經高教出版社和梁思成協商，決定先油印五十份，供各校教師備課參考，待修改完了後，再正式出版，後因種種原因沒有完成修改工作。直到梁思成去世後，才將此稿收入《梁思成文集（三）》。

在梁思成編寫《中國建築史》的同時，國立編譯館又委託梁思成編寫英文版的《中國建築及雕刻史略》，這部書就是等於是英文版的中國建築史，亦於 1944 年完稿。

英文版的《圖像中國建築史》——*A Pictorial History of Chinese Architecture* 是一部

以精美的建築繪圖和實物照片為主，輔以簡要的文字說明的中國建築簡史。它系統地論述了「與中國文明同樣古老」的中國建築體系在各個歷史時期的演變。所有圖註都採用英漢對照的形式，梁思成準備在抗戰勝利後把書稿送到國外出版。1946 年，他把稿子帶到美國，因為印刷成本高，找不到出版人，就把它留在費慰梅處。1948 年，留英學生劉某為了寫畢業論文，來信向梁思成要資料查看，雖然梁思成和劉某素不相識，但他仍寫信給費慰梅請她將稿子寄給劉某，囑劉某用過後將稿件交給我國駐倫敦代辦處帶回。後來劉某並未將稿件交給代辦處，也未寄回給費慰梅，她本人也沒有回國而到馬來西亞去了，這份稿子也就遺失了。

1979 年費正清夫婦訪問中國時，得知梁思成並沒有收到這份稿子。慰梅又焦急又氣惱，但是事隔三十多年到什麼地方去找這位劉某呢？她寫了許多信給有關單位都無結果，幸虧她還保存着劉某當年的地址及收到資料後的回信。於是慰梅打電話給她在倫敦的一位朋友，請求他扮演「福爾摩斯」的角色。大約兩周以後，慰梅接到那位朋友的電話：「親愛的慰梅，你交給我的任務太簡單了，我只打了兩個電話就解決了。第一個電話打給英國的皇家建築師協會，請他們查找一下 1949 年至 1954 年間，有無接受從英國某大學畢業的劉某為會員。如果有，請查一下她的下落。皇家建協果然在三十多年前的檔案中查到這位劉小姐，並註明她已遷往新加坡。於是我又打第二個電話給新加坡建協，請其代查找劉某。一個星期後又得到新加坡的回答，告訴我劉某現在的通訊處。」

找到劉某的下落後，慰梅又與劉某交涉多次，終於迫使她交還了原稿。費慰梅又從波士頓飛到北京，親自查閱圖紙是否完整。返美後，她又為該書在美國的出版而奔走。終於和美國麻省理工學院出版社談妥出版。從 1980 年至 1984 年間我與慰梅就圖書的內容編排等等，書信不斷。有趣的是我給她寫中文，她給我寫英文，我們各自抱着一本字典工作，這本凝聚着中美友誼的書，終於在 1984 年出版了。

這一著作問世後，在美國得到極高的評價。普林斯頓大學的中國文化史教授莫特、華盛頓費利爾美術博物館館長勞敦、哈佛大學的東方美術教授雷爾等專家都表示了高度的讚賞，認為它「對中國文化的理解作出了最寶貴的貢獻」，「不僅是對中國的敍述，而且可能成為有重要影響的歷史性文獻」。此書還獲得了 1984 年「全美最優秀出版物」的榮譽。

著名建築師陳植先生說：「這一名著是中國建築學家第一次以英文撰寫的、具有權威性的中國建築簡史。它以近代的建築表達方式，分析了中國建築結構物的基本體系及其各類部件的名稱、功能與特點，敍述了不同時代的演變，闡明了主要建築的類別，圖文並茂，相互印證，深入淺出地作出系統性的論述，使中國建築在國際上閃耀着燦爛的光輝。」

1943 年一位顯要的來訪者，打破了李莊單調的生活。他就是英國生物化學家李約瑟教授，他作為英國駐重慶大使館的戰時科學參贊來華親見了中國的國土和人民（後來他回到劍橋大學以後，他的多卷本《中國科技史》的出版給他帶來了世界聲譽。在這本書中，他談到梁思成對中國建築史的研究工作，並稱他是研究中國建築史的祖師爺）。儘管在他整個訪問期間林徽因還在臥床休息，她還是寫信給費正清描述了當時的情況：

李約瑟教授來過這裡，受到烤鴨子的款待，已經離開。一開始人們喜歡彼此打賭，李教授在李莊逗留期間會不會笑一笑。我們承認李莊不是一個特別使人興奮的地方，但是作為一個對中國早期科學的愛好者，又不辭勞苦在這樣的戰時來到中國，我們也有理由期待他會淺淺一笑。最後，這位著名的教授在梁先生和梁夫人（她在床上坐起來）的陪同下談話時終於笑出了聲。他說他很高興，梁夫人說英語還帶有愛爾蘭口音。我從前真不知道英國人這麼喜歡愛爾蘭人。後來在他訪問的最後一天下午，在國立博物館的院子裡，當茶和小餅乾端上來的時候，據說李教授甚至顯得很活潑。這就是英國人愛好喝茶的證明。

恢復《營造學社彙刊》七卷

1944 年學社的經費已經到了幾近枯竭的地步，學社僅有的五六個成員，又走了劉敦楨、陳明達二人，可謂慘淡經營到了頂點。但梁思成仍認為一個學術團體不能沒有學術刊物，遂決定恢復《營造學社彙刊》。建築界同仁及學社社友都積極贊成，並慷慨捐助了印刷費 22,500 元。當時後方的條件極端困難，連最普通的報紙都沒有，印刷更是難上加難。於是他們經再三躊躇考慮之後，決定改弦更張，因陋就簡，降低印刷標準，改用石印。他們將插圖直接繪版，而不用照片，文字也直接抄錄，而沒有鉛字的排版。從製版、印刷到裝訂、發行全部由學社同仁親自幹，還加上老少家屬一起動手。終於在後方出版了七卷第一期和第二期兩期彙刊，著名的唐代佛光寺、榆次雨花宮、成都清真寺等重要的調查報告都發表在七卷彙刊上。還有費慰梅寫的《漢武梁祠原形考》也由王世襄譯成中文刊載在七卷第二期上。費慰梅的這篇論文原發表在美國《哈佛亞洲研究集刊》1941 年六卷第一期上，在歐洲學術界引起很大反響。學社也因此吸收費慰梅為學社社員。她是最後一個加入學社的社員。

羅哲文至今回憶起學社自己動手辦刊時全體成員團結一致、拚命要把彙刊發出去的熱情，仍然激動不已。

到 1945 年抗日戰爭勝利，學社只有梁思成、劉致平、莫宗江、羅哲文四人。經費來源已到了山窮水盡的地步。國民政府教育部建議將學社與中研院史語所或中央博物院合併。梁思成考慮到戰後國家建設將需要大批建築人才，因此決定到清華大學去創辦建築系。劉致平、莫宗江、羅哲文也都隨梁思成到清華大學。中國營造學社從此結束了。

中國營造學社從 1930 年正式命名成立，到 1945 年結束，前後共十五年，但成果最豐碩的，還是在 1931 年至 1937 年這六年間。十五年來他們調查過河北、河南、山西、山東、陝西、浙江、湖南、江蘇、遼寧、雲南、四

川等省共計 190 個縣，經過詳細測繪的建築，1937 年以前的有 206 組大小不同的建築群，所調查的建築物有 2738 處。完成測繪圖稿 1898 張。1937 年以後西南地區的測稿，因沒有集中保管，散在個人手中，因此無從統計。抗日戰爭勝利後，營造學社的主要成員已各奔東西，雖然在 1946 年以後，朱啟鈐還想努力恢復營造學社，但從經費上及原有人員的集中上均是不可能的了。

1961 年朱啟鈐先生九十壽辰，當年學社成員都在朱家相聚，這是學社成員的最後一次歡聚，劉敦楨因患病不能前來，他送給桂老一份蘇繡做禮物，信中說：

桂師尊鑒旬前奉上寸柬計達

座右回憶民國初季

先生發現營造法式抄本究心宋法式與清做法進而組織營造學社以完成中國建築史

勉勵後進培養人才

今日建築學術界在黨領導下蓬蓬勃勃一日千里

然當年

先生篳路藍縷之功固亦垂諸不朽

敦楨親聆教益三十餘年於茲受惠之深楮墨難罄

際此九秩大慶理應赴京祝嘏乃疾病糾纏不克北上而朱君鳴泉來信云蘇州繡影不能如期付郵下懷尤為不安

謹此專函祝壽兼述歉忱尚懇

海涵於格外臨穎不盡萬一專肅敬叩

壽安

門人劉敦楨上　陳敬同叩

一九六一年十一月十六日

梁思成送給朱桂老一本精裝的《建築十年》，在扉頁上寫道：

一九三一年，初隨桂師治我國古代營造之學，倏忽三十載。解放以來，百廢俱興，建築事業百花齊放，推陳出新，卓有成績。辛丑初冬，欣逢師九秩大慶，謹奉此冊，祝

杖履康健，松柏長壽。諄諄不倦，教我後學。

弟子梁思成 敬祝

一九六一年十一月十九日

莫宗江晚年回憶學社工作時說：

常有人問我，梁思成是怎樣培養我的，回想起來，梁先生是不愛講大道理的，一切都是自己示範。如我畫圖時他常常來看，看着看着就說「宗江你起來」，於是他就坐下來畫給我看，而我也就是這樣每天到梁先生的繪圖桌前去讀圖，看他每天完成了哪些圖，怎樣完成的。

梁思成對建築製圖獨具匠心。除了要準確地表現建築的結構、構造外，還對線條的粗細、均勻、交點等等一絲不苟。他作出的圖紙不僅在學術問題上能表達清楚，具有相當的科學性，同時在畫面的構圖上也精心安排，從藝術角度來看，是一幅耐人尋味的建築圖。梁先生畫完《清式營造則例》的插圖，我也對清式做法開始入門。在周末梁先生常帶我到他家去，於是他就和林先生把他們收集的最好的速寫、素描、渲染，都是些精品，拿來給我看。這些就是我的教材，我喜歡哪張，他就讓我帶走拿回去細看。梁先生還把 Fletcher 著的建築史給我看並告訴我說，Fletcher 這本書的插圖全部是由他的一位助手畫的，他希望我好好學習，日後能為他寫的建築史畫一套插圖。他還說我們的繪圖水平一定要達到國際最高標準。林徽因是善談的，她往往結合一張畫談到中西建築的特點，東西文化的比較。從建築到美學、哲學、文學無所不談。

在梁思成、林徽因的指導下莫宗江很快地成長起來。營造學社的測繪圖紙，形成了自己的獨特風格，特別是莫宗江的圖，在科學中融入藝術，形成了

1961 年朱啟鈐九十歲生日時與前來恭賀的梁思成等人合影（中坐者為朱啟鈐，朱身後為梁思成）

1961 年朱啟鈐先生九十壽辰時受到周總理的接見

他的個性。這雖然和梁思成、林徽因二人對他的培養分不開，但更主要的是莫宗江自己的努力。在莫宗江到學社的第一年年底，學社為了獎勵他的進步，給他發了雙工資 40 元，他用這 40 元買了一套《世界美術全集》、一把小提琴、一盒德國名牌繪圖儀器。

莫宗江回憶起當年的野外調查時說，那幾年給他印象最深刻的是祖國的極端貧窮與落後。在雁北地區，他們拿着比實物價格高十幾倍的錢，求老鄉給做一頓飯吃而不能，因為那裡窮得連一粒商品糧都沒有。再多的錢也買不到糧食，農民只有堆在屋角的一小點土豆，那是他們全家的口糧，給別人吃了自己就得捱餓。在雁北不管走到哪裡，只要一停下來，同行的紀玉堂先生就得立刻奔走，設法弄吃的，但他再神通廣大，能搞到的最豐盛的飯食，無非就是一缽黑糊糊的說不清是什麼做的麵條。

一次，當他們正要上馬出發時，梁公從馬後走過，不慎被馬狠踢一腳，當即倒下，大粒的汗珠從頭上落下。大家都以為走不成了，沒想到梁公掙扎着起來，瘸着腿爬上馬背，按時出發了。

莫宗江還告訴我，在野外調查中印象最深的另一件事，就是梁思成、林徽因二人的奮鬥精神。他說：「梁公總是身先士卒，吃苦耐勞，什麼地方有危險，他總是自己先上去。這種勇敢精神已經感人至深，更可貴的是林先生，看上去是那麼弱不禁風的女子，但是爬樑上柱，凡是男子能上去的地方，她就准能上得去。」

記得金岳霖先生曾告訴我說：「在北平總布胡同住時，有一天，我聽到門外有人叫『老金，老金』，出了房門一看誰也沒有，回到屋來又聽到有人叫，我又出來左右看看還是沒有人，可是還有人在叫『老金』，我抬頭一看，原來林徽因站在房頂上。」他哈哈大笑起來。

梁思成、林徽因兩位是出身名門的世家子弟，能夠以這樣忘我的精神，投

身到事業中去，可見他們對祖國文化的無限熱愛。他們這種忘我的工作精神，對學術的執著追求，是分外感人的。

抗日戰爭勝利後,對梁思成來說有兩條路可供選擇,一是繼續研究建築史,二是去創辦一個建築系。

梁思成雖然從 1930 年至 1945 年,把主要的精力放在中國建築史的研究上,但他的視野從沒有局限於古建築的研究。他始終關注我國新建築的創作及城市規劃這一新學科的進展。這是他與我國其他建築史學家所不同的。

梁思成注意到第二次世界人戰剛開始時,英國、蘇聯已經着手研究戰後的復興計劃,而我國抗日戰爭進行了八年,不但沒有任何復興計劃,而且缺少人才。梁思成認為在各大學中增設建築系培養人才已是燃眉之急。

如果繼續研究古建築,以營造學社的形式是無論如何也維持不下去了,只有乾脆把學社的人員併入中央研究院歷史語言研究所去。梁思成認為雖然中國古建築還有很多課題有待深入研究,但是從中國建築發展史的角度看,已基本上理清各個時期的體系沿革、歷史源流,看出了整個歷史發展的脈絡,可以告一段落。兩相比較他認為對國家來說,更需要培養建設人才,特別是建築師。因此他向梅貽琦(1931 年至 1948 年任清華大學校長)建議在清華大學增設建築學院,首先在工學院開辦建築系。梅貽琦很快就接受了這個建議,聘任他為建築系主任。

1946 年梁思成赴美考察「戰後的美國建築教育」,他同時收到了耶魯大學和普林斯頓大學的邀請函。耶魯大學邀請他作為客座教授到紐黑文去講授中國藝術和建築;普林斯頓大學則希望他參加 1947 年 4 月「遠東文化與社會」國際研討會的領導工作。兩份邀請函都讚揚了梁思成不畏各種艱難險阻,堅持對中國建築史進行研究並發表研究成果的頑強毅力。他戰前的論文引起了國際學術界的注意,戰時出版的兩期《營造學社彙刊》贏得了讚揚。他忽然間成了一個國際知名的人物,為他的西方同行所關注。作為兩所權威大學的嘉賓去美國,也使他此行有了完全不同的意義。

1947 年 2 月梁思成被外交部推薦，任聯合國大廈設計顧問團的中國代表。聯合國大廈設計顧問團彙集了許多現代建築的權威人物，如勒‧柯布西耶、尼邁亞等。

當時還年輕的美國建築師和協助紐約建築事務所的華萊士‧K‧哈里遜和掌握聯合國總部工程的喬治‧杜德萊在 1985 年寫下了他們對 1947 年的梁思成的回憶：

他的加入對聯合國大廈設計委員會是一大好事，儘管很遺憾，我們當中沒有人知道他或他的事業。他給我們的會議帶來了比任何人都多的歷史感，它遠遠地超越了勒‧柯布西耶所堅持的擺脫巴黎美術學院運動的態度，也超越了對我們的文化變遷的尚無定論的反應。梁思成建議聯合國大廈要像歷代重要的中國建築那樣坐北朝南，以便給長長的前廳入口留下朝南的溫暖的門廳。但大廈既然選址在東河之濱，那四十層的大廈最好是坐落在地基的四十二街那一頭，使多數公務人員可以直接進來，照這樣設計就意味着北面整個地區都要常年籠罩在陰影之中。於是他悄悄地（又是大方地）撤回了他的意見。

杜德萊說：「梁思成對尼邁亞的從北到南高層平板的建築方案給予熱情支持，方案最後得到委員會的一致批准。」

梁思成對於聯合國工程是非常認真的。他對於城市規劃、建築和自然環境關係的興趣，不僅由於委員會的一般討論而大大增強，也由於有機會與背景如此不同的人物接觸而受到激勵。

費慰梅後來回憶梁思成在美國時的活動說：

1947 年 4 月初，普林斯頓大學關於「遠東文化與社會」的研討會是該校 200 週年校慶為期一年的紀念活動的一部分。大約有 60 名專家受到邀請，他們大部分都和中國研究有關。其中包括美國在這一領域中的領先人物以及一些歐

1946 年梁思成在美國耶魯大學講授中國藝術和建築

1946 年梁思成在紐約美國建築師協會

亞的著名學者：里頓大學的杜維文達克教授、瑞典的喜龍仁教授和牛津大學的休斯教授；中國方面則有陳夢家、馮友蘭、陳述、屈楝子和梁思成這些著名學者參加。

豐富多彩的會議日程涉及中國研究的各個側面，但對於會議的組織者、普林斯頓大學中國藝術專家喬治·勞利教授來說，梁思成才是尖子。勞利曾在20世紀30年代中期訪問過北京，對於梁思成修復中國建築遺存和他對更廣泛的中國藝術的興趣印象頗深。勞利的親密合作者、研究中國和日本建築的美國專家亞歷山大·索佩爾教授多年來通過《營造學社彙刊》中文本，包括在李莊印行的最後兩期，一直跟蹤着梁思成的發現。他們兩位對梁思成的開拓精神、後來在戰時所承受的磨難和匱乏中的執著追求都十分欽佩。他們很高興地把他介紹給參加這次盛會的同行們，其中許多人瞭解他的研究成果，有的還在他與世隔絕的8年前在北京見過他。會議期間舉行了一次他的圖片和照片的展覽，他作了關於他在建築上的發現的講演，還作了關於此前未見報道的四川大足石刻的另一場講演。他還出席了其他人的講演會並參加了討論。

研討會結束時，普林斯頓大學在拿召廳舉行了特別儀式，授予杜維文達克和梁思成兩人名譽學位，以表彰杜維文達克在傳統漢學方面和梁思成在中國建築史方面的顯著研究成果。儀式開始由身着大禮服的校長和教職員為前導的大學生列隊入場，佩戴中世紀頭飾身着長袍的、高大的、白髮的杜維文達克和比他瘦小、看上去顯得年輕、身着普林斯頓提供的、過於長大的黑色長袍和帽子的梁思成形成了鮮明的對照。對梁思成的讚詞是這樣寫的：「文學博士梁思成，一個創造性的建築師，同時又是建築史的講授者、在中國建築的歷史研究和探索方面的開創者和恢復、保護他本國的建築遺存的帶頭人。」和這一讚詞相配的，是他擁有的眾多頭銜，只要舉出其中一些就夠顯眼的了：中國科學院院士、中國建築研究所所長、清華建築系主任、清華建築研究所所長、聯合國諮詢委員會委員以及耶魯大學訪問美術教授。

在普林斯頓大學，保存着梁思成當時寫給多茲校長表示接受名譽學位的一封

信。他的話表現出典型的禮貌、謙虛和機智：「對於一個只不過是花費了太多時間和精力來滿足其好奇心的人來說，這樣的獎賞實在是太高了。」

我也出席了普林斯頓的研討會，看到思成很健康，情緒高漲。他在美國期間所得到的肯定使他欣慰。

他在普林斯頓忙碌一陣以後，又花了幾個星期來結束在耶魯的事務和往返紐約參加聯合國諮詢委員會的會議。儘管如此，他還是設法來到劍橋，和我們度過一些時光。他告訴我們說，不管內戰結局如何，他都想待在北京。他的專業生涯使他對政治的興趣和經驗都很少，他自己對共產黨人沒有什麼瞭解，但就像許多在蔣政權下受盡敲詐勒索和貪污腐化之苦的同胞一樣，他很難相信事情還會變得更糟。

正如費慰梅所述，梁思成參加了 1947 年 4 月普林斯頓大學成立 200 週年的盛大慶祝活動，包括一系列的學術活動，在「遠東文化與社會」研討會上，梁思成應邀作了《唐宋雕塑》與《建築發現》兩個學術報告，是所有與會學者專家中唯一作兩個學術報告的人。普林斯頓大學因他在中國建築研究上的貢獻，授予他榮譽文學博士學位。與他同時獲普大學位的中國學者還有馮友蘭教授。

在美國的一年多，他還參觀考察了近 20 年來的新建築，同時訪問了國際聞名的建築大師萊特（F.L.Wright）、格羅皮烏斯（Gropius）、沙里寧（E.Saarinen）等，出席了在普林斯頓大學召開的「體形環境」學術會議，接觸了許許多多、大大小小的建築師及有關住宅、城市規劃、藝術和藝術理論、園藝學、生理學、公共衛生學等等方面的專家、權威。儘管他們各有派系、風格不同，但有一點是相同的：他們規劃、設計的目標，就是生活以及工作上的舒適和視覺上的美觀，強調對人的關懷。

儘管梁思成一向關注城市規劃及建築理論的動向，但經過這一年多在國外

梁思成與國際著名建築師勒‧柯布西耶（左二）、尼邁亞（左五）等討論聯合國大廈設計方案

1947 年梁思成在討論聯合國設計方案時發言

梁思成（前排左七）參加普林斯頓大學召開的「遠東文化與社會」研討會

的考察，更深入瞭解到國際學術界在建築理論方面的發展。建築的範疇已從過去單棟的房子擴大到了人類整個的「體形環境」，範圍小自杯盤碗盞，大至整個城市，以至一個區域。建築師的任務就是為人類建立政治、文化、生活、工商業等各方面的「舞台」。

現已在美國定居的王爾宇先生，1947 年時正在耶魯任教，他回憶說梁思成當時顯得很年輕，精力充沛，雖然梁思成在耶魯僅僅幾個月但辦了很多的事，也很會生活。梁思成常常忙裡偷閒，和幾個中國朋友聚在一起說說笑笑。當時老舍、羅常培也在美國，有一天羅常培來找梁思成不遇，在門上留了一個字條：

梁思成成天亂跑
　　　　　羅常培

幾天後梁思成去看羅常培也不遇，梁也留了個字條：

羅常培常不在家
　　　　　梁思成

後來他們見面了又互送了一句戲言，成了一副對聯，上聯是：

羅常培常不在家
大儒常培女弟子

下聯是：

梁思成妄思伏驥
拙匠思成聯國樓

王爾宇先生還記得梁思成給他們背了一些中學時的順口溜，其中一首是這樣的：

先生說我 No good，
我說先生是 dog。
先生給我一 hand,
我給先生一 foot。
先生把我開除了，
可憐有家歸不得。
父親母親饒恕我，
還念孩兒尚 younger。

04 他給了學生們什麼

創建營建系

梁思成從美國考察回來後，他總結了在美國考察一年多的收穫，博採眾長，並以他自己的建築觀為核心，提出「體形環境設計」的教學體系。認為建築教育的任務已不僅僅是培養設計個體建築的建築師，還要造就廣義的體形環境的規劃人才，因此他將建築系改名營建系。

梁思成回顧我國建築教育的狀況，決心要辦一個達到國際最高水平的建築系。耶魯大學的鄔敬旅教授是梁思成在美國講學時的助教，他深情地回憶起當年曾與梁思成反覆討論、比較美國各校建築系的教學計劃與各門課程教學的情景，他當時準備和梁思成一起回國從事清華的教學工作，但因時局變化，未能成行，這使他至今仍對梁思成懷有負疚感。

梁思成下決心對清華建築系的教學計劃做大幅度的修改，決定在營建系下設「建築學」與「市鎮規劃」（這是我國高校第一個城市規劃專業）兩個專業。他認為從長遠看，應設營建學院，下設建築系、市鎮規劃系、造園系和工業技術學系。

梁思成說：「建築師的知識要廣博，要有哲學家的頭腦、社會學家的眼光、工程師的精確與實踐、心理學家的敏感、文學家的洞察力……但最本質的他應當是一個有文化修養的綜合藝術家。這就是我要培養的建築師。」所以他將營建系的課程分為：文化及社會背景、科學及工程、表現技巧、設計課程、綜合研究五大類。

梁思成在創辦清華建築系之初非常注意樹立民主的學風。他平易近人，又很詼諧。在評圖討論時，鼓勵大家暢所欲言，年輕人在他面前從不感到拘謹。他也很信任大家，不管是教師或是學生在系裡都感到很自由，很舒暢。他是以他的思想和理論來領導全系的。梁友松回憶說：「那時四個年級在一個大教室裡，我覺得很有好處。高年級的同學常到我們的圖板邊提意見，

解放前夕，建築系同學們舉辦的化妝晚會

或者在做渲染透視圖時助一臂之力。我們也常常對高年級的作品評頭論足，言之有理也好，胡說八道也好，至少系裡形成了一種學術民主、互相切磋的風氣。……因為我和比我高的幾個年級的同學老混在一起，一道聽梁先生和林先生講課，聽蔡方蔭、侯仁之的講座，一道跳土風舞，一道和老師們過節聯歡，一道進城去遊行，所以雖然在年齡和學識上有差異，但四個年級的同學感情竟情同班一樣。我後來覺得這正是梁先生施教的方式：一方面學術民主，鼓勵學生表達不同意見；另一方面讓大家互相影響，互相取他人之長，使學生在不知不覺中養成一種樸質的學風，就是不苟同也不固執拘泥，心胸開闊，接納百川匯集。」

梁思成非常重視培養學生的動手能力，他常和營建系的教師談起賓夕法尼亞大學美術學院為培養學生動手能力設置的一個大工作室：學生隨時可以進去做自己設計的作品，那個工作室的設備非常齊全，從木工用的斧鋸到陶瓷的塑形、上釉、燒窯直到金屬的鑄模、翻砂、仿古等各種材料設備一應俱全。

1926 年他曾自製了一面仿古銅鏡送給林徽因，那面小鏡子就是在賓夕法尼亞大學的工作室製作的。那是一面奇特的鏡子，它是用一個現代的圓玻璃鏡面鑲嵌在仿古的銅鏡框裡合成的。銅鏡框的中心刻有兩個雲岡石窟中所見的飛天浮雕，組成圓形圖案。飛天外圍一圈卷草花紋，花紋外圈是兩條線腳，兩線中間均勻地鑄一圈字，寫着「徽因自鑒之用　民國十七年元旦思成自鐫並鑄喻其晶瑩不珏也」。有一次，他和幾位教師談到要在清華建築系成立類似賓夕法尼亞大學的手工室時，曾把那面鏡子給大家看，且十分得意地說：「我差不多用了一周的時間雕刻、鑄模、翻砂。銅鏡做好後，再經過仿古處理，就成現在這樣的假古董。我拿去賓夕法尼亞大學請美術系研究東方美術史的教授鑒定這個鏡子的年代，他不懂中文，我說只能看，不能動。這位教授看了半天，說從來沒有見過這麼厚的銅鏡。我更得意了：『當然了，這裡面還鑲着一塊玻璃呢！』教授看了又看，說：『從圖案看像是北魏時期的物品，但從沒有見過這樣的文字，對不起，我不能幫助你。』

我看他越來越認真，反而不敢翻過來給他看，只好趕快溜掉。後來那位教授從同學那裡知道了實情，每次看見我就說，『Hey！mischievous imp（淘氣鬼）！』」可惜梁思成設置手工室的設想始終沒能實現。

1949 年是他實現新教學計劃的第二年，他曾在文匯報上發表《清華大學工學院營建系學制及學程計劃草案》一文，比較全面地闡述了他的建築教育思想及計劃，從他的教育計劃中可以看出以下幾個特色：一是理工與人文的結合，表現在重視社會科學，如在學科中加設了社會學、經濟學、人口問題、土地利用、社會調查等。這是他將「體形環境」作為學科對象的必然結果。二是重視歷史課，如中外建築史、中外美術史、雕塑史，都是作為文化及社會背景必修課來要求。這種對歷史課的重視，與當時現代建築運動的反歷史傾向相比非常令人注意。第三是重視藝術訓練與創作實踐的結合，他設置了建築畫、素描、水彩、雕塑、建築圖案等課程。同時還聘請了侯仁之教授來講授市鎮的地理基礎，又請了經驗豐富的優秀建築師戴念慈、嚴星華等人兼任建築設計課教師。

梁思成在教學上進行的一系列的變動，是我國建築教育中的重大革新。其中一些課程的設置也是很有遠見的，它至今對建築教育的發展方向仍有參考價值。那個教學計劃執行到 1952 年開始全面學習蘇聯時停止。

賴德霖總結梁思成的教育思想時說：

梁思成的建築教育思想是他建築思想的一部分，集中體現了他對建築學科研究對象的全面認識，也反映了他作為一個傑出的建築家對學科發展方向的敏銳把握。這是他作為教育家的成功之處，也使他的建築思想明顯超越於大多數的同輩建築家。在相距近半個世紀的今天，這些思想仍不失其活力。

梁思成的建築教育思想也是中國近現代建築思想的一部分，代表了近代中國建築家對現代主義認識的一個高度，同時也表現出早期受學院派教育的中國

建築家在接受現代主義思想時的取捨與選擇，這一點，也是非常值得深思的。

他多麼愛他的學生

1932 年梁思成在給東北大學第一屆畢業生的信中寫道：

諸君：

我在北平接到童先生和你們的信，知道你們就要畢業了……

我還記得你們頭一張 wash plate（古典水墨渲染圖），頭一題圖案，那是我們「篳路藍縷，以啟山林」的時代，那麼有趣，那麼辛苦。那時我的心情，正如看見一個小弟弟剛學會走路，在旁邊扶持他、保護他、引導他、鼓勵他，唯恐不周密。

現在你們畢業了，畢業二字的意義，很是深長。美國大學不叫畢業，而叫始業（Commencement），這句話你們也許已經聽了多遍，不必我再來解釋，但是事實還是你們「始業」了，所以不得不鄭重地提出一下。

你們的業是什麼，你們的業就是建築師的業，建築師的業是什麼，直接地說是建築物之創造，為社會解決衣食住三者中住的問題，間接地說，是文化的記錄者，是歷史之反照鏡，所以你們的問題是十分的繁難，你們責任是十分的重大。 你們創造力產生的結果是什麼，當然是「建築」，不只是建築，我們換一句話說，可以說是「文化的記錄」——是歷史，這又是我從前對你們屢次說厭了的話，又提起來，你們又要笑我說來說去都是這幾句話，但是我還是要你們記著，尤其是我在建築史研究的立場上，覺得這一點是很重要的。幾百年後，你我或如轉了幾次輪迴，你我的作品，也許還是供後人對民國二十一年中國情形研究的資料，如同我們現在研究希臘羅馬漢魏隋唐遺物

一樣……

我以上所說的許多話，都是理論，而建築這東西，並不如其他藝術，可以空談玄理解決的。它與人生有密切的關係，處處與實用並行，不能相脫離。課堂上的問題，我們無論如何使它與實際問題相似，但到底只是假的，與真的事實不能完全相同。……必須在社會上服務，經過相當的歲月，得了相當的經驗，你們的教育才算完成，所以現在也可以說，是你們理論教育完畢，實際經驗開始的時候。

……

現在你們畢業了，你們是東北大學第一班建築學生，是「國產」建築師的始祖，如一艘新艦行下水典禮，你們的責任是何等重要，你們的前程是何等的遠大！林先生與我兩人，在此一同向你們道喜，遙祝你們努力，為中國建築開一個新紀元！

梁思成
民國二十一年七月

這封七八十年前寫的短信，今天讀來梁思成對學生的深情依舊躍然紙上。正如梁思成所希望的，他的學生如一艘艘新艦下水，乘風破浪，為中國的建築開闢了一個新紀元。

如果說在 1932 年梁思成把他的學生當成自己的小兄弟，那麼他 1947 年以後對待清華的學生則如同自己的子女。六一屆的學生難忘他們與先生的第一次見面。1955 年他們考上清華大學建築系，報到之後還沒有開學，於是便一同到頤和園去玩。那時頤和園比現在清靜得多，特別在非假日更加幽靜，當這夥青年步入諧趣園時看見一位長者正坐在那裡聚精會神地畫水彩。於是他們便走過去觀看，不知哪位同學冒出一句：「這老頭兒畫得不錯！」

梁思成在學生中

梁思成在給學生們講建築設計原理

長者回過頭來看看這夥青年人，見他們一個個胸前都佩着清華大學的校徽，於是長者笑着說：

「哎呀，清華大學的學生不簡單哪！」

孩子們都得意地笑了。「你們是新同學？」

「是。」

「哪一系的？」

「建築系。」

長者驚訝地抬起頭笑着說：「建築系的學生入學要加試美術的，這麼說你們全是呱呱叫的小畫家了。」孩子們嘰嘰喳喳地笑了起來。「見過你們的系主任了嗎？」「還沒有。」於是他們開始攀談起來。長者結束了水彩畫請他們到他的房間裡去玩，還搬出些糖果點心來招待這幫小客人。他們也就自由自在地同這位和藹可親的長者玩開了。當時新同學在一起為了能盡快記住彼此的姓名，他們開始玩丟手絹的遊戲，手絹落到哪個人處，哪個人就站起來自報姓名。六一屆的同學回憶說：「不少次手絹落入先生的座位上，先生報了『梁思成』的名字，但我們這班傻瓜還不知道這位『梁思成』就是鼎鼎大名的建築師，我們的系主任。」直到開學典禮這一天，系主任梁思成走上台和新同學見面並講話時，同學們才大吃一驚，原來那個住在諧趣園的可愛的老頭就是他們的系主任。

梁友松回憶自己第一次見到梁思成是在 1949 年，先生剛參加了國宴回來。他說：「這是我第一次見到我們的系主任，他身材瘦小，眼鏡後面雙目炯炯有神，還帶着一絲孩子氣的笑意，這是個和藹可親、樂天淳厚的長者。他說話時表情豐富，一手挾着香煙打手勢，極富幽默感。我也夾在老同學

中出神地聽着，一下子我就覺得和這位高不可攀的系主任的距離拉近了，以後我在先生面前就一直是自自在在的，我相信所有的同學都會有同感。」

「自在」這個詞用得太貼切了，一個受鍾愛的孩子，在父母跟前哪能不自在呢？

建築系成立之初，系圖書室還沒有什麼書，特別是一些絕版的善本更是沒有，因此梁家的藏書就成了全系的財富，不論哪一個學生，都可以到梁家去借書看。如已絕版的 Vigal 水彩集、Flinr 的英國水彩人物集整天都在學生手中傳閱，學生們也自然而然認為梁家的書也就是系裡的書。

他除了關心學生的學業外，對學生畢業後的去向也很關心。

在梁思成的心目中學生是佔首位的，他平時很少和親戚及一般的朋友應酬，但是學生，任何時候他都是歡迎的。記得我們結婚後他曾囑咐我，不管哪位親戚來請求幫助解決調動工作等問題，都不許允諾。他的兒子長期在昆明工作，夫婦兩地分居，他沒有向領導提過一個字。他的外甥曾一度調往貴州工作，病中的姐姐多次請求他幫忙將外甥調回北京。他總是多方開導姐姐，以國家需要為重。他的侄子大學畢業後分配到工廠工作，請求思成協助他調到科研單位去，思成沒有答應。然而每當他知道他的學生學用不一，或未能發揮他們的專長時，他卻會毫不猶豫地為之奔走。

記得約在 1962 年時，有一天我拆開一封信，得知是我系畢業生蕭默寫來的。信中說他畢業後分配到新疆伊犁哈薩克自治州設計室工作。但因設計室撤銷了，他被調去當中學教師，希望先生能協助他回到專業工作的崗位上去。在我的記憶中，蕭默和思成是一般的師生關係，沒有什麼特殊的往來。思成看了信，顯得很不安，他停止了工作，連續不斷地抽着煙，過了一會兒他說：「我們培養一個建築人才要花六年時間（1966 年以前清華大學建築系制 6 年），培養一個建築師國家要花好幾萬元，怎麼能隨隨便便地使這些寶貴的

專業人才學非所用呢？你替我寫一封信，問他願不願意去敦煌工作。」他解釋說：「兩年前常書鴻先生曾向我要一名建築學的畢業生去敦煌工作。因為建設單位對人才的需求量大，一直沒有滿足常書鴻的要求。現在蕭默也許可以去，新疆和甘肅是一個行政區，調動起來也方便些。」他又說：「你告訴他敦煌工作比較艱苦，要有吃苦的準備，在工作沒有調動以前，還要做好當前的工作。」接到蕭默信不久，梁思成恰巧在一個會議上碰到了常書鴻先生。事後他非常高興地告訴我，蕭默的工作已和常先生談妥，並到文化部請王冶秋先生予以妥善辦理。蕭默沒有辜負老師的苦心，1986 年一本優秀的著作《敦煌建築》問世了。

建築師是個很可愛的職業

梁思成很重視學生的專業教育，在 1949 年前學生可以隨便轉系，建築系的學生有很多都是其他系轉來的，每轉來一個學生，他都是熱情地、不厭其煩地向學生說明建築系的專業內容，建築師的工作是什麼，要學生慎重考慮，告訴他們如果後悔了再轉走還來得及。一年級學生的建築概論課他必定親自講授。很多學生對建築學的正確認識及對建築專業的熱愛，都是從建築概論課開始的。

張翔先生已是八十多歲的老人，他是 1929 年考入東北大學的。張翔的叔叔是學電機專業的，他在中學時看到叔叔整天拉計算尺覺得很神氣，決定自己也要當一個電機工程師。沒想到考入東北大學後報到時，電機系已滿額，他只好報了一個當時沒有什麼人知道的建築系，準備在暑假後再轉入電機系。沒想到第一天上課，是梁思成給新同學作入學報告，他回憶說：「先生雖然個頭不大，但兩眼炯炯有神，而且帶着對建築學專業的無比熱愛和自信，給人以很大的感染力。先生的第一句話就說：「建築是什麼？它是人類文化的歷史，是人類文化的記錄者，它反映時代的步伐和精神。」最

後他總結說：「一切工程離不開建築，任何一項建設，建築必須先行，建築是工程之王。」聽了先生的這一篇講演，我下決心一定要學好建築不再轉系。」張翔先生後來成為美國夏威夷的一位著名建築師。

費康也是梁思成在東北大學的開門弟子，他也從梁思成那裡接受了對專業的熱愛，他的夫人張玉泉是中央大學早期的建築系女學生，是我國建築學會第一位女理事。他們夫婦二人在抗日戰爭極端困難的情況下沒有放棄建築，並且影響到他們的小兒子費麟。可惜費康在抗日戰爭時期感染了白喉，過早地去世了。20 世紀 50 年代，費麟考入了清華大學建築系，也成為梁思成的學生。20 世紀 80 年代，費麟的女兒費青又考入清華建築系，可惜她已不能直接受教於梁思成。一家人祖孫三代都是優秀的建築師，成為建築界的佳話，點燃這個火種的人就是梁思成。

關肇鄴教授回憶說：

1948 年春我在燕京大學理學院讀一年級。一天，校長邀請剛從美國參加聯合國總部設計回國的梁先生來校作學術講演。我因仰慕先生的名氣，也去聽了。那次講的題目是《中國建築的特徵》。這個題目，對於一個學理科的學生本不易引起太大的興趣，但我卻深深地被先生那淵博的學識和學者風度所折服。特別是先生以大量的事實，論述了「建築是一面鏡子，它忠實地反映着一定社會的政治、經濟、思想文化」。會後許多進步學生均讚揚他的觀點與他們偷偷學習的歷史唯物主義原理相吻合，這更加深了我對先生的欽敬，並暗暗決心轉到清華去學建築。在那年清華校慶時，我到舊水利館樓上那狹窄的建築系館去參觀，看到建築系所學的內容和涉及的各種學科領域後，更加堅定了學建築的決心。雖然清華不承認我一年的學歷，要重新報考一年級，我還是轉了學。

開學之際，我第一次見到梁先生，他首先對我說，「祝賀你是今年考進的唯一新生，希望你能學好。」原來那一年我們同年級十多人，全部是清華其他

系的學生因對建築有興趣而放棄原來專業轉來的或是由清華「先修班」來的，正式考入的只我一人。接着先生便把這十來個一年級學生都找來，簡要地說明了建築學的內容，最後說，「你們要仔細考慮好，願不願學這樣的學科，若不合意，現在轉走還來得及」。並着重對我說，「特別是新來到清華的你」。我連忙說，「我認真想過了，我願意」。先生是深感不少人因對建築學的誤解而投錯了門，白白浪費了時間，因而在開學之初提出警告。

他常常對學生說：「希望你們喜歡自己的職業，建築創作要有激情，就像畫家一樣，一張好的作品，得有那麼一種激情，否則這張畫在技巧上不論多高明也是只有匠氣，而無靈氣。同樣建築師不是把一些東西堆砌起來，畫出來。建築師得有想法，有立意，創作在其中，有激情在裡面，才能滿懷熱情地去做。不要挑挑揀揀的，認真對待每一件工作，你才能體會到，你是一個很可愛的建築師，這個職業是個很好的職業。一定要把感情放進去，比如巴黎的公共廁所就設計得非常好嘛。」

梁思成的學生黃匯，現在已經是個十分優秀的建築師了，她的建築創作得過許多獎，但最使她快樂的卻不是她的得獎作品，而是北京市德勝門外第四小學，一個很不起眼兒的小學校的設計。

她說當時她手頭有六個工程同時進行，已經忙得不可開交。教育局的同志知道她非常忙，不敢提出請她設計的請求，但是一定要請她去看一看那個即將拆建的校舍現場，她只好去了。到那裡一看，這是個什麼學校啊？她出發前約半小時剛下過一陣雨，她到學校時發現所有的教室內都有積水，小學生們只好把腳放在桌子下面的橫撐上。上廁所就得過院子裡的積水，屋頂還在不停地滴着水。原來這個學校的地面，比排水口低九十厘米，破爛的校舍，夾在兩個工廠之間，只有四十多米間距，可是就在這樣的條件下要蓋一個向南的教室樓，工期又非常緊，還沒有充足的經費。

黃匯想，這樣的工程也許不會有人願意接，於是她只好把這個工程接了下

來。從此她每天利用晚上休息的時間冥思苦想，終於想出了辦法：把教學樓設計成一個壩，就是說從校園內看是四層樓，而臨街的一面只有三層，這樣就把雨水順利地擋住排走，而流不進校園內去。同時還採用了一些新技術，如採用亮度最好的黃色牆面，同時配以綠的保護色，一反過去全是白色牆面的做法。她又設計了單面走廊，而沒有簡單地沿用北京市的兩面教室中間夾走廊的標準設計。

這個校舍設計得非常成功，得到當地居民的交口稱讚。開學的那一天，黃匯來到德外四小，她看到教師們全站在校門口迎接學生，學生們也個個穿新衣、背上新書包來上學，他們都為能在這個學校工作、學習而自豪。這個意外的場景，使黃匯激動得不能自已。她想到了梁先生的教導：「要把自己放進去，要把感情放進去，不要挑挑揀揀，認真地對待每一件工作，你才能體會到你是一個很可愛的建築師。」這一天，黃匯覺得作為一個建築師，她太幸福了。

梁思成的學生有不少人在反右時期，在十年動亂時期，個人遭到種種不幸，甚至「家破人亡」，但他們對建築的熱愛卻沒有動搖，始終抱着有朝一日還能回歸到建築隊伍的信念。董旭華就是在十年動亂中以「莫須有」的罪名，被判為現行反革命，並判刑十年，弄得「家破人亡」。在獄中他從沒有放棄回到建築隊伍的希望，儘管他在獄中，但《建築學報》卻一期也沒錯過，每一期都按時購買認真閱讀。他這種對專業的熱愛是多麼感人。果然在落實政策後不久，董旭華於 1984 年 12 月調去參加組建蘇州城市建設學院的工作並做出了優異的成績。

富有特色的講課

梁思成非常重視學生的啟蒙教育，每屆學生的建築概論課他必親自講授。

沈三陵回憶他講的概論課時說：「先生的第一句話說，不滿 18 歲的同學請站起來，呼啦一下站起了約三分之一的同學。先生溫和地笑了笑說，果然你們是年齡最小的一班。於是他轉身在黑板上只一筆就勾畫出了一隻可愛的小狗，問我們這是什麼？我們說是狗，他又在黑板上畫了個與狗同等大小的小屋，問我們這是什麼？我們說是狗窩。他點了點頭，又在狗的旁邊畫了一個大的房子問我們這是什麼？我們說是房子。先生笑了，在黑板上寫上『尺度』兩個字，然後說，『這就是尺度』。」

沈三陵說，「現在我也是教師了，感到給初學的同學講清『尺度』的概念頗費口舌，但先生當年那麼簡單生動地幫我們瞭解了什麼是『尺度』，這一課我真是一輩子也忘不了」。

接着，她又講先生講課怎樣深入淺出一聽就懂，而且他不停地在黑板上畫：「一次先生畫了一個小嬰兒和一個成年人，然後又在成年人旁畫了一個和成年人同等大小的嬰兒，問我們這兩個誰是大人誰是小孩，我們回答了，他說這就叫『比例』。建築也和人一樣，各種建築有自己的特點和比例，如果尺度弄不好，讓人看起來像個拔高了的小孩或縮小的大人，會很不舒服。」

我國著名的建築師張鎛先生回憶自己早年在東北大學的學習時說，有一次交作業時，他把插圖的四角加上壓片的三角。梁公看後一方面肯定了他的努力，同時又在三角旁眉批「費而不惠」四個字。張先生說：「這四個字對我一生的發展起了極大的影響。」

他還說：「梁公當時只有 27 歲，卻已經學問淵博。梁公講課的一個大特點是高度的『視覺化』，每講到一個實例都要在黑板上準確地把建築的平、立、斷面畫出來。」梁思成曾對他的助教胡允敬說：「別看我在黑板上畫得這樣熟練，在講課前，不知默畫了多少次呢。」

梁思成講課善於用比喻來幫助學生理解和記憶，記得他講中國建築史時，

常常用阿拉伯少女的面紗來形容我國古建築中迴廊和竹籬的作用，很能喚起學生對祖國建築的美感及設計手法的理解。他還喜歡從中西文化的差異來講建築史。比如他在講西方建築史時，把雅典衛城中伊瑞克先神廟的女神柱廊上的女神雕像和我國古建築中的力士雕像對比。他在講台上像演員一樣，自己做了一個悠閒自若、亭亭玉立的少女姿態和一個騎馬蹲襠式、咬牙切齒舉千鈞的姿態，引得哄堂大笑，給學生印象極深。

關肇鄴教授說：

我正式聽過先生講的課有西洋建築史、建築設計原理和中國繪塑史三門。課時不多，但給我的印象很深刻。常說好的教師若倒給學生一杯水，自己要有一桶水。但我感到對先生來說，至少應說是一大缸。他在講課中時時涉及有關聯的外圍領域有中外歷史、語言、藝術、書法、音樂、佛教哲學、工程技術、城市規劃等。我們學生不多，大家圍坐一桌，先生娓娓而談，如談家常，如數家珍，大家無不被他那極高的文化藝術素養所感染。先生所講到的內容，這些人類創造的文化結晶，大部分不只是來源於書本，而是經過先生的親自觀察、細心揣摩，有的是親手測繪摹寫甚至是他第一個發現論證的，是真正兼有豐富的感性和理性認識的。由於學貫古今，兼通中西，所以他能旁徵博引，一件事物可以和不同時代、不同地域、不同文化背景的相應事物進行比較分析，從而使學生加深理解，印象深刻。

先生有極深厚的功底，這對我們更是最有影響力的樣板。記得在西洋建築史課裡，當先生講到羅馬建築如何發展成為哥特式的，他邊講邊畫，從如何減薄了牆壁，出現了大窗，到如何加強壁柱，出現了扶壁、飛扶壁，如何加上小尖塔、吐水獸以及如何拉長了柱子，調整了比例，出現了筋肋和各種裝飾，短短十多分鐘工夫，把哥特式建築形象的來龍去脈講得一清二楚，同時黑板上也一步步地出現了一個極完整、極準確、極精美的哥特式教堂剖面圖和天花板仰視圖。從大的間架比例到細部裝飾，無不惟妙惟肖。這堂課給我的印象實在太深了，真是終生難忘！

但是使我們得益更多的，還是在課外各種場合的接觸中先生所給予我們的影響。先生對社會主義祖國的熱愛，對民族文化的深厚感情，他嚴謹的學風、嚴格的科學的工作方法，以及對青年學生的愛護培養等，無不給我深刻的感染，時時成為無言的教誨。

建築系六一屆的學生都記得梁思成給他們做有關美學的講座：他先在黑板上畫了一串小人兒，從唐俑中的侍女，到敦煌的飛天，宋明畫中的仕女，清代身着滿服的女子，直到當代穿旗袍高跟鞋的摩登女郎，然後在黑板上寫上「美是有時代感的，它反映時代的精神」，使學生們很容易就領會了這個有關美學的抽象的概念。

又如說到「美的應用」，他舉了一個親身經歷的例子說：一次在一個宴會上，一位貴夫人穿了一件極其講究的緞子繡花旗袍，那緞子的顏色、質地都特別高級，而且旗袍上還繡了一個孔雀開屏的圖案。但是這位夫人把孔雀的頭正好放在她的肚子正中，可以說是肚臍的位置，而把那最美麗的屏放在身後的臀部。這位夫人的身材已略顯肥胖，這麼一件昂貴的繡花旗袍，恰恰把她身材中最不應當強調的部位給強調了，令人看了極不舒服，弄得很慘。於是他總結說，建築也一樣，裝飾不要亂用。要裝飾一個結構的構件，但不要為了裝飾去作假。不同的場合、不同的對象，需要各種不同的裝飾，不要濫用。這個例子很深刻，也很有說服力。同學們常常在處理建築細部時，回憶起先生講的這個故事，於是也就很自然地多了一份思考。

梁思成不僅喜歡用繪畫來表示他的意圖，即使是對孩子，他也常常以漫畫來和他們遊戲。吳荔明（梁思莊之女）現在還記得小時候二舅給她畫的耗子娶親的漫畫：在一條長長的紙上畫着一長串各式各樣的耗子，敲鑼的、打鼓的、吹喇叭的、抬轎子的，還有送親的、迎親的，它們穿着不同的衣服，表情各異，真是滑稽有趣到了頂點。吳荔明至今對那張漫畫還記憶猶新，並極為惋惜地說，那時候太小，不懂得把那張畫保存起來。

他的學生費麟說：

先生講課沒有什麼大道理，深入淺出，以小見大，且極富幽默感，但你仔細
琢磨起來就會感到內容豐富。記得1958年設計國慶工程時，梁思成曾來輔導，
他從不直說誰的方案怎樣怎樣，而是仔細地把每個人的圖都看一遍，然後很
快地總結出設計中的幾種現象。比如我們在設計人民大會堂方案時，先生來
評圖，他看了每個人的圖，然後把大家找到一起說出設計中幾種現象——「中
而新」、「中而古」、「西而新」、「西而古」（中、新、西、古指設計方案中採
用的中國古代建築形式、中國現代建築形式、西方現代建築形式和西方古代建築形式），這
是設計的立意。我聽了覺得很有道理。然後先生又談到某些具體手法，那時
我才注意到建築立面簷口的手法。先生說簷口的處理離不開托枋（這多數是西方
的形式）和插枋（這多數是中國的形式），這種手法的處理上就存在採用傳統形式
或外來形式的問題。後來我自己觀察建築物的柱枋處理果然離不開這兩種手
法。在國慶工程時先生只這麼一席話，自己就開竅了，搞建築首先要有立意，
然後還要有設計手法。那一次先生還專門和我們談了彩畫，他很忙，沒有準
備，但隨手拿起彩色筆來告訴我們說，顏色不能隨便亂用。他很簡潔地勾出
幾個中國樑枋的彩畫圖案，邊畫邊告訴我們怎樣用紅、怎樣用綠，暗的地方
反而要用點紅的，只幾筆幾句話，就把中國彩畫的精華說得很清楚。這一次
的評圖輔導給我的印象極深刻，突出地感到先生學問的淵博。

要擴大知識面

梁思成很注意指導學生的學習方法，鼓勵學生注意課外閱讀，並多接觸社
會，他鼓勵學生參加各種社團活動，做社會調查。他常常說作為一個建築
師要廣而博，眼光要寬一點，知識面要寬一點，建築師的用戶是世界上各
行各業、各地方來的人，有時甚至不知道自己的服務對象是誰。一個音樂
家和一個礦工對住房的要求是很不相同的，所以要有一個非常廣的知識面，

應當什麼都知道，不能想像一個不會跳舞的人能設計出一個好舞廳，或一個體育不及格的人能設計出一個好體育場。

李道增回憶說：

1956 年，搞十二年科學規劃期間，梁先生是土建組副組長，我是小組秘書之一，同住在西郊賓館。晚上有空，常去他房間聊天，有一次，他跟我說：「不要輕視聊天，古人說：與君一夕談，勝讀十年書。從聊天中可學到許多東西。過去金岳霖等人是我家的座上客。茶餘飯後，他、林徽因和我三人常常海闊天空地神聊。我從他那裡學到不少思想，是平時不經意的。學術上的聊天可以擴大你的知識視野，養成一種較全面的文化氣質，啟發你學識上的思路。聊天與聽課或聽學術報告不同，常常是沒有正式發表的思想精華在進行交流，三言兩語，直接表達了十幾年的真實體會。許多科學上的新發現，最初的思想淵源都是先從聊天中得到的啟示，以後才逐漸醞釀出來的。英國劍橋七百年歷史出了那麼多大科學家，可能與他們保持非正規的聊天傳統有一定聯繫，不同學科的人常在一起喝酒、喝咖啡，自由地交換看法、想法。聊天之意不在求專精，而在求旁通。」聽了這席話，我有茅塞頓開勝讀十年書之感。

無論在什麼場合，只要梁思成一說話，大家都自然屏息靜聽，他的即興講話，從來都十分生動、風趣，從不乾巴巴。他旁徵博引，妙趣橫生，譬喻典故還來得多，間而引得哄堂大笑，笑過之後，發人深省。他的確是位藝術家，講話的「形象感」特強，情理交融，能以情感人，以理服人。他的「理」，閃耀着知識與智慧的光輝，他的「情」又像一團火一般的「熱」。

梁友松是梁思成的第一個研究生，他說：

從先生那裡與其說是學到很多具體的知識，還不如說是學習到了他的治學態度和方法。這在我一生的工作和學習中受用不盡。我作為他的研究生第一次去拜訪他時，他對我說：「你們現在有如小鳥，過去是老鳥到外邊捉了蟲來

餵你們，現在不能這樣了，現在該教你們學會捉蟲子的本事，你們的羽毛已經豐滿，不能老等着吃現成的。」這個比喻很生動，其實大學裡已經開始了這個「學捉蟲子」的過程，不過沒那麼自覺罷了。從此，我看書時不那麼囫圇吞棗了，開始注意序言、章節的安排，書後的參考書目，從這裡出發可以擴大知識來源。我有時看書是什麼都看，興趣也很廣泛，想學提琴，上音樂室聽樂理課，看小說，看美術史，沉湎在系裡舉辦的常書鴻敦煌壁畫展，看FORUM雜誌，看畢加索和達利的畫冊，常被同學們取笑為走火入魔的雜學家。我現在不後悔，仍覺得這些時間花得不冤，這些興趣和愛好能使自己站在與作者同樣的起點上，同時也改變了我對鉛印字的敬畏之感，知道印成書的未必都是真理，我也學會了從聖賢學者和智者的著作中認識他們，接受他們的智慧光照，從而看到自己的貧乏和無知。

怎樣去獲取知識

　梁思成常常在課外和學生交談。有一次，他把一些唐朝佛像的繪畫展開，又展開了幾張魏碑的拓片對學生說：「今天我不給你們講，請你們用眼睛看，看看唐朝的佛像和魏碑字的味道有什麼不一樣，你們不用說，因為這個感覺是說不出來的。但是你們要仔細看，來回來去地看。以後我再給你們看其他的作品，讓你們來鑒別，你們就能看出來其中的不同。這沒有公式可求，只有一種感覺。」

過幾天他果真又拿出幾張佛像來讓學生鑒別。有同學說感到很像魏碑的味道。他笑了，說：「對了，你有感覺，你將來去看建築的時候，就能有時代感，看出它是否是早期的建築。建築是文化的記錄，是歷史，它反映時代的步伐。有些同學對建築歷史缺乏正確的認識，以為搞建築史的都是些老頭。這是不對的，搞建築史的人絕不能是那些老學究。就像中醫大夫一樣，人們往往以為中醫都是長着長鬍子的老頭，卻不知道相當多的中醫大夫要會

左起：李道增、梁思成、林志群

梁思成在輔導研究生（右起：劉先覺、沈玉芝、梁思成）

武術、推拿，範疇很寬的。建築史今天真正需要的人才，是要很活躍的、有充沛的體力、會動腦子、有研究才能、能把問題搞清楚的人。絕不是別人把一件古董擺在你面前，讓你坐在那兒，慢慢地去品味它。不是這樣的，研究建築史的人，要能敏銳地區別時代的藝術特點，能感到歷史的步伐。」

1961年正是我國農業上的三年困難時期，梁思成常常在晚上去給學生作學術報告，有一次他講《魏晉南北朝的佛像雕塑》。那天他帶了幾件雕像去。他講完以後又讓學生們傳閱，他說你們只看不行，還要去摸一摸，體會一下它那線條的流暢迴轉與變化。費麟回憶說：「這次講座使我深切地體會到先生在雕塑方面的造詣很深很深。有些事是無法言傳的，而是要學生自己去體會、去琢磨，這對一個教師來說很重要。教師不僅是教你知識，而且是教你怎樣去獲取知識，梁先生更是能夠啟發學生進行深一層思考與探索。他教書教人，他給我們的啟發，使我們終生受用不盡。」

罐子的哲學

一次，二年級的學生正在上水彩課，梁思成正好經過美術教室，他順便進去看了看學生的水彩，和學生談完了色彩的運用後，他看到學生寫生的教具是一個陶罐和一個瓷盤子，話題一轉，指着罐子和盤子對學生說：

今天老師給你們挑了兩個很好的教具，罐子和盤子它們放在一起，這裡面就有很深的哲理。一個盤子，你滴上幾滴水就看見一個很大的水面，你可以一眼就看見它有多少水。但是一個小口的罐子，你卻看不見它有多少水，即使裝滿了，你看見的水面也只是一點點，你把它碰翻了，它灑出來的水也只是一部分，還有很多留在裡面。所以要知道盤子裡的水絕對不如罐子裡的水多，你要想喝到這些水並不容易。你們考上了清華大學，自己覺得很了不起，但那只是一個盤子，是你自己看得最清楚的，一點一滴你都看

見了。但是你們的老師則是一個罐，首先你要認識到他們的容量是很大的，要知道他們的學問都裝在肚子裡，你是看不見的。老師所具有的本事和美好的東西不是你在課堂上就能看到的。不要只重視名人專家，要學會尊重你周圍的人，而且要看到你周圍人的本事，不要把自己的份量看得太重了。現在大家都很重視文憑，但是莫宗江先生沒有那張可愛的文憑。他有時說說俏皮話，但從不宣講什麼，可是莫先生肚子裡裝着的幾乎是僅只他才有的本事。《營造法式》一書彩畫的顏色是錯誤的，誰又知道對的是什麼樣，但是莫先生知道。這些在他那小口的罐子外是看不見的，所以你們應當尊重周圍的人和你們的老師。不要很淺薄，看不到這一點就很淺薄，這事很重要，尊重你周圍的人、尊重一下你的老師。

梁思成本人也就是這樣去做的，儘管莫宗江初到學社時只是個初中生，正是梁思成手把手地一點一點把他教會，但是莫宗江的勤奮使他自己很快成長起來，在他擔任梁思成的助手時，梁思成從來都沒有對他發號施令，總是和他一起切磋討論。1962 年，為了發揮老一輩科學家的作用，清華成立了《營造法式》課題研究小組，並派了三個年輕人來擔任他的助手，梁思成每次和助手討論問題都把莫宗江請來參加。雖然陳明達、劉致平、羅哲文都是他的學生，我卻常常聽到他對他的助手說：陳明達有奇才，常有些獨到的見解；劉致平學問淵博；羅哲文 1949 年後搞了很多古建維修，有豐富的經驗。於是他要求助手們帶着問題去向這些專家請教。

要說真話，要有自己的觀點

梁思成總是諄諄教導他的學生要說實話：「說真話，要學會表達自己的意見，說得別人能聽得進去，這就不容易，所以不僅是要說實話，還要學會表達能力。給領導、給上級、給業主介紹你的方案，你想得很美沒有用，你得能說出來，說得很簡短很清楚，說得別人能接受，這是很不容易的。」

梁思成在輔導青年教師

梁思成在輔導越南留學生

梁思成在給學生講罐子的哲學

費麟說：

梁先生作為一位建築師，從不隱瞞自己的觀點，堅持自己正確的，改正自己錯誤的，這是給我印象最深刻的。我在學校時讀了維特路威的《建築十書》，但在學生時期對《建築十書》理解得不深。隨着年齡經歷的增長，我越來越覺得當一個建築師很不容易。正如《建築十書》中說的，古往今來，最富的人不會是建築師，他的名譽地位也不會像音樂家、畫家那樣高，那樣得到皇帝的賞識。不能為了個人名利去當建築師，拋開個人名利或者能有所成就。建築師要有事業感，建築師的事業也往往是不順利的。建築師的知識要廣，上至天文，下至地理，從宏觀到微觀都要知道。還有一點最重要的，就是做人的品格，應當敢於發表自己的意見，不管上級採納與否，都應當發表自己的意見。這些年來我越來越體會到《建築十書》中的這些道理。梁先生不僅學問淵博，更可貴的是做人的品格，從梁先生發表的文章中，我們可以清楚地看到，儘管他受到批判，但有些觀點他仍然堅持。在我個人學習建築和成長的道路上，先生的這種品德，對我的教導和啟發猶深。

梁友松回憶說：

我認為，梁先生對我的教誨中最使我受益的乃是要有自己的觀點。在同樣的原始基礎材料上，不同的人有不同的見解，所謂見仁見智之不一，但最不可取的乃是羅列獺祭、鸚鵡學舌、拾人唾餘的做法。但要按先生的要求做到這點，卻也頗招物議，幾十年的大動盪中，先生更是一隻出頭鳥，累遭槍打。我於今已是花甲開外了，才稍加收斂。我覺得還是上算的，因為我還一直保有追求真理和良知的執著，在縲絏中也未消沉過。如果這也算是清華的學風，那就讓它留着吧！

聰明的人只是不再重犯自己的錯誤

梁思成常常對學生說：「世界上絕對聰明的人是沒有的，絕對正確的人也

是沒有的，重要的是你能夠不再犯同樣的錯誤，並善於改正自己的錯誤。可能別人看你有錯誤，覺得你不怎麼樣，但對你來說，你扔掉了錯誤，你就前進了一步。所以要經常尋找自己的不足，尋找自己的錯誤。你們很容易只看到別人的錯誤，只看到自己的辛苦和努力。這是不對的，你自得其樂自以為是，其結果就永遠看不見、拋不掉自己的錯誤，永遠不能進步。」

黃匯曾提起，通過自己三十多年來的設計工作，深深體會到先生的教導是真理。她說：

一個人天生會犯錯誤，或者在你探討新事物時，也不可能一下就成熟，需要不斷地去克服錯誤，只有這樣才能進步。每當一個工程來了，在開工以前我可以說出自己方案的許多優點，一旦建成了，我就要去尋找設計的不足。比如北京四中的設計，介紹方案時我顯得勁頭十足。等建完了後，我去做了另一件事，就是去尋找設計的失誤，結果我發現了三十多處，這使得我再也不願去介紹四中的經驗了。我認為這很重要，正如梁先生說的那句格言「最聰明的人只是不再重複自己犯過的錯誤」。有時我去回訪，真有人當面毫不客氣地批評我，讓別人當面罵你的確很不舒服，但是建築師除了尋找一些想法，還要找罵。這是你進步的一個立足點，如果你害怕知道自己做錯了，你就很難進步，因為有的錯是自己發現不了的。」

正是因為黃匯能不斷地總結自己的錯誤，所以她才能成為一位優秀的建築師。

梁思成和學生的故事太多了，每一個和他接觸過的學生都能談個沒完，但是我終究要結束這個章節了，梁思成當年那些調皮可愛的學生們，他們成群結隊地在我眼前跳動着歡笑着，但時過境遷，儘管我的心情是這樣惆悵，我仍不能不離開他們。有人問梁思成到底給了學生什麼？請允許我用梁友松的一句話來回答：「梁先生給我的教導，最主要的還不只是在業務上，而是對知識孜孜不倦的追求，對祖國和黨的熱愛與信賴，以及在逆境中，帶點幽默感的泰然自若。」

新中國誕生

清華園解放了，但北平尚在國民黨軍隊的控制下，梁思成和林徽因幾乎日夜難寐，他們為這個世界聞名的偉大古都的命運擔憂。

一天晚上，張奚若帶着兩個解放軍代表來到梁家。他們說明來意，是為攻佔北平城做準備，萬一與傅作義將軍和平談判失敗，被迫攻城時，他們想盡可能地保護古建築。他們攤開一張軍用地圖，請梁思成在地圖上標出重要的古建築，並畫出禁止炮擊的地區。這使梁思成夫婦驚詫得幾乎跳了起來，簡直感覺是喜從天降。試想，他們的前半生就是為了保護這些古建築而奔走、測繪和研究。過去，他們每發現一座有價值的古建築，必向當地政府書面報告它的價值，提出保護的措施，但是這些報告全都石沉大海。今天共產黨的軍隊居然自己找上門來，請教如何保護北平的古建築，這使他們在感情上一下子就和共產黨接近了。當時攻城尚屬軍事機密，梁思成不能將此事告訴我們，等到北平一解放，他就再也憋不住了，他人前人後地談這件事，並由此認為共產黨是個了不起的政黨。

北平終於和平解放了，新中國誕生了！多少驚心動魄、天翻地覆的變化，使一切善良的人們以為可以在一夜之間就「換了人間」。彷彿舊中國的一切污泥濁水——腐化墮落、貪污浪費、官僚主義、專制獨裁，一切一切都隨着國民黨一起被趕走了。那時候人們對這場「社會主義改造」還絲毫沒有認識，更沒有想到，在和平建設中人們付出的犧牲與代價並不亞於戰爭年代。

當時，中央領導人常常就建築方面的問題找梁思成諮詢，梁思成常常積極地獻計獻策。如對懷仁堂的改建設計就是梁思成領導清華營建系的教師完成的。在基建方面，除了要求控制經費外，還要求控制水泥鋼筋等建材指標，這個重要措施也是他直接向周總理建議的。梁思成還擔任了中央直屬修建處（中央直屬修建處，是 1949 年後第一個負責管理建築工程方面的機構，即 1952 年

成立的建築工程部的前身，中直的設計部門即後來建工部直屬的建築設計院）的顧問，並為它的設計部門請到了戴念慈、嚴星華等優秀設計人才。不久，他又主持了人民英雄紀念碑的設計任務。

後來，梁思成被聘為全國政協特邀代表，參加了政協「國旗、國歌和國徽小組」的討論，在討論中，熱烈爭論的民主氣氛使他感動。他是積極主張把《義勇軍進行曲》定為國歌的人之一，這一意見被採納後，他感到極為高興。

在 1949 年國慶前夕政協的宴會上，他和周總理坐在一桌，席間毛主席曾到他們桌上來鼓勵大家吃辣椒，毛主席笑着說：「這個菜是革命菜，革命的人都喜歡吃。」主席還指着周總理說：「他就不吃。」大家都哈哈大笑。梁思成每次開會回來，不管多晚多累必會到系裡來看看同學們，並向大家介紹全國政協第一次會議的團結、民主的氣氛，共產黨領導人謙虛、民主與親切的作風。那時，他的心完全向共產黨敞開了。

梁思成懷着激動的心情，關注着人民政府為維持社會治安、恢復生產、安置失業貧民做的一系列工作。他以城市規劃學者所特有的敏感，注視着北京市的市政建設。他首先注意到民生問題最根本的衛生工程方面。舊政府留下的北平城到處是垃圾堆、污水塘和糞坑。在 1949 年後的一年內，人民政府就清除了 33 萬餘噸包括從明代就積存下來的垃圾；取消了市內的糞坑、糞箱、糞廠 809 個，清除了 61 萬噸城內積存的大糞；修復疏通下水道約 16 萬立方米；修築平整大小街道、胡同路面 252 萬平方米。正如列寧所說：「工程師⋯⋯將通過自己那門科學所達到的成果來承認共產主義。」梁思成也是通過這一切，開始承認共產黨是偉大的，是為中國千千萬萬勞苦大眾服務的。

設計國徽

全國政協成立後，立即公開向全國及海外僑胞徵求新中國國旗、國徽的圖
案及國歌詞譜。梁思成被聘為政協的國旗、國徽評選委員會顧問，他幾乎
每天都要進城工作。當時清華和城裡交通很不方便，幸虧梁思成自己有一
輛微型小轎車，而且他自己會開車。

清華營建系也在梁思成、林徽因二人的領導下成立了國旗、國徽設計小組
參加競賽。我記得主要人員有莫宗江、汪國瑜、朱暢中、胡允敬、張昌齡、
李宗津等。

一天，梁思成從城裡回來告訴朱暢中他們說：「國旗、國歌已經定下來了，
國徽圖案決定邀請專家另行設計。」後來全國政協邀請中央美術學院和清
華大學營建系分別組織人力重新設計。梁思成還帶回來一本《國徽圖案參
考資料》，那是評委們從應徵的圖案中選出來的。我們都圍攏去看那本國
徽圖案。我站在林徽因後面俯視着，我沒有看到很突出的圖案，有一部分
圖案明顯是模仿外國，特別是社會主義國家的國徽，更有一些畫得花花綠
綠很不莊嚴。林徽因一面翻閱着一面和大家評論着。忽然一張色彩奪目的
圖案吸引了大家的注意，它的右上角畫了一個光芒四射的紅太陽，下面是
藍色的海洋，兩隻海鷗在飛翔。海水是碧藍的顏色，和鮮紅的太陽對比非
常刺眼。林徽因一看就說：「天哪！這簡直就是陰丹士林布（1949 年前流行
的一種平紋布）的商標。」不知誰說了一聲「七折大拍賣！」大家都笑了。真
的，林徽因的批評太貼切了，那海水的藍色和當時流行的陰丹士林布一模
一樣，整個圖案充滿商品味兒。

接着林徽因又和大家談論商標和國徽的區別，她發表了很多精闢的見解。
梁思成講到，我國的國徽應具有中國的民族特色，並能表現中國人民的自
豪感，後來林徽因又專門就這個問題和國徽設計小組的同志們開過討論會。

在討論時梁思成發表了這樣的意見：

（1） 國徽不是一張圖畫，更不能像風景畫。長城也好，天安門也好，中國人能畫，外國人也能畫。國徽主要是表示民族的傳統精神，所以我們的任務是要以國旗為主體，國旗下方有天安門但不要成為天安門的風景畫，若如此則失去了國徽的意義。用天安門圖案必須把它程式化，而絕不是風景畫。

（2） 國徽不能像商標，國徽與國旗不同，國旗是什麼地方都可以掛的，但國徽主要是駐國外的大使館懸掛，絕不能讓它成為商標，有輕率之感。

（3） 歐洲十七八世紀的畫家開始用花花帶子，有飄飄然之感，但國徽必須是莊嚴的，最好避免用飄帶，顏色也不宜太熱鬧庸俗，否則沒有莊嚴感。

（4） 要考慮到製作，太複雜的圖案在雕塑上不容易處理，過多的顏色在大量製作時技術上也存在困難，十幾種乃至幾十種顏色無法保證它製作時每次都絕對的相同。

經過討論他們決定放棄用多種色彩繪製圖案，轉而採用我國人民千百年來傳統喜愛的金、紅兩色。這是我國自古以來象徵吉祥喜慶的顏色，用於國徽，不僅富麗堂皇，莊嚴美麗，而且醒目大方，具有鮮明的民族特色。

那一年梁思成、林徽因兩人的身體都不好，幾乎輪流生病。儘管如此，他們還是和大家一起出方案、畫圖，通宵達旦地工作。我每次去梁家都看到屋子裡鋪天蓋地的擺滿圖紙。林徽因半臥在床上，伏在一個特製的能在床上用的小桌上畫圖，累了就往後一躺。她見到我，總是對自己的狼狽狀態說幾句自嘲的笑話。這種情景我見到過三次，這是第一次，第二次她是為景泰藍的存亡而奮鬥，第三次也是她最後的一次拚搏，是為設計人民英雄紀念碑浮雕的花紋。

梁思成在病中和林徽因討論國徽圖案

清華大學營建系國徽設計小組部分成員（前排左起：羅哲文、朱暢中、張昌齡、
胡允敬、李宗津，後排左起：汪國瑜、莫宗江、高莊）

國徽設計圖

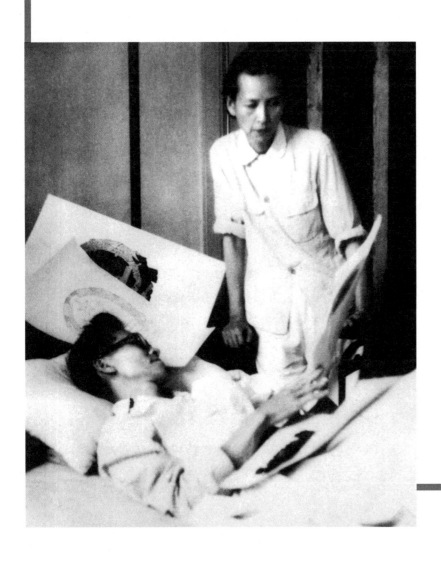

· 第一號 ·

國徽小組通過之件

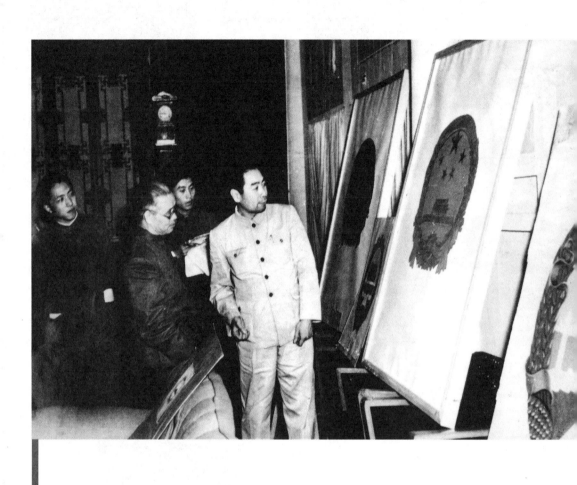

周恩來總理和全國政協國徽組正在討論清華大學國徽設計小組設計的圖案（左起：朱暢中、張奚若、周恩來總理）

全國政協會上，毛主席舉起清華大學國徽設計小組設計的國徽方案以示通過

不知經過多少個日日夜夜的思考、試做、討論，最後全組確定了國徽圖案。圖案的下方是金色浮雕天安門立面圖，象徵「五四」運動發源地和宣告新中國誕生之地。天安門上方是金色五星表示國旗和工人階級領導的政權，圖案外圈環以稻穗、麥穗，下端用綬帶縮結在齒輪上，象徵工農聯盟。

1950 年 6 月 23 日，召開全國政協一屆二次大會。在毛主席提議下，全體代表以起立方式一致通過了梁思成所領導的、林徽因參加的小組設計的國徽圖案。林徽因被特邀列席參加這次大會，當代表們全體起立時，她禁不住激動得熱淚盈眶，那時她已經病弱到幾乎不能從座椅上站起來了。這一對夫婦在國徽的設計中，傾注了他們的全部心血，表現了他們對祖國的摯愛之情。

現在當人們看到金、紅兩色嵌有國旗及天安門圖案的國徽時，人們很難想像當年梁思成、林徽因及清華大學國徽設計小組的莫宗江、朱暢中、汪國瑜、高莊等同志們為此付出了多少的心血與智慧。

過去我僅把「愛國主義」局限在對敵鬥爭的戰場上，在維護國家主權、民族利益的政權問題上，而現在我清晰地看到，藝術家們怎樣通過對國徽設計的藝術處理，來表現我國偉大的民族精神，來表現愛國主義思想。

今天看著國徽，我想人們也許不會同意給林徽因冠上「民族英雄」的稱號，但是我的頭腦中不斷地閃現出這個詞彙。雖然她不是「颯爽英姿」的戰士，但卻同樣以生命為代價，喚起人們對自己民族的自豪感。

設計人民英雄紀念碑

1949 年 9 月 30 日下午，中國人民政治協商會議結束。會議一致通過了建造

人民英雄紀念碑的提案，並通過了紀念碑的碑文。傍晚時分，毛主席和全體代表來到天安門廣場，舉行了紀念碑破土奠基典禮。

接着北京市都市計劃委員會，開始向全國徵求紀念碑設計方案。不久，收到方案約一百八十份，大致可分為幾個主要類型：

（1）認為人民英雄來自廣大工農群眾，碑應有親切感，方案採用平鋪在地面的方式。

（2）以巨型雕像體現英雄形象。

（3）用高聳矗立的碑形塔形，體現革命先烈高聳雲霄的英雄氣概和崇高品質。至於藝術形式，有用中國傳統形式的，有用歐洲古典形式的，也有「現代」式的。

都委會邀請各方面單位、團體的代表以及在京的一些建築師、藝術家會同評選。平鋪地面的方案很快就被否定了，於是用雕像形式或用碑的形式就成為爭論的中心問題。在爭論過程中，大多數意見同意以下幾個根本觀點：

（1）政協會議同意建碑，通過了碑文。碑的設計應以碑文為中心主題，碑文中所述三個大階段的英雄史跡，可用浮雕表達。

（2）考慮到古今中外都有「碑」，有些方案採用埃及「方尖碑」或「紀念柱」的形式，但這些形式都難以突出作為主題的碑文。以鐫刻文字為主題的碑，在我國有悠久傳統，所以採用我國傳統的碑的形式較為恰當。

（3）中國古碑都矮小鬱沉，缺乏英雄氣概，必須予以革新。

（4）考慮到碑文只刻在碑的一面，另一面擬請毛主席題「人民英雄永垂不

朽」八個大字。後來彭真市長又說周總理寫得極好的顏體，建議碑文請總理手書。

此後，即由都委會參照已經收到的各種方案擬「碑型」的設計方案，但雕刻家仍保留意見，認為還是應該以雕像為主題。

梁思成雖然主張採用碑的形式，但考慮到雕刻家的意見，所以他又請清華的青年教師收集了很多歐美、蘇聯諸國的雕像以供參考。

梁思成在1951年8月致彭真市長關於人民英雄紀念碑設計問題的信中，詳細闡述了他對碑的設計意見，這封信是一篇極精湛的設計理論短文，現抄錄於下：

彭市長：

都市計劃委員會設計組最近所繪人民英雄紀念碑草圖三種，因我在病中，未能先作慎重討論，就已匆匆送呈，至以為歉。現在發現那幾份圖缺點甚多，謹將管見補陳。

以我對於建築工程和美學的一點認識，將它分析如下。

這次三份圖樣，除用幾種不同的方法處理碑的上端外，最顯著的部分就是將大平台加高，下面開三個門洞（圖一）。如此高大矗立的、石造的、有極大重量的大碑，底下不是腳踏實地的基座，而是空虛的三個大洞，大大違反了結構常理。雖然在技術上並不是不能做，但在視覺上太缺乏安定感，缺乏「永垂不朽」的品質，太不妥當了。我認為這是萬萬做不得的。這是這份圖樣最嚴重、最基本的缺點。

在這種問題上，我們古代的匠師是考慮得無微不至的。北京的鼓樓和鐘樓就

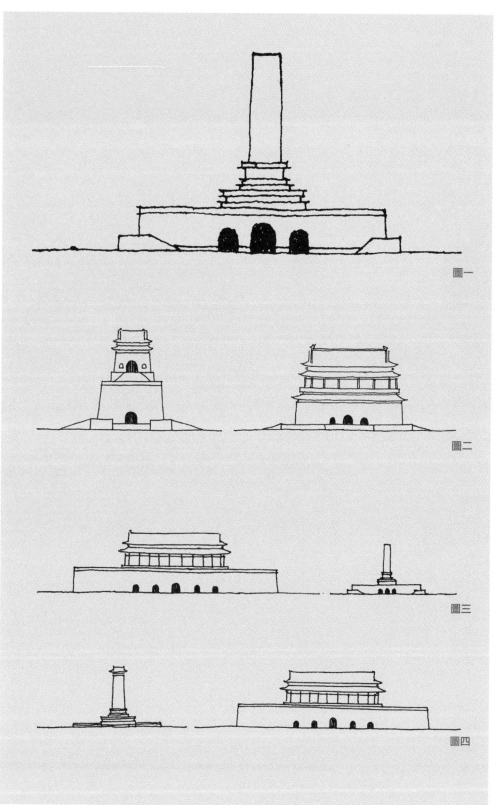

圖一

圖二

圖三

圖四

北京鐘樓與鼓樓的關係

是兩個卓越的例子。它們兩個相距不遠，在南北中軸線上一前一後魚貫排列著。鼓樓是一個橫放的形體，上部是木構樓屋，下部是雄厚的磚築。因為上部呈現輕巧，所以下面開圓券門洞。但在券洞之上，卻有足夠的高度的「額頭」壓住，以保持安定感。鐘樓的上部是發券磚築，比較呈現沉重，所以下面用更高厚的台，高高聳起，下面只開一個比例上更小的券洞。它們一橫一直，互相襯托出對方的優點，配合得恰到好處（圖二）。但是我們最近送上的圖樣，無論在整個形體上、台的高度和開洞的做法上、與天安門及中華門的配合上，都有許多缺點。

（1）天安門是廣場上最主要的建築物，但是人民英雄紀念碑卻是一座新的、同等重要的建築：它們兩個都是中華人民共和國第一重要的象徵性建築物。因此，兩者絕不宜用任何類似的形體，又像是重複，而又沒有相互襯托的作用（圖三）。現在的碑台像是天安門的小模型，天安門是在雄厚的橫互的台上橫列著的，本身是玲瓏的木構殿樓。所以英雄碑是石造的就必須用另一種完全不同的形體：矗立峭峙、雄樸堅實、根基穩固地立在地上（圖四）。

若把它浮放在有門洞的基台上，實在顯得不穩定、不自然。也可說是很古怪的築法。

由上面兩圖中可以看出，與天安門對比之下，上圖的英雄碑顯得十分渺小、纖弱，它的高台僅是天安門台座的具體而微，很不莊嚴。同時兩個相似的高台，相對地削減了天安門台座的莊嚴印象。而下圖（圖四）的英雄碑，碑座高而不太大，碑身平地突出，挺拔而不纖弱，可以更好地與龐大、龍盤虎踞、橫列着的天安門互相輝映，襯托出對方和自身的偉大。

（2）天安門廣場現在僅寬一百米，即使將來東西牆拆除，馬路加寬，在馬路以外建造樓房，其間寬度至多亦難超過一百五六十米左右。在這寬度之中，塞入長寬約四十餘米，高約六七米的大台子，就等於塞入了一座約略可容一千人的禮堂的體積，將使廣場窒息，使人覺得這大台子是被硬塞進這個空

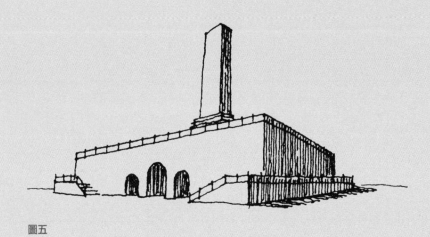

圖五

圖六

圖七　　　　圖八

人民英雄紀念碑

間的，有更使廣場透不出氣的感覺。由天安門向南看去或由前門向北望來都會失掉現在遼闊雄宏之感。

（3）這個台的高度和體積使碑顯得瘦小了。碑是主題，台是襯托，襯托部分過大，主題就吃虧了。而且因透視的關係，在離台二三十米以內，只見大台上突出一個纖瘦的碑的上半段（圖五）。所以在比例上，碑身之下，直接承托碑身的部分只能用一個高而不大的碑座，外圍再加一個近於扁平的台子（為瞻仰敬禮而來的人們而設置的部分），使碑基向四周舒展出去，同廣場上的石路面相銜接（圖六）。

（4）天安門台座下面開的門洞與一個普通的城門洞相似，是必要的交通孔道。比例上台大洞小，十分穩定。碑台四面空無阻礙，不唯可以繞行，而且我們所要的是人民大眾在四周瞻仰。無端端開三個洞窟，在實用上既無必需，在結構上又不合理；比例上台小洞大，「額頭」極單薄，在視覺上使碑身漂浮不穩定，實在沒有存在的理由。

總之：人民英雄紀念碑是不宜放在高台上的，而高台之下尤不宜開洞。

至於碑身，改為一個沒有頂的碑形，也有許多應考慮之點。傳統的習慣，碑身總是一塊整石（圖七）。這個英雄碑因碑身之高大，必須用幾百塊石頭砌成。它是一種類似塔形的紀念性建築物，若做成碑形，它將成為一塊拼湊而成的「百衲碑」（圖八），很不莊嚴，給人的印象很不舒服。關於此點，在一次討論會中我曾申述過，張奚若、老舍、鍾靈以及若干位先生，都表示贊同。所以我認為做成碑形不合適，而應該老老實實的多塊砌成的一種紀念性建築物的形體。因此，頂部很重要。我很贊成注意頂部的交代。可惜這三份草圖的上部樣式都不能令人滿意。我願在這上面努力一次，再草擬幾種圖樣奉呈。薛子正秘書長曾談到碑的四面各用一塊整石，四塊合成，這固然不是絕對辦不到，但我們不妨先打一個算盤。前後兩塊，以長十八米，寬六米，厚一米計算，每塊重約二百一十五噸；兩側的兩塊，寬四米，各重約

一百三十七噸。我們沒有適當的運輸工具，就是鐵路車皮也僅載重五十噸。到了城區，四塊石頭要用上萬的人力獸力，每日移動數十米，將長時間堵塞交通，經過的地方，路面全部損壞。無論如何，這次圖樣實太欠成熟，缺點太多，必須多予考慮。英雄碑本身之重要和它所佔地點之重要都非同小可。我以對國家和人民無限的忠心，對英雄們無限的崇敬，不能不汗流浹背、戰戰兢兢地要它千妥萬帖才敢喘氣放膽做去。

此致

敬禮！

梁思成

1951 年 8 月 29 日

1952 年 5 月，人民英雄紀念碑興建委員會組成，其主要成員如下：

主任彭真，副主任鄭振鐸、梁思成；
秘書長薛子正；
工程事務處處長王明之，副處長吳華慶；
建築設計組組長梁思成，副組長莫宗江；
美術工作組於 6 月 19 日成立，組長劉開渠，副組長滑田友、張松鶴；
土木施工組組長王明之；
當時還有設備組、採石組、財務組、記錄組（當時組長均未定）。
此外還設有：
史料專門委員會，召集人范文瀾；
建築設計專門委員會，召集人梁思成。

7 月中旬，史料委員會初步提出浮雕主題方案共九幅。1953 年 1 月 19 日薛子正傳達毛主席關於浮雕主題的指示：「井岡山」改為「八一」；「義和團」

改為「甲午」;「平型關」改為「延安出擊」;「三元里」是否找一個更好的畫面?「游擊戰」太抽象,「長征」哪一個場面可以代表?

史料委員會又經過多次討論,原先提出的浮雕主題又經過多次改變,才決定用現在雕成的八幅。

大約於 1952 年夏,由鄭振鐸主持召開會議,最後決定採用梁思成建議的這一設計方案(即現在已建成的方案),但對碑頂暫作保留,碑身以下全部定下來,並立即開始基礎設計並施工。這個方案碑高約 40.5 米,是按廣場擴建為寬 200 米至 250 米,由北面任何一點望過去,在透視上碑都比正陽門城樓高的考慮設計的。結構方面考慮到土壤荷載力和地震等問題。

1954 年 11 月 6 日北京市人民政府委員會開會,彭真市長指示碑頂採用現在的「建築頂」,即梁思成最初的建議。原因是碑 40 米高,上面再放上群像,不管遠近都看不清楚,而且主題混淆,不相配合。同時也把浮雕的主題定為「虎門銷煙」、「金田起義」、「武昌起義」、「五四運動」、「五卅運動」、「南昌起義」、「抗日游擊戰爭」、「勝利渡長江」八幅。1956年人民英雄紀念碑勝利完工。

搶救景泰藍

在我的書桌上放着兩個精美的景泰藍小罐,它們的造型有點像出土的殷商彩陶罐。這兩個小罐的下半部是素淨的淺駝色,上半部是黑底嵌有銅絲及赭色圖案的花紋。它們造型優美,圖案簡潔典雅,帶着濃厚的民族風格,這是林徽因親自設計的產品。有一段時間我把它視為紀念林徽因的珍貴物品,包好收藏起來。不想「文革」中被紅衛兵抄出來,要作為文物沒收,我再三解釋說這是 1949 年後的新工藝品,才被扔了回來。

我久久地凝視着它，眼前呈現出林徽因為恢復瀕於停產的景泰藍手工藝嘔心瀝血的日日夜夜。如果編寫《中外歷史之謎》的作者知道林徽因晚年的健康情況，一定會寫一條「林徽因健康之謎」編入書中。醫生們一次又一次地對她發出病危的「黃牌」警告，她都闖了過來。她不但活了下來，而且是怎樣的活啊！她的肺已佈滿了空洞，腎已切除了一側，結核菌已從肺轉移到腎、腸。她一天吃不了二兩飯，睡眠不到四五個小時，但卻在梁思成陪同下，帶着她的助手莫宗江、常莎娜等人，多次跑到景泰藍工廠去調查，瞭解它的工藝程序及材料特點。她很快就得出結論：工人師傅的手藝是高超的，但是由於傳統產品的造型庸俗、色彩單一、圖案繁瑣，致使這一具有民族特色的手工藝品瀕於停業。於是她以驚人的毅力和她的助手們一起研究設計出適合景泰藍生產工藝的造型、圖案及配色。為了探索和發展民族傳統的優良圖案，她對我國歷代圖案進行了研究。她已不能像設計國徽時那樣親自畫圖了，她的意圖常常是由她最親密的助手莫宗江來完成。我不止一次在林徽因處看到莫宗江畫的工筆圖案，那真是一張張極美的藝術品。

她如願以償了。當蘇聯著名芭蕾舞演員烏蘭諾娃接過林徽因設計的景泰藍禮品時，高興地說：「這是代表新中國的新禮品，真是美極了！」

景泰藍現在已被認為是具有中國民族特色的手工藝品，立於世界手工藝品之林。有朝一日人們也許會專為北京景泰藍寫一本書，但是人們會不會記得有一位被結核病苦苦折磨的弱女子，為它獻出了自己最後的心血。

我這樣寫，請不要以為林徽因是個整天痛苦地哼哼唧唧、緊鎖眉頭工作的人。啊，不！她永遠快樂，任何美的東西都能使她興奮和愉快。為了景泰藍，她常跑到最基層的作坊去，並以此為樂。

有一次她與我們談陶瓷器皿的造型，談起在昆明時她曾為了想要一個好看的陶罐，親自跑到郊外一個陶罐作坊去。

林徽因設計的景泰藍小罐

「你們知道嗎？燒窯和製坯過去是傳男不傳女的，而且婦女是不許進作坊的。」她說，「我好不容易花了大價錢才買通這一關，進作坊以前還要對祖師牌位磕頭。製坯師傅的那一雙手呀！真了不起！他把坯泥放在一個轉盤上，用腳踩來控制轉動，兩手不停地上下捋着塑形。」

她越說越興奮，雙手學着師傅的動作，往下說：「多少次出現了優美的造型，我在一旁求師傅『停下來，停下來，就要這個』。但是那師傅半閉着眼，臉上毫無表情，根本不理睬我。他的手仍在不停地動作。」她像演員一般模仿着師傅的表情和動作。

「我不知道他要做什麼。那些優美的造型一次又一次地出現，一次又一次地消失，我抱的希望也越來越大。」

她滿臉淘氣地說：「最後只見他的手從下往上快速而熟練地一捋，這才停了下來，露出笑容得意地看着我。啊！原來是一個痰桶！」我們都忍不住大笑了起來。林徽因是快樂的，和她在一起也永遠是快樂的。當然最快樂的是梁思成。

「梁陳方案」

新中國誕生後，北平恢復了北京的名稱，成為新中國的首都。梁思成最關心的自然是新中國首都的建設。1949 年 5 月，梁思成被任命為北平都市計劃委員會副主任，當時中央領導同志曾委託他組織清華營建系師生對北京城的規劃進行研究。梁思成也常就這個問題為各報刊撰文，發表自己的見解，梁家的茶會也總是圍繞着這個中心問題談論。當時「城市規劃」尚未被我們的社會所認識，不知道什麼是城市規劃，也分不清建築師和土木工程師的工作有什麼區別。

20 世紀 20 年代，當梁思成還是一個學生在美國學習及在歐洲遊歷時，已感到歐美大城市的紊亂。1945 年，他曾撰文呼籲重視城市的體形環境。他說歐美的大城市大都是無計劃地蔓延滋長，它們大半是由中世紀的古城堡，圍繞以集市又雜以 18 世紀後仿建的古宮殿大苑囿混雜而成。到 19 世紀初期工業發展後，又受到工廠的摻雜密集和商業化沿街建設高樓的損害。資本主義的盲目發展造成城市驚人的擁擠現象，工業發展又產生了對環境的污染，工廠區四周貧民窟的滋生，城市區域的紊亂，交通阻塞擁擠……造成歐美大城市的種種弊病。尤其是土地私有制度，始終妨礙着任何改善都市環境的企圖。近三十年來，歐美各國才又設法整頓改善，以求建立城市合理的體形環境秩序，但是至少要付出幾十年乃至上百年的時間。他接着呼籲，在抗戰勝利、建國開始的關頭，我們國家正由農業國開始踏上工業化大道，我們的每一個市鎮都到了生長程序中的「青春時期」。假使我們工業化進程能夠順利發展，則在今後數十年間，許多的市鎮農村恐怕要經歷前所未有的突然發育。這種發育若能預先計劃，善於引導，使市鎮發展為有秩序的組織體，則市鎮健全，居民安樂；否則一旦犯錯，則百年難改，居民將受害無窮。

梁思成提醒大家，「今日歐美無數市鎮因在工業化過程中任其自由發展，所形成的紊亂與醜惡的形體，正是我們的前車之鑒」。

陳占祥（1916～2001），浙江奉化人，1943年畢業於英國利物浦建築學院建築系，1944年獲該校都市計劃碩士學位。1944年入倫敦大學研究都市計劃的立法，師從英國著名規劃大師阿伯康培爵士。1945年至1947年任第一屆世界民主青年大會副主席。曾任上海市建設局都市計劃委員、總圖組組長。建國後，歷任北京市都市計劃委員會企劃處處長，北京市建築設計院副總建築師、中國城市規劃設計研究院總工程師、高級工程師、北京大學名譽教授、中國建築學會第五屆常務理事。

北京是一個極年老的舊城，卻又是一個極年輕的新城。北京曾經是顯示封建帝王威嚴的所在，又曾經沒落到只能引起無限「思古幽情」的城苑，而現在它正生氣勃勃地迎接社會主義曙光。我們怎樣保護北京固有的風貌才不致使它受到不可補償的損失，才能完成歷史賦予它的新中國首都的使命？這是梁思成在 1949 年至 1953 年為之奔走的課題。他與陳占祥共同擬了一個《關於中央人民政府行政中心區位置的建議》（即「梁陳方案」，這個建議反映了梁思成對北京總體規劃的設想），建議將中央行政中心設在月壇以西公主墳以東的位置。

北京是歷史名城，許多古老的建築已成為今日有紀念性的文物，它們的形體不但美麗，而且在位置部署上的秩序和整個文物環境，正是這座名城壯美的特點之一，對北京的建設要以「古今兼顧，新舊兩利」為原則，不應隨意拆除或摻雜不協調的形體加以破壞。

梁思成認為在規劃改建舊城的時候，歷史形成的城市基礎，是決定城市面貌的重要因素之一。歷史形成的城市基礎，從平面上說是街道和廣場網，從立體上說就是城市裡對於城市面貌有決定性作用的舊有建築——即富有歷史和藝術價值的舊建築，應盡量地保存古建築，把它們有機地組織到城市規劃裡去。這樣既豐富了城市的生活，也保存了舊城的風貌。

北京在土地使用及交通系統的規劃上，也是任何一個中世紀城市所沒有的。

梁思成在強調北京的歷史價值時說，北京城的「歷史文物建築」無疑比中國乃至全世界任何一個城市都多。它的整體城市格式和散佈在全城大量的文物建築群就是北京的歷史藝術價值的體現。它們是構成北京城市格式整體的一部分，不可分離的一部分。它完整地體現了封建社會的政治、經濟、文化和思想，是一個封建社會的大陳列館。

梁思成說：「我們這一代對於祖先和子孫都負有保護文物建築之本身及其環

境的責任，不容躲避。」

他認為北京作為新中國的首都，應當是全國的神經中樞，是政治中心、文化中心。首先要解決的是中央人民政府行政區的位置，作為現代的政府機構已不是封建帝王的三省六部時代。現代的政府是一個組織繁複，各種工作有分合聯繫的現代機構。這些機構加起來約需要六至十幾平方公里的面積。這樣龐大的機構沒有中心佈局顯然是不適當的，而市內已沒有足夠的空地。北京的居民所應有的園林綠化遊憩面積已經太少。如果再將中央政府的機構分散錯雜在全城，將不合時代要求。政府機構間沒有合理的聯繫及集中，將產生交通上的難題，且沒有發展的餘地，還破壞了北京城原有的完美佈局。他在《關於中央人民政府行政中心區位置的建議》中還談到了城市建設的一些工程技術問題，北京市的人口問題，土地使用的分區問題……如果能將政府行政區設在舊城以外，不但保護了舊城的格局，同時贏得時間考慮舊城的詳細規劃與改建。

但是這個方案沒有被最高領導賞識，也受到了蘇聯專家的反對：專家認為北京作為社會主義國家的首都應該發展成一個工業大城市，要提高北京市工人階級人口的百分比，建議政府中心設在天安門廣場及東西長安街上。梁思成與陳占祥對政府中心地點表示不同的意見，並且與專家展開了激烈的爭論。最後專家不得不亮出毛主席的指示「政府機關設在城內，政府次要機關設在新市區」。儘管專家透露了毛主席的意思，但是梁思成、陳占祥二人都並不理會，這兩個書生氣十足的學者，哪裡懂得「毛主席的話句句是真理，一句頂一萬句」的道理。因為在他們心中追求的是如何使北京的規劃最大限度的接近科學，怎樣能更完美地保護北京這個世界上唯一的瑰寶。他與陳占祥合寫的《關於中央人民政府行政中心位置的建議》就是著名的「梁陳方案」。可以說「梁陳方案」反映了梁思成對北京的總體規劃思想，是對北京整體環境的保護，是他多年來研究城市規劃理論與實踐結合的重要體現。可以說他是最早用整體的眼光，從城市規劃的角度去認識和分析北京古城的歷史價值和情感價值的特點的學者。

為了北京的規劃，梁思成和彭真爭得面紅耳赤，他竟然對彭真說：「在政治上你比我先進五十年，在建築上我比你先進五十年。」並且他不斷地向北京市的有關領導人說：「我們將來認識越提高，就越知道古代文物的寶貴，在這一點上，我要對你進行長期的說服。」「五十年後，有人會後悔的。」

「梁陳方案」不僅未被採納，反而被指責為與蘇聯專家「分庭抗禮」，與毛主席的「一邊倒」方針（毛澤東《論人民民主專政》：「中國人民不是倒向帝國主義一邊，就是倒向社會主義一邊，絕無例外。騎牆是不行的，第三條路線是沒有的。」毛澤東的這一論述後來簡稱為向蘇聯一邊倒的國策）背道而馳。「文革」期間紅衛兵批判梁思成時，引用了某中央領導人的話說：「中南海皇帝住得，我為什麼住不得？有的教授要把我趕出北京城去。」

1953 年北京市委成立了一個規劃小組，由市委領導同志直接主持工作，地點設在動物園暢觀樓。1955 年北京市都市計劃委員會成立，原都市計劃委員會的工作結束，梁思成雖然一直在都市計劃委員會掛個名，實際上他不再具體過問北京市總體規劃的工作了。

1982 年在北京召開了《北京市建設總體規劃方案》上報國務院前的專家評議會，這次會以及 1983 年 7 月中共中央政府、國務院的批覆中，均強調了「北京是我們偉大社會主義祖國的首都，是全國的政治中心和文化中心」，可見梁思成在早期對首都規劃工作中的預見，是符合黨和國家的要求和客觀發展規律的。現在北京市已公佈了對舊城區建築高度限制辦法，與梁思成早年所倡導的規劃原則不謀而合。在專家評議會中，不少人提出了北京的工業和經濟事業等發展要充分考慮首都的特點，要服從和服務於北京作為全國政治和文化中心的要求。這些首都規劃的戰略方針，都是非常正確的，也和梁思成早期的卓見一致。

說到這裡，不得不提到一個人，他就是陳占祥，他 1916 年出生於上海，祖籍浙江奉化。1935 年入上海雷士德工專，1938 年畢業，考入英國利物浦大

學建築系，赴英留學。當時第二次世界大戰的烏雲已密佈，歐洲局勢極其緊張。由於他來自對日抗戰的中國，因此有些團體經常請他去作「中國抗戰」的演講。他的演講非常成功。他在英國的八年，除了學業外，還做了大量的社會工作，單是演講報告就作了五百多次，頗有些名氣。1944 年他作為英國著名城市規劃學專家，「大倫敦計劃」主持人阿伯康培爵士的博士研究生，協助和參加完成英國南部三個城市的區域規劃，獲得了很高的評價。

抗戰勝利後，陳占祥 1946 年回國，先後在南京、上海主持完成南京「行政中心」規劃方案。並在上海都市計劃委員會任總圖組組長。1949 年赴北京任北京都市計劃委員會企劃處處長。他與梁思成共同提出《關於中央人民政府行政中心區位置的建議》。1954 年調至北京建築設計院任副總建築師。1957 年被錯劃右派，受到極不公平的待遇。1962 年起他翻譯了大量國際建築大師的著作和大量國外建築與城市規劃技術信息，為我國建築事業做出重要貢獻。他在「文革」期間長期受到屈辱與迫害。1979 年得到平反，調任國家城建總局城市規劃研究所任顧問總工程師。他多次參與深圳、上海、杭州、蘭州、海口及川北等城市和地區的規劃方案的審議，提出了重要的建設性意見。1988 年應美國加州伯克利大學、康奈爾大學、堪薩斯大學等校邀為訪問教授，獲得很高的聲譽。這也表達了國際建築學界對於為維護學術真理而勇於堅持的中國學者的敬意。

1987 年我應費正清夫婦之邀去波士頓做客，當我與費慰梅談到「梁陳方案」時，她很困惑地問我：「這個在英國待了八年的阿伯康培的博士生陳占祥，我怎麼不知道他？」我想了想說：「他的英文名字好像叫 Charles。」她叫了起來：「哦，Charles Chen！我當然知道他，他和我的英國朋友們都是好朋友。」

2001 年 3 月，陳占祥在北京病逝。周干峙先生為他寫了一副輓聯：

惜哉，西學中用，開啟規劃之先河，先知而鮮為人知；
痛哉，歷經苦難，敬業無怨之高士，高見又難合眾見。

寫到這裡，我不禁掩卷而泣。

什麼叫文物建築？即具有文物價值的建築，所謂文物價值即指歷史上留下來的載有歷史、經濟、政治、文化、科學乃至情感的信息。這種信息就叫文物價值。它們是各民族在一系列實踐中的歷史見證。什麼叫情感信息？我們兒時的回憶，學生時代的生活，總是和當時的建築、校園乃至城市相聯繫。為什麼清華的海外遊子回母校時總要在嵌有「清華學堂」的樓前留影、到過去的宿舍樓前照張相，因為這些建築環境能夠引出對過去的回憶和情感。一座天安門，原來是明、清兩代皇城的大門，它承受了英法聯軍和八國聯軍的侵略，它目睹了五四運動，「一二・九」愛國學生運動，它又是新中國開國大典的聖地，因此天安門所載有的信息，不是個人的，而是民族的、歷史的。所以說，建築是用石頭寫成的史書。

為保護北京古城奔走

梁思成對祖國建築的熱愛是無與倫比的，他曾說過這麼一句話，「別人都把自己的寶貝藏在家裡，我的寶貝放在全國各地」。

在 20 世紀三四十年代，他每調查一處古建築後，必定給當地政府寫一書面報告，陳述該建築的價值，並要求政府作出長久保護的計劃與措施。

1945 年日本投降前夕，為了政府軍大規模反攻的需要，他曾緊張地工作了兩個月，任務是編寫一份淪陷區文物建築的名單。除按照地區列出文物建築的名稱外，還對每個建築的建造年代、特點、價值作簡單的介紹，並附

上照片。為了與盟軍配合作戰的需要，全部資料均採用漢英對照的版本。工作完畢後，思成曾將這份資料託人轉交給當時在重慶的周恩來一份。

1948 年冬，解放軍的代表找到梁思成，請他以最快的速度，為全國解放戰爭的需要，編一份《全國重要文物建築簡目》。思成連夜組織建築系教師莫宗江、胡允敬、汪國瑜、羅哲文等人日以繼夜地編寫、油印、裝訂。只一個月的時間，一本厚厚的《全國重要文物建築簡目》和《古建保護須知》便送到了解放軍手中。這就是 1961 年 4 月國務院公佈的《第一批全國重點文物保護單位的名單》和《文物保護管理暫行條例》兩個文件的最初的藍本。

梁思成對祖國文化的無比熱愛，尤其突出體現在他對北京的熱愛上。記得聽他講授中國建築史課時，「元、明、清的首都——北京」這一課是令人難以忘懷的。

他很快地在黑板上準確地勾畫出北京內外城的平面，講解北京那充滿了歷史意義的凸字形平面的沿革，講為什麼北京城牆在西北端缺了一角，講元、明、清三代選擇北京作為首都的地理原因……

他更富有感情且略帶詩意地介紹北京四周雄壯的城牆，城門上巍峨高大的城樓，紫禁城的黃瓦紅牆與窈窕的角樓，園苑中嫵媚的廊廡亭榭，美麗的街市牌樓……他如數家珍似的侃侃而談，眼中放着光芒，帶着深厚的感情，似乎是在向我們展示世界上最美最珍貴的寶物。

然後他又強調北京城市的格式——中軸線的特徵。他說皇城是北京城的核心，全城就是圍繞這個中心部署的，但貫通全城部署的是一條長達八公里、全世界最長最偉大的南北中軸線！

東西單牌樓、東西四牌樓是四個熱鬧的都市中心，這些牌樓也是主要幹道上的街景。坐落在街巷路口的大大小小的牌坊，處處記載着北京城的歷史，

它們還起着豐富街市景觀的作用,它們略有些像巴黎和羅馬的許許多多的凱旋門。 建國初期梁思成與北京市領導人爭論得最激烈的問題,就是如何保護北京市的古建築,尤其是對北京城牆城樓廢存問題的爭論。

北京的城牆與城門,曾以它的壯美吸引了著名學者瑞典美術史學家喜龍仁,他花了幾個月的時間環繞城牆外圍步行,對它進行專門研究,並寫了一本《北京的城牆和城門》。他在序言中說:「我所以撰寫這本書,是鑒於北京城門的美,鑒於北京城門在點綴中國首都某些勝景方面所起的特殊作用……無論從歷史的還是地理的角度來看,這些門中仍有一部分可視為北京的界標,它們與毗連的城牆一起,在很大程度上反映了這座偉大城市的早期歷史。……我對這些材料研究得越深入,就越體會到裡面包含着理解中國歷史某些重要篇章的可貴線索。……北京的城門和城牆,與過去的歷史有很深遠的淵源,儘管它們在許多地方已經舊貌換新顏,但總的來說依然古舊,佈滿着已逝歲月的痕跡和記錄。」

1950 年,梁思成在《關於北京城牆廢存問題的討論》一文中說:「環繞北京的城牆,是一件氣魄雄偉、精神壯麗的傑作。它不只是為防禦而疊積的磚堆,它磊拓嵯峨,是一圈對於北京形體的壯麗有莫大關係的古代工程。無論是它壯碩的品質,或它軒昂的外像,或是那樣年年歷盡風雨甘辛,同北京人民共甘苦的象徵意味,總都要引起後人複雜的情感。」

「從城市規劃角度看,可利用它為城市分區的隔離物,城牆上可以綠化,供市民遊憩。壯麗寬廣的城門樓,可改造成文化館或小型圖書館、博物館。護城河可引進永定河水,夏天放舟,冬天溜冰。這樣一帶環城的文娛圈,立體公園,是全世界獨一無二的。」但是這個設想被嗤之以鼻,稱之為「異想天開」。不料梁思成在 20 世紀 50 年代的這個「異想」,竟在 20 世紀 80 年代的西安城部分地實現了。

我到現在也不明白,人們為什麼如此仇恨城牆。自從《關於北京城牆的存

廢問題》一文發表以後，反對保留城牆者再提不出什麼拆除的理由，看來城牆似乎是保住了。可是，城牆的拆除早已成為既定方針。20 世紀 50 年代沒有立即拆除只因限於當時國民經濟的實際情況，的確難以撥出那麼大的人力物力去搞拆城牆這個毫無意義的勞動，但是那些美麗雄壯的城門樓卻一個又一個地被拆除了。

20 世紀 50 年代初，十三陵楠木大殿被雷擊。思成知道後當即與鄭振鐸、羅哲文一起趕赴現場。幸虧落雷擊中的柱子只被劈裂一塊柱頭，雷電直穿柱中心，柱心被電擊成一條焦炭，竟沒有引起火災。我國的古建築多為木構，最怕火災。除了戰亂人為的縱火外，就是雷電起火。曲阜孔廟因落雷引起火災的確切記錄就有六七次，燒燬建築不計其數。「雷火」古往今來都是木構建築的大敵。

這次十三陵落雷使思成更為古建築的防雷而擔心。視察十三陵的當晚，他與鄭振鐸正好出席周總理召開的會議。他及時向周總理報告了十三陵落雷情況，並談到歷史上歷次因落雷引起重大的火災對古建築的破壞，建議在古建築上安避雷針。不久，周總理親自指示國務院發出通知，全國所有重要古建築都要逐步安上避雷針，從此結束了雷火對古建築的危害。

在拆除北京城裡的牌樓時，梁思成十分焦急，為這事他和老朋友吳晗吵得不可開交。在拆除西四牌樓前夕，他給中央領導寫信，信中除了闡明牌樓的歷史藝術價值外，還談到他向汽車司機做的有關交通問題的調查，提出了解決交通問題的辦法。由於思成的頑固堅持，周總理不得不親自出面找思成做工作。思成和周總理懇談了幾乎兩個小時，思成極富詩意地描述了帝王廟牌樓在夕陽西斜、漸落西山的景色下的美麗畫面。周總理沒有正面發表意見，只借用了李商隱的詩句「夕陽無限好，只是近黃昏」來回答。

對於北海團城的保護又是一場更激烈的戰鬥。一些主張拆除團城的人士，提出阻礙交通的種種理由。這本來是一個容易解決的問題，但既然團城都

梁思成手繪的關於北京城牆的利用圖，在梁思成的心中，北京的城牆應建設成為全世界獨一無二的立體花園

永定門舊影

永定門外城牆

正陽門原貌
北京歷代帝王廟前的牌樓
北京的團城

可以拆除，那團城南面的一些破舊房屋為什麼不可以拆去，將道路展寬呢？會上爭來爭去，各種保存團城的方案都被推翻了。

思成認為團城在北海的平面佈局上起着重要的作用，它在園林的空間處理上，也顯示出極高的藝術手法。登上團城，三海景色盡收眼底，它是封建帝王的「望景台」。我國古代自秦以來，就有築高台的記載，如秦的鴻台高四十丈，兩漢有神明台、通天台，均高三五十丈。魏晉南北朝時築高台的風氣仍未減弱，曹操在鄴城築有著名的銅雀台。唐代還有「銅雀春深鎖二喬」的詩句。但古代的「台」都沒有保留下來。北海的團城是今天尚存無幾的一個「台」，因此它在建築史上有着重要的地位。作為一個建築史學家，他怎能不為歷史上這幾乎是僅存的「台」的保留而奔走呼籲。他把蘇聯專家也說服了，專家也贊成保留團城，但某些當權者們還是認為非拆不可，在一次討論會上思成勃然大怒，站起來指着對方的鼻子說，「照你這樣說，乾脆推倒團城填平三海，修一條筆直的馬路通過去好了，還討論什麼？」他真是心急如焚，直奔中南海，找到周總理，懇陳己見。周總理親往團城勘察，這才下決心把團城保護下來。

通過團城的爭論，主張拆除古建築的先生們變得聰明起來：在拆除天安門南面東西兩側的三座門時，他們首先召集了幾百名人力車工人、三輪車工人、汽車司機等開了一個聲勢浩大的三座門控訴大會，會上列舉出一件件在三座門前發生的交通事故，把梁思成一下就推到了普通勞動人民的對立面，讓他作聲不得，但他還是勇敢地發表了反對意見。

他認為天安門是紫禁城的正門，對紫禁城這個威嚴禁地的正門處理，統治者自然給以最充分的重視與強調，東西三座門正是起着陪襯天安門的作用。三座門的設置形成了一個封閉的廣場，使得天安門更加雄偉壯麗。天安門建築群和午門建築群，給人精神上的威嚴、神聖、崇高感，比三大殿還要強烈。這樣的建築藝術，無疑顯示了帝王的至高無上的絕對統治權威。三座門的拆除會使天安門顯得大而無當，破壞了紫禁城統一的封閉格局。一

個完整的紫禁城，是一個完整的藝術整體，不應當破壞。當然這個意見沒有人聽得進去，三座門還是被拆掉了。

20世紀60年代初梁思成到承德休假，承德八大廟建築大部分已坍塌，又缺少維修經費，思成對此憂心忡忡。在承德的整個假期，他都在考慮古建的保護與維修問題。我們離開承德的前一天，他與承德的一些同行一起座談。回北京後他把會上的發言整理成《閒話文物建築的重修與維護》一文發表。在這篇文章中，他把審查西安小雁塔維修方案時說的「保護古建築是要它老當益壯，延年益壽，而不是要它煥然一新，返老還童」這句話概括為「整舊如舊」四個字。

記得1963年他為設計揚州鑒真紀念堂到揚州勘察地形，揚州市政協趁機請他作有關古建保護的報告，他說「我是一個無恥（齒）之徒」，滿堂為之愕然。然後他慢慢地說，「我的牙齒沒有了，在美國裝這副假牙時，因為我上了年紀，所以大夫選用了這副略帶黃色，而不是純白的，排列也略稀鬆的牙，因此看不出是假牙，這就叫做『整舊如舊』。現在『整舊如舊』，已成為修復古建築的重要原則之一。」

梁思成常常對學生們說：

古建築絕對是寶，而且越往後越能體會它的寶貴。但是怎樣來保護它們，就得在城市的總體規劃中把它有機地結合起來，不能撞到誰，就把誰推倒，這是絕對不行的。古建築是這樣，對城市也是一樣，對北京這樣的文化古城，這樣來用它是不行的，將來會有問題的。城市是一門科學，它像人體一樣有經絡、脈搏、肌理，如果你不科學地對待它，它會生病的。北京城作為一個現代化的首都，它還沒有長大，所以它還不會得心臟病、動脈硬化、高血壓等病，它現在只會得些孩子得的傷風感冒。可是世界上很多城市都長大了，我們不應該走別人走錯了的路，現在沒有人相信城市規劃是一門科學，但是一些發達國家的經驗是有案可查的。早晚有一天你們會看到北京的交通、工

北京西單慶壽寺雙塔（已被拆除）

業污染、人口等等會有很大的問題。我至今不認為我當初對北京規劃的方案是錯的（指《關於中央人民政府行政中心區位置的建議》）。只是在細部上還存在很多有待深入解決的問題。

曾經有人批判梁思成說的「北京彷彿是封建社會的陳列館」的比喻。思成說：「他們認為陳列館就是把北京當古董保存起來，我沒有這個意思。我和陳占祥共同擬的《關於中央人民政府行政中心區位置的建議》，就是考慮到北京將是新中國的首都，是要發展的城市。有人批判我的規劃思想是立足於古城的保護，而不立足於北京城的發展。對北京這樣全世界獨一無二的古城，它的規劃當然要立足於古城的保護，而規劃工作本身正是由於北京市發展的需要。如果不考慮北京的發展，也就不必去搞什麼發展規劃了。我絕不是認為保護古城，舊城就一點不能動了。像龍鬚溝這樣的地區當然必須改造，但是像西長安街上金代的慶壽寺雙塔，為什麼一定要把它拆掉？為什麼不能把它保留下來，作為一個街心小綠地看一看，如果效果不好再拆還不遲嘛。莫斯科紅場前的道路就在離紅場不遠處，為避開一個古建築拐了個彎兒，這就是尊重歷史。」

梁思成之所以能這樣堅持古建保護的意見，並非像某些人所認為的「懷古」和「復古」。而是因為他在 20 世紀 30 年代就走向了文物建築保護的科學理論。在他的第一篇古建調查報告中就提出了古建保護法的幾點重要意見：

第一，他認為，「保護之法，首須引起社會注意，使知建築在文化上之價值，……是為保護之治本辦法。」古建保護要靠人民普遍的認識。

第二，他認為，「古建保護法，尤須從速制定，頒佈，施行……」古建保護要立法，政府應當切實負起保護古建築的責任來。

第三，主持古建修葺及保護的，「尤須有專門知識，在美術、歷史、工程

各方面皆精通博學，方可勝任」，即古建保護工作要有訓練有素的專家參
與或主持。

梁思成說的這三條：宣傳、立法、專家負責，在世界各國都是作為文物建
築保護的基本工作來做的。他的這些觀點是 1964 年通過的世界文物建築保
護的權威性規範《威尼斯憲章》的基本思想，現在已被國際文物保護界廣
泛接受。

梁思成之所以能在 20 世紀 30 年代就走向了文物建築保護的科學理論，是
因為他眼界開闊，很熟悉當時世界的學術潮流。在 1930 年關於薊縣獨樂寺
的文章裡，他提到了意大利教育部關於「復原」問題的爭論，知道日本的
有關理論和政府的工作情況。在 1948 年的文章裡，他提到了意大利、英、
美、法、蘇、德、比、瑞典、丹麥、挪威等許多國家。人如果眼界寬，知
識就豐富，思想就活躍。沒有國際交流，任何一個國家在任何一個領域裡
都不可能趕上世界前進的步伐。梁思成正是用世界的先進思想武裝了自己，
成為中國古建築保護先驅的。

「個人的記憶是不足道的。但是，民族的記憶不能沒有實在的見證，民族的
感情不能沒有實在的依託。這種記憶和感情，同樣牽連着民族的命運。對這
種見證和依託的需要，就是文物建築保護的根據。」（陳志華《我國文物建
築和歷史地段保護的先驅》）

「每個民族每個國家莫不愛護自己的文物，因為文物不只是人民體形環境之
一部分，對於人民除予通常美好的環境所能激發的愉快感外，且更有觸發民
族自信心的精神能力。」（《梁思成全集（三）》、《北平文物必須整理與
保存》）

07 徽因走了

1955年4月，林徽因告別了這個世界，和我們永別了。人們已經習慣於她一次又一次地闖過難關，一次又一次地戰勝病魔，所以當我聽到她病危的消息時並沒有怎麼理會。兩個孩子和工作已佔據了我的全部精力。當我得知她真的去世了，再也見不到她時，我深深地墜入悔恨與自責的痛苦之中。自從林徽因搬進城去治病以後，我就沒有再見過她。後來聽說她住院了，去醫院探視的計劃，也一天又一天地推遲着。現在一種無限懊喪的情緒終日圍繞着我。

在林徽因的追悼會上，當再冰代表家屬向同仁醫院的大夫護士致謝，感謝他們為挽救她母親的生命做出最大的努力時，已是泣不成聲，會場響起一片抽泣聲。這是我參加過的最悲痛的追悼會了。那一片欷歔之聲，是朋友們、學生們對她真誠感情的流露。她不是什麼顯赫的大人物，人們沒有必要用偽裝的眼淚來表示對她的忠誠。她也沒有留下任何閃光的話語，但她會令人不可理解地拚着命登上午門城樓去看「敦煌藝術展覽」。她為國徽的設計、人民英雄紀念碑的設計、為景泰藍的復興，獻出了自己最後的一點健康，獻出了生命中所有的光和熱。甚至她自己也沒有意識到自己為祖國為人民做了這樣偉大的奉獻。人們用自己最真摯的感情來悼念她，她會瞑目的！

林徽因去世時，梁思成也因肺結核病在同仁醫院住院，後來聽說他出院了，住在諧趣園養病。於是我帶着「請罪」的心情去諧趣園探望他。一路上我盤算着怎樣問候他及怎樣解釋沒能去探視林徽因的原因。自然什麼理由都不能自圓其說，反正不管怎麼說，我無論如何也得去看望他了。沒想到一見了他，我竟一句話也說不出來，眼淚不住地往外滾，一下便伏在他肩上哭了起來，反過來倒是他來安慰我，他輕輕地撫着我說：「看見你，我真高興。徽因聽說你工作很努力，也很高興。」

這句話使我更加內疚與傷心，等到我的情緒平靜以後，梁思成給我看他畫的水彩畫，還帶着我在諧趣園內轉悠，講諧趣園建築高低錯落的變化使得

林徽因去世後，孤獨的梁思成在頤和園的諧趣園養病

林徽因墓碑上的浮雕，是她為人民英雄紀念碑設計的圖案樣板

林徽因墓

空間豐富；講諧趣園平面的變化組成了幾組不同的空間，把不大的園子擴大了、拉深了。走到乾隆御筆的碑亭邊，他笑了笑說，這是諧趣園的一處敗筆。我們又往前走，走到知魚橋，他在橋上停了片刻，若有所思地說：「知魚橋，知魚橋……」

看到他臉上露出一絲惆悵的神情，我一句話也不敢說。片刻之後，他擺脫了那淡淡的傷感，又開朗地談笑起來。

第三部

CERTOSA AT PAVIA.

-(BAUM)-

01 「大屋頂」

「民族的形式，社會主義的內容」

今天在中國大陸提起梁思成，大部分人都會以一種嬉笑的態度說：「知道，知道，『大屋頂』嘛！」也不管是哪一座「大屋頂」的房子，人們都會說是梁思成設計的。他們不知道梁思成本人沒有設計過一座「大屋頂」的建築。他生平只設計過一個仿古建築，即揚州市的鑒真紀念堂。那是因為鑒真和尚於唐代東渡日本弘傳佛法時，在日本建了唐招提寺，所以梁思成把他的紀念堂設計成仿日本奈良唐招提寺金堂的形式。這項設計曾於 1985 年獲全國優秀設計獎。

1950 年第一批蘇聯專家來到北京，帶來了蘇聯的建築理論，即「民族的形式，社會主義的內容」。他們要求中國的新建築，在外形上要表現出中國的民族風格。

20 世紀 50 年代初梁思成到蘇聯訪問，參觀了莫斯科、列寧格勒、基輔、塔什干、新西比爾斯克等城市，接觸了蘇聯科學院院長涅斯米揚諾夫院士、蘇聯建築科學院院長莫爾德維諾夫等為首的四十多位建築界、美術界、理論界、哲學界的權威人士，他們無一不鼓吹「民族形式」的建築。莫爾德維諾夫院長多次接待梁思成，並陪同他一起參觀。他向梁思成介紹蘇聯的經驗。

1935 年蘇聯共產黨中央委員會和蘇聯人民委員會公佈了斯大林同志親自參加制定的《改建莫斯科市總計劃》的決定。決定明確規定：「……在住宅建築和公共建築上，應用建築藝術上古典的和新的優秀手法及建築工程技術所有的成就。」

什麼是建築的「社會主義的內容」？莫爾德維諾夫院長說：「社會主義的內容，就是關心勞動人民的幸福，關心他們物質和精神上不斷提高的需要，在設計中去滿足它。」

梁思成最後一件設計作品，揚州鑒真紀念堂

梁思成在蘇聯學習中最主要的收穫是認識了蘇聯建築的總方向。基本原則就是設計、研究、建造、發展反映社會主義面貌並具有民族特有風格的建築。對於民族形式的重視，是蘇聯建築和城市建設在造型方面最突出的特徵。 他認為蘇聯的「民族形式」最成功之處是使莫斯科和列寧格勒的市容取得了和諧的一致性。這與資本主義國家的城市之雜亂無章成強烈的對比，鮮明地顯出這兩個俄羅斯城市面貌由歷史發展而來的獨特個性。

莫爾德維諾大院長說：「在解決社會主義時代美的問題的時候，建築師就應當利用各民族遺留下來的建築遺產。」

1949 年初，中國人民推翻了帝國主義的壓迫，接着是「抗美援朝」的深入開展。建築師們出於愛國主義的熱情，出於民族自尊感，在感情上很自然而合理地接受了「民族形式」的建築理論。梁思成從心裡由衷地感到社會主義制度的美好。因此他認為，在中國人民面前擺着一個重大的任務，那就是怎樣創造中國的「民族形式」的新建築。1951 年至 1954 年他發表了一系列文章來宣傳蘇聯的經驗——「民族形式」的理論。

但 1949 年前的大多數大學的建築教育基本上放棄了中國傳統建築的教學，幾乎完全模仿歐美的建築教育體系。而且多少年來由於民生凋敝，根本沒有蓋過多少房子，從而也就不可能有機會在現代建築中去探索民族風格，從中取得成功的經驗。因而 20 世紀 50 年代初，當建築活動在全國範圍內迅速而大量出現，經過正規訓練的建築師嚴重不足，設計任務又十分緊迫的情況下，在學習蘇聯「民族形式」、「先進經驗」的號召下，建築師們一時紛紛模仿中國傳統宮殿式建築來設計新的建築，這是難以避免的事。儘管梁思成曾強調「要盡量吸收新的東西來豐富我們的原有基礎」，不要「抄襲」和「模仿」，但是由於當時沒有也不可能有正面的成功模式可供大家借鑒，建築師們包括梁思成自己都還處在一種探索的起始階段，從而導致仿古建築，即所謂的「大屋頂」風行一時，遍佈全國。

1953 年梁思成參加科學家訪蘇聯代表團訪問蘇聯（左為梁思成，中為華羅庚）

梁思成正在與參加科學討論會的代表交談

梁思成對這許許多多的仿古作品，並不滿意，但他認為「我們的新建築還在創造和摸索的過程中⋯⋯所以要馬上就理解得很好，做出高水平的作品是很難的，乃至是不可能的。只要設計者在他的作品中表現出他的努力或願望⋯⋯」「這種努力是中國精神的抬頭，實有無窮意義」。因此他還是肯定了這種探索精神，他深信，「幾年之後」，「我的真理將要勝利」。

「復古主義」受批判

梁思成為什麼會這麼執著地堅持建築的民族風格？這是與我國近百年的歷史分不開的。20 世紀 30 年代初，正是西方現代主義建築傳入中國之時，也是中國內憂外患最為深重之時，「統一」與「救亡」成為這一時期思想領域的兩大傾向。這種傾向強調「國家至上」、「民族至上」。在建築中強調中國固有的民族風格，「以西洋物質文明發揚我國固有文藝之真精神」，「融合東西建築之特長，以發揚吾國建築物之固有色彩」，也成為此時建築界人士孜孜以求的理想和目標，這也是梁思成追求的目標。

1955 年 2 月建築工程部召開了「設計及施工工作會議」。各報陸續揭發了近幾年來基本建設中的浪費情況和設計中導致浪費嚴重的「復古主義」、「形式主義」的偏向。與此同時，在全國範圍內開始了對「以梁思成為代表的資產階級唯美主義的復古主義建築思想」的批判，還在頤和園暢觀堂成立了一個批判梁思成的寫作班子。參加的人有各部局的。批判組共寫了一百多篇批判文章，連清樣都打好了。北京市委開了好多次討論會，周揚同志也參加了。周揚同志有很深的美學造詣，他說：

馬列主義最薄弱的環節是美學部分，中國對馬列主義美學的研究更少，你們寫了這些文章連我這個外行都說不服，怎麼能說服這樣一個老專家呢？關於民族形式，原來有的東西就有民族形式的問題，原來沒有的就沒有民族形式

的問題。建築在我們國家發展了幾千年，當然有民族形式的問題。比如我們原來沒有汽車，所以汽車就沒有民族形式問題。可是一把刀子就有民族形式的問題，拿出一把刀就可以看出是日本的腰刀還是緬甸的刀。又如話劇，我們國家沒有，按理就沒有民族形式的問題，可是不然，原因是有個語言的民族性的問題，由田漢等人從日本帶回的話劇，開始有點學西洋，比如表示驚詫一聳肩，而這就不是中國人的習慣，中國人看了就笑，就不能接受。建築肯定是有民族形式的問題，批判的文章，我的意見還是不要發表，我們只能批判浪費。從理論上我們還沒有依據，這方面的理論我們要派人去研究。我是個外行，也提不出更多的東西了。

這個運動對清華建築系自然震動很大，學生們、青年教師們一時轉不過彎來批判他們的老師，清華大學黨組織也感到壓力很大，董旭華當時是建築系的研究生，他回憶說：「20世紀50年代初，年輕人的建築思想本來都傾向現代主義。經過學習蘇聯，受到蘇聯專家較大的影響，又學習毛主席關於新民主主義文化的論述，才逐步把思想轉過來，希望創造中國自己的民族形式……」

殷一和回憶說：

1955年或1954年反「復古主義」初期，建築系的年輕黨員教師（都是梁思成的學生）曾聯名寫信給北京市委，支持梁思成反對拆除天安門前的三座門和北京城牆及保護古建築等的建議書。當時北京市某領導人某某大怒，一天晚上，他把系裡黨員全叫到市委去，由劉某主持會議，某某親自訓斥一通，問我們是跟著共產黨，還是跟著資產階級學者梁思成，是否要做梁思成的「衛道士」等等，對青年黨員壓力很大。記得會上唯有黃報青一人起來提出質疑，他說梁思成沒有錯，「民族的形式，社會主義的內容」這話是斯大林提出來的。回系後系裡又開了不少會對黃報青進行說服和施加壓力，後來黃報青表示服從組織，但保留自己的觀點。這位耿直的黃報青後來在「文革」初期對蔣南翔的問題一樣地想不通，因堅持己見，被迫害致死。這件事首先說明，梁思

與周總理一起討論科學規劃（左起：周總理、孟昭英、梁思成、馬大猷）

梁思成（左三）與華羅庚（左一）、老舍（左二）、梅蘭芳（右一）討論憲法草案

"我們必須趕上時代，把它們的牧份移種到現在來."

梁思成手繪的他憧憬中的北京市區街道景象圖

成的學術思想確實影響很深，深為學生們所接受，並為此而奮鬥。其次說明正是某些當權派，不惜用政治、組織手段，來力圖消除梁先生的學術見解。也許今天公佈這件事，仍有反對當權者之嫌，不過這一頁歷史終究要公之於眾的。

清華建築系終於動了起來，人們紛紛寫文章批判梁思成的「復古主義」思想，認真地清理自己頭腦中的唯美主義建築觀。人們是誠實的、單純的，當然投機家也是有的。

後來只發表了十幾篇批梁思成的文章就收場了，但是對一個學術理論問題，用這種方式，無論是對梁思成本人還是對廣大建築界都是無益的，反而使一個學術性問題得不到深入的討論研究，並在以運動方式來處理學術問題方面開了一個很壞的先例。

梁思成的一個學生曾發表了如下的看法：

當時也鬧不清梁先生錯在哪裡，把錢浪費在大屋頂上的確不對，雖說在建築界的「復古主義」、「形式主義」的設計偏向，梁先生「有不可推卸的責任」，但也不是梁先生一聲令下，全國就都能照辦，他還沒有那麼大的威信吧？中央的政令要自上而下地貫徹，也不會這樣快當吧？縱觀世界建築史的復古現象，自文藝復興時期就有了，乃至於資產階級革命時代，各種折衷主義，各種回潮，熱鬧非凡，20世紀30年代的意大利和德國，40至50年代的蘇聯，乃至解放後的中國，都有歷史的回潮。這個道理，馬克思在《拿破侖第三政變記》裡指出，「資產階級登上歷史舞台後，需要有自己高大的形象，但一時沒有現成的手段，只好到歷史的倉庫裡借用些現成的道具來演出威武雄壯的歷史場面。」大多數解放後的中國人，想要在世界面前表現自己的高大形象，而且是使中國人可以自豪的形象，在最富表現力的建築藝術上使用自己傳統的藝術語言，那份狂熱，就是可以理解的了。我們也可以理解為什麼波蘭人在第二次世界大戰後，寧願餓肚子也

要先從廢墟中恢復華沙古建築了。

我和很多人一樣很擔心梁思成是否能接受得了這樣的批判，林徽因剛剛離開他，他自己也正患重病住在同仁醫院。這一連串的打擊他經受得起嗎？好心的朋友都為他捏一把汗。

運動之初梁思成不同意這些批判，後來他學習了「設計施工工作會議」的許多文件，文件揭發出基本建設中的浪費情況，後來中央領導同志又與他懇談。他服了，他承認建築界的「復古主義」、「形式主義」的設計偏向，他有不可推卸的責任，但是他保留自己的學術觀點。1956 年 1 月他在全國政協大會上做公開檢查。因為他信奉父親梁啟超常用來教導他的一句格言：以今日之我宣判昨日之我。

儘管挫折和打擊一個接一個，但梁思成並不在意個人的榮辱得失。他的目光始終注視着我國社會主義建設的發展，他仍是滿懷激情地完成着黨和政府交給他的各項任務。他說：「我覺得我一步步地更接近了黨，一步步地感到不斷增加的溫暖和增強着力量，這溫暖和力量給了我新的生命……準備着把一切獻給您，給我們偉大的黨和可愛的祖國。」1956 年 2 月 6 日正在出席全國政協二屆二次會議的梁思成懷着激動的心情給毛主席寫了一封長信，表達了要求入黨的請求，並託周總理轉呈毛主席。周總理收到信的當天，就在一張國務院便箋上用毛筆寫道：「梁思成要求入黨的信，即送主席閱。」毛主席讀信後於 2 月 24 日批示：「劉、彭真閱，我覺得可以吸收梁思成入黨。交北京市委酌處。」劉少奇圈閱後，彭真也作了相應批示。按照組織程序，經基層黨支部討論並報上級黨委批准。梁思成於 1959 年 1 月光榮地加入了中國共產黨。

02 永相隨，難相隨

喝下這杯苦酒

北京解放不久，我收到父母輾轉從香港寄來的信，得知父親已到廈門工作。我們家也從上海遷到廈門去了。因為哥哥已在北平解放前返回上海，所以父母對我一人留在北平很不放心。這種擔心自然和他們對共產黨不瞭解有關。因此，父母覺得既然我已和程應銓有了婚約，就希望我們盡快結婚以免掛念。我也就按照父母的意思辦了。

但是，我那時除了從家裡帶來的幾件首飾外，身無分文。為了安個小家，我準備賣掉一些首飾。那時林徽因先生還健在，她把我找去，問我有困難為什麼不告訴她，我沒話可說。接着她告訴我，營造學社有一筆專款是用來資助青年學生的，並說我可以用這筆錢。她看我漲紅了臉，結結巴巴地說不出話，她立刻說：「不要緊的，你可以先借用，以後再還。」並且不由分說地把存摺給了我。

第二天我到銀行取了些錢，發現這是梁思成的存摺，我心中很疑惑。在還回存摺時我問起林先生，她笑着說，學社的錢當然用梁先生的名字存啊！

她還送了我一套清代官窯出產的青花瓷杯盤作為禮物，可惜當時我對這份禮物的價值毫無認識。一天，王遜先生看見我用這套茶具待客，吃驚地說：「喔！你就這麼用它？」我卻學着當時流行的口頭語說：「它也要為人民服務。」王遜苦笑了一下，沒有做聲。我現在每想起這件事，眼前就出現王遜那苦笑的臉，林洙啊，林洙！你真是淺薄而無知。

後來當我提起要歸還那筆錢時，林先生總是很快把話題岔開，而且她說話時別人是沒有插嘴的餘地的。一次，我好不容易找到機會問她是否能讓我再把錢存回銀行，她卻一揮手說：「營造學社已不存在了，你還給誰呀？」我剛要申辯，她擺出一副長輩的神情嚴厲地說：「以後不要再提了。」我嚇了一跳卻又無可奈何。直到「文化大革命」，我詳細地瞭解了梁思成畢

我決定帶着兩個孩子離開程應銓

生的經歷後，才弄清楚營造學社正是因為沒有經費才停辦的，最後的那點錢，也都分給社友作為北上的旅費了，哪還有什麼專款？

我與梁思成、林徽因二人的接觸中，從來沒有聽到他們自己談起曾對別人有過什麼經濟上或事業上的幫助。比如梁思成為創辦敦煌研究所的經費奔走這等大事，要不是常書鴻先生的回憶，誰也不會知道。他們的歡樂在於看到了成功的建築設計，或發現了珍貴的古建築，或得以欣賞優美的藝術品。他們也常為某些人類的藝術珍品被糟蹋、破壞、摧毀而痛心疾首。同時他們又都是語言鋒利的批評家，對某些拙劣的作品，他們是不會沉默的。

梁思成曾說過這樣一句話：「建築師比一般人更幸福，因為他比別人更多地看到美的作品；建築師又比一般人更苦惱，因為他比別人更多地看到醜的作品。」

1951年我有了孩子以後，漸漸地陷在家務事中，我也感到十分矛盾。千千萬萬個婦女走出家庭的小圈子投入社會，而我卻把自己關進了小圈子。我不願這樣生活下去，於是去重工業部基本建設局工作。不久我患了肺結核病，組織上為了照顧我的健康，把我調回清華大學工作。

1953年我調到清華工作，被分配在建築系《中國建築史》編纂小組繪圖。建築史編纂小組的主任是梁思成，主要成員有劉致平、莫宗江、趙正之三位古建築專家和兩位年輕教師。

我在重工業部是繪施工圖，到了清華卻要畫古建築圖。對古建築我可是一竅不通。雖然聽過梁先生的建築史課，但那也只是對中國建築的發展有個大體印象，要畫詳細的構造圖卻十分不容易。我開始閱讀梁先生寫的《清式營造則例》和《營造學社彙刊》上的古建築調查報告。當我獨自艱難地啃着這些調研報告時，林先生平時與我閒談中有關中國建築的各種評論又都回到我耳邊來。它大大地幫我理解了這些報告。我盡情地享用着營造學

社留下來的大批資料，努力地學習着古建築。

莫宗江教授常常和我談起他當初給梁先生畫圖時所受到的嚴格訓練。梁先生有時也來看看我畫的圖，他總是生動地指出我的缺點。一次我在圖上註字時離屋脊太近了，他看了後說：「注意要拉開一定的距離，否則看上去好像屋脊上落了一排烏鴉。」說到這兒，他淘氣地對我眨了一下眼睛。從此之後，我每在圖上註字，都要反覆推敲一下，生怕再出現「烏鴉事件」。

經常指導我工作的是劉致平和莫宗江兩位教授。他們都是從營造學社時期就追隨梁公的老朋友了。劉致平還是東北大學建築系第一屆的學生。因此我們在工作之餘，也自然地談到東北大學建築系，談到當年營造學社的工作。慢慢地，梁公早年在東北大學的教學活動和在營造學社的活動，在我心中越來越清晰、越來越具體。沒想到 1955 年以後我被調去擔任系秘書工作，1957年以後又調去做資料工作，從此離開了我喜愛的古建築。但是這短暫的兩年繪圖，對我此後的工作以及編輯《梁思成文集》都起了重大的作用。

1957 年整風運動中程應銓犯了「錯誤」，對他的批判幫助是在民盟小組會上進行的，領導讓我也參加。我感到這是一個極大的恥辱，每次都縮在一個角落裡。我不知道他到底犯了些什麼錯誤，同志們的批判我也聽不大懂，回到家裡我想幫助他，希望他的檢查能深刻些。我不認為他從根本上反對共產黨，但是人總是有私心的，也許他對某些工作上的安排不滿意，因而對組織或領導產生了牴觸情緒。我建議他從這方面找找根源，他拒絕了。我得出結論，他是一個在思想上包得很緊的人，甚至對我他也不願深談，他終於被劃為右派。

組織給他作結論時，我才知道他最大的罪狀是：批評共產黨在城市規劃工作上採取關門主義的態度，把一些專家排斥在這一工作之外。並要求彭真就此問題做檢查。那時我對政治一無所知，雖然我不明白這算是什麼罪行，有多嚴重，但那時我相信共產黨是絕對正確的。

梁思成在書房

我不得不考慮這個家庭將給孩子帶來的影響。孩子長大以後會不會來問我：「媽媽，你當初為什麼沒有和右派劃清界限？」我將何言以答？

最後我決定離開他，獨自喝下這杯苦酒！

程應銓被劃為右派之後，我的工作也受到影響，我被調離系秘書的崗位，去從事資料工作。我很高興，因為我喜愛資料工作。

一天，我在資料室的書堆中發現兩個厚厚的英文活頁筆記本，這是某人在學習西洋建築史時做的筆記，一頁頁整潔的打字，隔兩三頁就有一張插圖，有平面圖、立面圖、透視圖和剖面圖。全部都是鋼筆徒手畫的，線條活潑又嚴謹。我被這些精美的作品吸引住了，一頁一頁地翻閱着，我慢慢地看出了一點眉目。這是一個極用功的學生學西方建築史的筆記，筆記中除記錄老師講課的內容外，還就每一座建築查閱了大量的書籍文獻並從中摘抄下重要的評論，然後又根據照片或書中插圖畫成了這些小鋼筆畫。好傢伙！這是個什麼人哪？西洋建築史我學過，而且聽的是梁先生的課，雖然同學們都很愛聽這門課，但也沒有見到有誰下這麼大的工夫。我繼續看下去，發現有的畫上有一個①字，同時還有一個印章，中心寫着 UNIVERSITY OF PENNSYLVANIA（賓夕法尼亞大學），外圈是 SCHOOL OF ARCHITECTURE（建築學院）。我恍然大悟，對！這是梁先生當年的筆記本。想起他講西方建築史時談笑風生、引人入勝，並以他淵博的學識古今論證、中西對比，那正是他幾十年來嚴謹治學的碩果。

為了證實這本筆記的主人，我找到梁家，拿出筆記請梁先生看。他接過筆記本說：「對！這是我的。」然後一聲不響地翻閱起來。我相信，他的思緒一定隨着這些畫回到了費城的賓校，或者和林徽因一起回到了羅馬。

過了好長時間他才意識到我還站在那裡，急忙讓我坐下，像哄孩子似的遞給我一碟糖。我噗哧一聲笑了說：

「您還沒有回答我的問題呢？」

「啊，什麼問題？」他茫然地問。

「您是不是要收回這個筆記本。」

「啊，不！不！它早已充公了，我早已把它送給教研組了。現在既然在你那裡，就由你來保管吧。」我又問他①是什麼意思，為什麼有的圖上有印章，但大部分都沒有。他告訴我說，①是指1分，美國學校也是實行5分制，但最高分是1，最低分是5，正好和我們現在的5分制相反。有印章的是教師要求完成的作業，沒有印章的是他自己畫的。我說了聲「謝謝」，不知怎麼搞的又傻頭傻腦地冒出一句：「您真了不起。」

他笑了笑說：「沒什麼，這是笨人下的笨工夫，聰明人是不會這樣做的。」

「笨人下的笨工夫。」我從梁家出來，耳邊一直響着這句話。後來在工作中，每當我面對着上千張漫無頭緒的圖片或資料時，「笨人下的笨工夫」這句話就迴響在我耳邊。我也就硬着頭皮一張一張地把它們弄清楚，整理出來。我的業務能力，也就在這種「笨工夫」中不斷提高。

我把梁先生筆記中的鋼筆畫，挑選了一批放在鏡框中，在資料室展出，這吸引了全系的師生來看。那一年建築史課的學生成績比往年大大地提高，我很高興，並暗暗地把這個功勞記在自己的記功冊上。

一封求婚信

1959年竣工的北京十大建築工程，是建國以來最豪華的建築了。作為建築

學的資料室，我認為清華應當擁有這些新建築的圖片資料。但 50 年前照相技術還沒有現在這樣普及，我們系沒有這個力量去收集拍攝。我知道北京建築設計院拍攝了大量新建築的照片，但是他們不對外提供。我看着這些精美的照片垂涎三尺，但左求右求他們就是不給我，我靈機一動，去找梁先生幫忙。梁先生聽我說完來意，很高興地給北京建築設計院沈勃院長寫了封信，並對我說以後有什麼事需要他幫忙，儘管去找他。我高興極了，拿了這封信，一路暢通無阻，很快就得到了這批圖片，還在系裡辦了個「十大建築圖片展覽」。

在我找梁先生幫我寫介紹信的那天，我在他的書架上東翻翻西看看，發現有不少好資料堆在那裡。有一天，在路上遇到吳良鏞先生，他問我能否抽出一點時間幫梁先生整理一下資料。我爽快地答應了，但一直沒有抽出時間去。

過了好幾個月，一天，泗妹有事要請教梁公，她要我陪她前往。在他們談問題時，我又去翻看這些資料。「真是些好資料。」我想。看見好資料就想把它弄到手，這也許是圖書資料工作人員的癖好。我想起吳良鏞要我幫忙整理資料的事，就問梁先生是否需要我幫忙，沒想到這句話受到他極大的歡迎。他說：「唉呀！你看我簡直是住在一個大字紙簍裡，很多東西該扔掉，因為沒有清理不敢扔。就這樣像滾雪球一樣，我這個字紙簍越來越大，快把我埋起來了。你能來幫我整理，那真是太好了。」

「但有一個條件，」我說，「有些資料您看過了就送給資料室。」他聽了哈哈一笑說：「可以，可以，你真是個好資料員。」

我們臨走時他又叮問我一句：

「林洙，你什麼時候來？」

「星期一吧！」

於是，每隔一天晚上我就去為梁公整理一次資料。他說自己住在一個大字紙簍裡，真是一點兒不錯，那時候大掛曆還很少見到，但是梁公那裡卻一卷一卷的一大堆，有的已過期兩三年了。期刊也多得要命，還有各種新書，有他自己訂購的，但多半是贈閱的。還有無數的信件、通知……

我意外地發現梁公還訂了不少文藝刊物，如《文藝月刊》、《收穫》……就連《中國青年》這種年輕人的讀物他也訂閱，看來他還挺愛讀，這些雜誌全都整齊地擺放在臥室的書架上。

開始我有點後悔，因為資料並不多，大部分是些信件。有些信需要答覆，由他口授，我寫了簡單的回信，有的信轉給有關單位去處理。我感到工作很枯燥，我們交談不多。過去在梁家是以林先生為中心，他自然說話不多，現在他仍然說話不多，但很親切。漸漸地，我和他之間長幼輩的關係淡漠下來，朋友關係逐漸增長了。

有一天，一封求婚信徹底改變了我和梁公的關係。

那是一封外埠的來信，一位全國人大代表的來信，說她在出席人大會時見到梁公，十分仰慕他，並關心他的生活。她作了簡單的自我介紹後，便提出要與梁先生結為伴侶，信中還附了一張照片。這麼有趣的事，對我來說還是生平頭一次遇見，對我當時枯燥的工作來說也是一點提味的鹽。我開心得都要唱起來了，我抓過一張紙寫上：

親愛的某某：

接君來信激動萬分。請速於 × 日抵京，吾親往北京站迎迓，請君左手握鮮花一束，右手揮動紅色手帕，使吾不致認錯也。

× 月 × 日

我強忍着笑，輕輕地向梁公走過去，一本正經地遞上信說：「您看這樣回行嗎？您簽個字吧！」

梁公接過信開始有點茫然，但立刻就看出是我的惡作劇，等他看完對方的來信，我們相對大笑了起來。我笑得開心極了，又接着逗他說：「哈哈！您居然臉紅了。」他真的臉紅了，微微顯得有點窘，但又流露出些微得意，假裝板着臉說：「對老人開這樣的玩笑，是要被打手板的。」

我仍舊笑得很開心，但我發現他臉上竟有一個深長的酒窩。怎麼？我從來也沒注意到他臉上有酒窩。我還看到了他的一雙眼睛，一雙會說話的眼睛。會說話的眼睛，我在小說中見多了，但在現實生活中從未見過，現在這雙眼睛就像年輕人一樣地看着我，他在說什麼？我不由自主地避開他的視線。

他慢慢地和我談起，自從林徽因去世後，有不少人關心他的生活，也有些人要給他找個老伴，但他就是不答理。

「為什麼？」我問。

「因為我清醒地知道我是個『三要』、『三不要』的人。」

「什麼『三要』、『三不要』？」

「那就是：老的我不要、醜的我不要、身體不好的我不要。但是反過來年輕的、漂亮的、健康的人就不要我這個『老、弱、病、殘』了。」他又說：「某某我們年輕時就認識，她很會煮咖啡，有時也邀我去她家喝咖啡。有人想給我們撮合撮合，可我就是不掉頭！」

「為什麼？」

「我怕老姑娘。」他哈哈地笑了，接着又說：「有時我也很矛盾，去年老太太大病了一場，把我搞得好狼狽，六十歲的女婿照顧八十歲的岳母。」他搖了搖頭苦笑了一下，又說：「我愛吃清淡的飯菜，但是老太太愛吃魚肉，真沒辦法。記得你做的豆豉炒辣椒嗎？真好吃。」

我想起那是林先生在世時，我常常在梁家吃飯。她總抱怨劉媽不會做菜。有一天我心血來潮，做了一個豆豉炒辣椒帶去。沒想到這個菜大受梁先生和金岳霖先生的讚揚。

知音

從那天以後我們就常常聊天，開始從書架上的《文藝月刊》、《收穫》等刊物中的短文談起，我們越談越投機。過去我和林先生交談都是她說我聽，現在卻相反，往往是我說梁先生聽，他很少打斷我的談話，總是專心地、靜靜地聽。不知怎麼搞的我原來是不大能說話的人，也很少敢於對什麼事物妄加評論，眼下在他這個大人物面前，我居然毫無顧忌地大談起來。

我談到我喜歡沈從文和曹禺的作品。巴金的《家》，經曹禺改編後，我就特別愛讀，我認為他塑造的瑞珏真是善良與美的化身。不過，我也很困惑，我們幾千年的文明古國，文學作品中除了詩、詞、歌、賦外，小說卻少得可憐，比起歐洲和蘇俄這方面的作品都差得太遠了。

他說：

我不是研究文學的，不過我想這可能是由於中國社會幾千年的封建統治造成

的。幾千年統治中國社會的儒家思想，極端輕視婦女，「婦女是半邊天」嘛，丟掉你們這半邊天還怎麼可能去真實地描寫社會。儒家是迴避男女之間的愛情的，因而也就丟掉了歐洲社會所經常接觸的「愛情」這一「永恆的主題」。封建社會的文字獄又是極殘酷的，文學家更難以採取現實主義的態度來揭露社會。所以像杜甫這樣的詩人寫出了「三吏」、「三別」就更顯得偉大。由於這個歷史原因，我們的近代文學也就不可能一下子繁榮起來。

我又提到 1949 年後的文藝作品我讀得很少，喜歡的也不多。書中的主人翁總是一個空殼，他們沒有血、沒有肉。要是換個名字，換身服裝，就能改變身份。1949 年以後出版的長篇小說，我最喜歡柳青寫的《創業史》，但《創業史》中，老一輩的人物比小一輩的寫得好，梁三老漢寫得很成功。聽說柳青為寫《創業史》在農村蹲了八年，真不簡單。

我又談到蘇聯的文學作品，像《鋼鐵是怎樣煉成的》中的早期革命者，像《卓婭與舒拉的故事》中的學生，像《勇敢》中的共青團員，像《收穫》中的農莊婦女，都寫得有血有肉。我特別喜歡《康莊大道》這本書。作者通過蘇聯衛國戰爭中的一場戰役，論述了「英雄與凡人」、「司令和士兵」、「紀律與民主」、「勇敢與怯懦」，「弱小與強大」……一連串的辯證關係，有很深的哲理，有時只通過一個動作的描寫就能把人物的靈魂揭示給讀者。我永遠不能忘記書中描寫的一個臨陣嚇蒙了往後逃跑的士兵，在依照軍法槍決他時，這個士兵挺起胸、扣上了風衣扣的動人情景。我說我看過幾篇描寫戰爭的作品，但沒有一篇能和《康莊大道》相比。

對我來說，我感到《收穫》中的女主人的某些處境與我有些相同。她的丈夫是個大男子主義者，她在生活中碰到了真正瞭解她並愛她的人，但是為了家庭和孩子，她和愛她的人分手了。後來她還是和丈夫分居了。但在她自己的努力下，工作取得了成績，獲得了勞動者應有的榮譽，迫使她的丈夫重新認識她，從而在新的基礎上又恢復了家庭。我很喜歡書中引用斯大林的一句話：

講榮譽地過生活，憑良心地做工作，一切都會好起來的。

我又講起《勇敢》中描寫的一批共青團員，他們各有不同的優缺點，對待愛情與婚姻的態度也各不相同。但是每個人都有可愛之處，可以感覺到作者帶着最大的熱情來寫他們，她愛她筆下的小人物。儘管有的人缺點還不少。

我簡直是滔滔不絕，好像要把幾十年悶在心中的話一下子都倒出來似的說個沒完。他顯得那麼有興趣地聽着，偶爾也說幾句話。

一天，他問我和程應銓離婚除了政治原因外還有沒有其他原因。於是我們的話題又轉入了對「家庭」、「夫妻」關係的理解，談到個人與「家庭」的關係，及夫妻間的愛情是包含着真誠、理解、信任、寬容與責任。我忽然感到我與他談的這些竟是自己思想深處的東西，過去自己從沒有很好地清理過，更不用說與人談了；而他彷彿是一把金鑰匙，打開了我的心扉，用他那平靜的微笑等待着我，使我這樣輕而易舉地把自己思想深處的東西向他傾訴。我袒露了自己在戀愛問題上的遭遇，我的幻想與破滅，我的歡樂與悲傷。令我吃驚的是，梁公竟然也隨着我的感情同歡笑，共欷歔。

「政治原因只是近因。」我說，「最主要的是我覺得他不尊重我。我覺得夫妻之間最起碼的是要能真誠相待，這是最根本的，只有做到真誠，互相之間才可能更深入地瞭解，才談得上諒解與體貼。」

梁公不住地點頭說：「是的，是的。」

「他對我缺少最基本的『真誠』，當然我也沒有去爭取。」我接着說，「在生活中不和諧的事、令人傷心的事就更多了。比如前幾年他有了一些稿費收入，我希望能有計劃地使用這筆錢，但他就要隨便花，我最反對的是去買些名貴的煙酒。我們有兩個孩子，以後需要用錢的地方很多，有時兩人

意見矛盾尖銳了，他就說：『這是我勞動得來的錢，我想怎麼用就怎麼用。』夫妻之間說出這樣的話來還有什麼意思？」說到這裡，我見他睜大眼睛驚訝地看着我。「真的嗎？他會這樣說？」

接着，問我有沒有正在進行中的對象。我笑了笑說：「有過一個，我的表哥給我介紹過一個國畫家，我們約好在頤和園見面。他是揹着畫夾來的。沒走幾步，他就迫不及待地打開畫夾子，請我欣賞他的畫，我想，我是挑丈夫，又不是挑畫，畫得好有什麼用，再說那兒也不是個看畫的地方。總之我覺得挺可笑的，找個借口溜了。可是他挺來勁兒，提了兩斤豬肉送到我表哥那兒，請他多多幫忙。」梁公本來已感到很可笑，再聽我說到兩斤豬肉便大笑起來。

我又說：「您要是像他那樣帶着自己的作品去相親，那您就得趕着馬車去了。」

「另外還有一個人要和我結婚，但是失敗了。」過了一會兒我的心情有些黯淡地說，梁公也顯得嚴肅了起來。

這件事我沒有和任何人談過。在昆明時，我們兄妹都在西南聯大的附屬中小學就讀。我小學六年級時有個聯大的學生常給我的小妹妹畫像。後來哥哥轉入雲大附中高中學習，一天他回來告訴我說：「我們的音樂老師莫愚，就是給小妹畫像的那個大學生，這人很奇怪。他不像別的教師只教樂譜和唱法，而是先講怎樣欣賞音樂，還介紹了很多著名的音樂家和他們的作品……有一天他找我去談話，好像對我們家很熟悉，還說想認識你。」大約過了半年，一天，莫愚真的找到我們家來，哥哥正要去看電影，急忙把他介紹給我就溜了。我很窘，本來聽哥哥談到他，還覺得這人有點意思，但是一接觸，我就實在受不了他的酸味。父親對這位不速之客很關心，不時在窗外走動。我卻如坐針氈，一句話也沒有。他說：「聽家舉（哥哥）說你愛好作文，能給我看看嗎？」我如釋重負般跑出去拿作文本。他問我能否借他帶回去看看，我急

於把他打發走，便同意了。臨走時他告訴我，他已轉到離我家不遠的女二中任教。

從那以後，我幾乎每天上學或回家時都會在翠湖或丁字坡碰見他，他總是站在路邊對我一笑。1945年我家遷回江南，臨行前我想去取回我的作文本，但想起他的酸勁，乾脆不要了。到了上海以後，想想還是不甘心把作文本留在他那裡，又寫信去請他把作文本寄還我。

我與程應銓訂婚北上後，一天，莫從長春寄給我一封信。厚厚的幾大頁紙，詳細地敘述了十一年來他對我的愛慕，並說這種感情當我還是個小學生時就產生了，那時因為我還小，他想等我長大了，一定能理解他……最後他要我真實地告訴他，我的生活是否幸福。

那時我正在讀一些有關無產階級人生觀的通俗讀物，心想我與他總共只接觸過一兩次，加起來我沒有說上十句話，哪兒來的愛情，這個人有點不正常。於是我回信告訴他我已是一個孩子的母親，生活得很幸福（其實不然）。我批評他對我的感情是唯心的，因為沒有建立在互相瞭解的基礎上，他愛的是自己虛構的人物。我還建議他盡快建立自己的家庭。

到了1958年我已經離婚，一天又收到他的信，他告訴我十七年來他對我的感情仍舊沒有變。並告訴我他病了很久，現正在北京阜外醫院治療。十七年！人生有幾個十七年，我終於被他打動了。我去醫院看他，但是晚了，在交談中我得知他已於1955年和他的一個學生結婚了。他的妻子是個外科大夫，很愛他。但他們的結合並沒有使他忘掉我。對這點他的妻子很敏感，因此兩人儘管「舉案齊眉」，卻各有各的苦惱，我能說什麼呢？住院期間他的病情有了反覆，要做第二次肺切除。在手術前我去看他，他苦苦地追問我，對他的感情是否改變了，我點了點頭。

他出院後告訴我，準備回去解除自己痛苦的婚姻，他一定要和我生活在一起。

大約三個月後，他來了一封信告訴我，在他提出離婚的要求後，他的妻子曾自殺，雖然得到挽救，但終生致殘，他不可能再離開她。他要求我能常給他寫信，那是他唯一的安慰。他說，「為了和你生活在一起，我做了一切的努力，但是失敗了……」收到那封信的那天晚上，清華正要召開一個全校資料員的大會，我在會上有一個發言，但是我不知道自己都說了些什麼。現在一切都過去了。我沒有回信，我同意保爾的一句話，「如果不能作為最親近的人留在身旁，那就什麼也不是」。

我一口氣說完了這個長長的故事，心情有些沉重。梁公看着我說：「我不喜歡這個故事，它太像小說，太悲慘了。」

「有時候我常想，到底有沒有『一見鍾情』？對他的不幸我有沒有責任？」

「你真善良。」他歎了口氣。他還親切地向我談起他少年時的趣事，他和林徽因的故事，以及林徽因去世後他怎樣避開那些關心他生活的好心人。

我忽然想起，社會上流傳的關於金岳霖為了林徽因終身不娶的故事，就問梁公，是不是真有這回事。梁公笑了笑說：

林徽因是個很特別的人，她的才華是多方面的。不管是文學、藝術、建築乃至哲學她都有很深的修養。她能作為一個嚴謹的科學工作者，和我一同到村野僻壤去調查古建築，測量平面，爬樑上柱，做精確的分析比較；又能和徐志摩一起，用英語探討英國古典文學或我國新詩創作。她具有哲學家的思維和高度概括事物的能力。

他又笑了笑詼諧地說：

所以做她的丈夫很不容易。中國有句俗話，「文章是自己的好，老婆是人家的好。」可是對我來說，老婆是自己的好，文章是老婆的好。我不否認和林

徽因在一起有時很累，因為她的思想太活躍，和她在一起必須和她同樣地反應敏捷才行，不然就跟不上她。

我們住在總布胡同時，老金就住在我們家的後院，但另有旁門出入。可能是在1932年，我從寶坻調查回來，徽因見到我時哭喪着臉說，她苦惱極了，因為她同時愛上了兩個人，不知怎麼辦才好。她和我談話時一點兒不像妻子和丈夫在交談，卻像個小妹妹在請哥哥拿主意。聽到這事，我半天說不出話，一種無法形容的痛楚緊緊地抓住了我，我感到血液凝固了，連呼吸都困難。但是我也感謝徽因對我的信任和坦白。她沒有把我當一個傻丈夫。怎麼辦？我想了一夜，我問自己，林徽因到底和我生活幸福，還是和老金一起幸福？我把自己、老金、徽因三個人反覆放在天平上衡量。我覺得儘管自己在文學藝術各方面都有一定的修養，但我缺少老金那哲學家的頭腦，我認為自己不如老金。於是第二天我把想了一夜的結論告訴徽因，我說，她是自由的，如果她選擇了老金，我祝願他們永遠幸福。我們都哭了。過幾天徽因告訴我說，她把我的話告訴了老金。老金的回答是：「看來思成是真正愛你的，我不能去傷害一個真正愛你的人，我應當退出。」從那次談話以後，我再沒有和徽因談過這件事，因為我相信老金是個說到做到的人，徽因也是個誠實的人。後來的事實也證明了這一點。所以我們三個人始終是好朋友。我自己在工作上遇到難題，也常常去請教老金。甚至我和徽因吵架也常要老金來「仲裁」，因為他總是那麼理性，把我們因為情緒激動而搞糊塗了的問題分析得清清楚楚。

那天晚上我耳旁老響着這兩句話：「我問自己，徽因到底和我生活幸福，還是和老金一起幸福？」「我不能去傷害一個真正愛你的人，我應當退出。」

是啊！人與人之間的友誼與情操，並不是所有的人都能理解的。每個人只能站在自己的高度去觀察去理解社會。

我們就這樣傾心地交談着，我回家的時間也從九點推遲到九點半，甚至十點。我感到和他待在一起有無限的溫暖與寧靜，同時覺得得到了許多的東西。得到了什麼？在知識方面？在道德方面？抑或在感情方面？不，我說不清楚。

一紙「申請書」

一天，梁公拿出一本他親手抄錄整理的林徽因的詩給我看。這是林先生去世後他整理的，他調皮地眨一下眼睛說，可惜不是白絹的封面，也沒有白玫瑰。一個精緻的黑皮封面的厚本子，抄錄了林徽因發表過的和沒有發表的作品。我讀着林徽因美麗的詩句，看着梁公那一行行漂亮的字，感到這真是一件無價之寶。他特意選一首他喜愛的詩念給我聽，念完最後一句「忘掉覷覦，轉過臉來，把一串瘋話，說在你的面前」時，抬起頭來，我又看見了他那會說話的眼睛。那天晚上我很高興，我沒有想到能有這樣的榮幸，和梁公一起欣賞林徽因的詩。同時也感到還有另外一種感情在我心中升起，它迅速地膨脹着。

第二天，我剛進門，梁公就把我叫過去，遞給我一封信，我打開一看，上面寫着：

親愛的朋友：

感謝你最近以來給我做清倉工作。除了感謝你這種無私的援助外，還感謝——不，應該說更感激你在我這孤寂的生活中，在我伏案「還債」的恬靜中，給我帶來了你那種一聲不響的慰藉。這是你對一個「老人」的關懷，這樣的關懷，為一個「老人」而犧牲了自己的休息，不僅是受到關懷的人，即使是旁觀者，也會為之感動的。

梁思成和林洙在書房裡合影

你已經看到我這個「家」，特別是在深夜，是多麼清靜（你的「家」是否也多少有點同感？）。若干年來，我已經習慣於這種生活，並且自以為「自得其樂」。情況也確實是那樣，在這種靜寂中，我也從來不怎麼悶着，總是「的的篤篤」地忙忙碌碌，樂在其中。但是這幾個晚上，由於你在這裡，儘管同樣地一小時、一小時地清清靜靜無聲過去，氣氛卻完全改變了。不瞞你說，多年來我心底深處是暗藏着一個「真空」地帶的；這幾天來，我意識到這「真空」有一點「漏氣」，一縷溫暖幸福的「新鮮空氣」好像在絲絲漏進來。這種「真空」得到填補，一方面是極大的幸福，另一方面也帶來不少的煩惱。我第一次領會到在這樣「萬籟無聲，孤燈獨照」的寂寞中，得到你這樣默默無聲地同在一起工作的幸福感。過去，那種「真空」是在下意識中埋藏着的，假使不去動它，也許就那樣永遠「真空」下去。我認識到自己的年齡、健康情況，所以雖然早就意識到這「真空」，卻也沒有怎麼理會它。

儘管我年紀已經算是「一大把」，身體也不算健壯，但是我有着一顆和年齡不相稱的心。我熱愛為祖國社會主義建設的工作，熱愛生活，喜歡和年輕人玩耍，喜歡放聲歌唱，總記不住自己的年齡，因此也有着年輕人的感情。

對自己年齡和健康情況的「客觀事實」我是意識到的，若干年來，我都讓它壓制着那年輕的「主觀心情」，從而形成了那麼一個「真空」，深深地埋藏起來。但是這「真空」今天「漏了氣」了。

我認識你已經十四五年了，自從你參加到系的工作以來，你的工作做得很好。你給了我越來越好的印象。也許因為我心裡有那麼一個「真空」，所以也常常注意着你（記得過去一兩年間我曾不止一次地請你「有空來我家玩玩」嗎？）。但是也不過是一種比較客觀的「關懷」而已。從來沒有任何幻想。

今天竟然在你「工作」完了之後，求你坐下來，說是讀林徽因的詩，其實是失去了頭腦的清醒，藉着那首詩，已經一時「忘掉靦腆，（已經）轉過臉來，把一串瘋話，說在你的面前」了！我非常抱歉，非常後悔，我不應該那樣唐

突莽撞，我真怕我已經把你嚇跑了。但已「駟馬難追」，怎麼辦呢？真是悔之無及。

親愛的洙，我必須告訴你，我非常非常珍惜在我們之間建立起來的這種友誼，我非常深切地感受到在夜深人靜時，你在這裡工作而「陪伴」着我的溫暖。但我更明確地意識到我用玩笑的方式所說的「三大矛盾」。即使對方完全是我所說的「三不要」的反面，而且她也不以我的「老、弱、醜、怪、殘疾」而介意，我還是不願意把自己這樣一個「包袱」讓別人揹上的。因此，即使我今晚雖然一時衝動說了「一串瘋話」，我卻絕不會讓自己更「瘋」。

但是我有責任向你發出一個「天氣形勢預報」。我是一個心直口快的人，有時也可能說話「走火」，我深深地害怕這樣「走火」把你嚇跑了。但另一方面，由於我心裡有「真空」，所以有時你說話可能無心，我可就聽着有意。例如你今晚說，「一個人老不老不在他的實際年齡」。我這有心人就聽着「有意」了；又如你說那位畫家抱着作品來，並說我相親要「用馬車拉」，那是否也拉到你處呢？從這方面說，我又不是心直口快而變成「疑神見鬼」了。

我非常非常珍惜這些天你給我帶來的愉快和溫暖，這就不可避免地增厚加深了我對你的感情。這種感情並不是什麼「一見傾心」的衝動，而是多年來積累下來的「量變」到「質變」。這樣的「質變」雖然使我（單純從我一方面想）殷切地願望你就這樣，永遠永遠不再離開我，但我也知道這是一種荒唐的不切實際的幻想。我的理智告訴我，我不但不應該存在任何這種幻想，而且應該完全「保密」，但我今晚一時不慎，已經「洩密」了。你可以看出，我心裡是多麼矛盾。我既然「洩密」了，這就可能引起你許多疑慮和顧慮，導致你害怕，永遠不再來了。我所希望的是你今後經常這樣來看我，幫助我做些工作，或者聊聊天，給我這樣——也僅僅是這樣的溫暖。

親愛的朋友，若干年來我已經這樣度過了兩千多個絕對絕對孤寂的黃昏和深夜，久已習以為常，且自得其樂了。想不到，真是做夢也沒有想到，你在這

時候會突然光臨，打破了這多年的孤寂，給了我莫大的幸福。你可千萬千萬
不要突然又把它「收」回去呀！假使我向你正式送上一紙「申請書」，不知
你怎麼「批」法？

送你走後，怎樣也睡不着，想着你怎樣在這蒼茫月色中一人孤單地回去；輾
轉反側良久，還是起來，不由自主地執筆寫了這一大篇。我不知道會不會給
你看。我只知道，我已經完全被你「俘虜」了！嚇壞了嗎？

心神不定的成
十八日晨二時

我完全沒有料到會是這樣的一封信，但同時我又似乎並不十分驚訝，覺得
也很自然。在我看信的時候，梁公的眼光始終沒有離開我。我一看完信，
他就伸手把信收了回去，並低聲地說，「好了，完了，你放心，這樣的信
以後不會再有了。」我抬起頭，看着他的眼睛，一種說不出的苦惱的神色
直視着我。我只是迷迷糊糊的，耳邊響着他的話「好了，完了……這樣的
信以後不會再有了」。不會再有了……我忽然感到一陣心酸，眼淚撲撲簌
簌地掉了下來。梁公突然從我的眼淚中看到了他意想不到的希望，他狂喜
地衝到我面前，「洙，洙，你說話呀！說話呀！難道你也愛我嗎？」我只
是哭，一下撲到他的懷中，什麼也說不出來。我只知道，我再也不願離開
他了，永遠永遠和他在一起。

這就是我們的全部戀愛過程，我們沒有花前月下的漫步與徘徊、沒有卿卿
我我的海誓山盟，我們也沒有海濱湖畔的浪漫嬉遊。沒有，我們沒有這些
可以永遠銘記在心中的美景來回味。我們僅僅是這樣一小時、一小時地促
膝談心，傾訴衷腸。能與人這樣推心置腹地交談，在我的一生中只遇見這
一次。因此當思成向我正式送上一紙「申請書」時，我感到那麼自然，而
且全身心地愛他，永遠……永遠……終於我們決定生活在一起了。 然而這
一決定卻給我招來了難以忍受的議論與指責，最令我難堪的莫過於來自思

成弟妹與子女的不諒解。但這一切思成都勇敢地接過來，坦然處之。他用堅定平靜的微笑慰藉我，他小心地保護着我。在那些可怕的日子裡，我的心彷彿是一隻被猛獸追逐的小鹿，惶惶不可終日。但是只要拋開這些世俗的煩惱，我們就是最幸福、最快樂的了。我們有說不完的話、做不完的事。每天我們都過得很開心，往往是我剛要啟齒，思成就替我把話說出來了，他瞭解我每一時每一刻的思想。

沒有結論

社會上對我們的婚姻議論剛剛平息不久，沒有想到又發生了一椿令我更加難堪的事情。但是，也正是通過這件事情我們更加互相瞭解、更加信任、更加相愛了。

1959 年為設計國家大劇院，我系曾對劇院建築作了較深入的研究。除了收集當代國際上新老劇院的資料外，還派出大批學生對全國各大城市的劇場、影院、會堂做了調查，並收集了大量資料。後來雖然國家劇院的設計任務下馬了，但為了總結這一段工作，我系編輯了《國外劇院圖集》、《中國會堂劇場圖集》、《2300 座劇院設計總結》三大本書，每種均印兩三千冊。這些書的對外交流與出售工作一下子全交給了資料室。當時我負責資料工作才三年，平時日常工作已經很忙，再加上這一大批書的交流與發行就更加忙亂。但是更重要的是，我沒有一點財務常識。我把這項任務交給一個剛參加工作的中學生來做，但忙起來的時候大家都來動手。當時也不懂得把管「錢」和管「物」分開。因此在 1963 年開展「雙反運動」（反貪污、反官僚主義）時，一清查，發現了問題。售出的書和收入的錢對不上。開始我並不重視，我也沒有想到新來的小兄弟會出什麼問題。再說這批書的印刷、取貨、交款等全部是學生辦的，本來就是一堆亂麻。

有一天，我上班時發現有幾個人在清點那些圖集。我心中一動，為什麼不由我們資料室的人清點？第二天「雙反」辦公室的同志便找我談話，要我坦白交待，爭取寬大處理。我一聽，腦子「嗡」地一聲，像爆炸了一樣，什麼也聽不進去了。「坦白交待」，難道他們認為我貪污了嗎？且不說問題能否弄清楚，就當前受到懷疑已足使我難以忍受了。我的心情再也沒有比這更沉重的了，我怎樣回去向思成交待？說我受到了懷疑，說我是冤枉的，他能相信嗎？他將怎麼看我？他會怎樣對待我呢？回到資料室我一頭伏在桌子上痛哭起來。

回家後我萬分羞愧地向思成轉述了「雙反」辦公室和我談話的內容。他注意地聽着，然後嚴肅地說：「你有責任幫助組織把問題搞清楚。」

「我怎麼搞清楚啊！如果我真的貪污了，我可以坦白，可是我沒有，一分錢也沒有，我交待什麼呢？我經手的錢都交給某某了，如果某某貪污了，他不承認我永遠也洗不清了。」

「雙反」辦公室找我談話的次數越來越多了，對我施加的壓力也越來越大，我幾乎每天都在哭，吃不下飯也睡不着覺。一天我從系裡回家，碰到總支書記劉小石正從裡面出來，我的心一沉。果然我進屋後發現思成空前的嚴肅。他對我說：「小石剛走，他和我談了一些運動中的情況，組織對你的審查不是輕率的，不是無根據的懷疑，而是掌握了一定的材料。」

他停了片刻又說：「你聽着，不管你的問題多大，貪污了多少錢，只要你徹底坦白，我願意也有能力幫你退賠，並且不會影響今後我們之間的感情。如果你真的沒有問題，那就振作起來，幫助領導把問題弄清楚。但是我告訴你，如果最終你的話和組織的結論不一致，那我是相信組織的，那我們之間的關係就算完了。」

思成最後的話令我痛心。

難道組織就不可能搞錯嗎？誰能保證領導就絕對沒有判斷錯誤的時候呢？我實在受不了這種煎熬，反正現在大家都已認為我是有問題的了，我還不如搞個假交代呢。但我又不知道差額是多少，如果說了反而會說我是故意隱瞞真相，破壞運動，那不又罪加一等了嗎？再說我也交待不出貪污了哪一筆錢、哪個單位的錢，更交代不出贓款的去向。我想這兩年的日子也真夠難熬的，一波未平一波又起，真不如死了算了。但是兩個孩子怎麼辦？想起孩子我就更傷心了，我死了，誰來關心他們？誰來愛撫他們？我現在唯一缺少的是對組織的信任，我想只要我能堅信組織絕對不會搞錯，只要有了這個信心我就得救了。我一邊哭着一邊斷斷續續地把自己的顧慮，把我那些不連貫的思想告訴給思成，因為我邊哭邊說，想到哪兒說到哪兒。我相信沒有一句話是說清楚了的，也沒有一句是說完整了的。但是思成聽明白了，他告訴我說看見我這樣痛苦，他也很難受。他說要有信心，絕不能搞假交待，既然領導上還沒有作結論，就說明組織上處理問題是慎重的，是要反覆核實的。

當時我們系「雙反」辦公室還向全北京市的建築單位調查購買這三種書的情況，我是資料室的負責人，因此弄得各設計院「滿城風雨」，都在傳說林洙貪污了。這對我來說是無法接受的屈辱，我簡直就無法再見人了，因為這些單位都是我在工作中經常要聯繫的。

這事傳得連建工部楊春茂部長都知道了，一天思成在觀看一個演出時正好與楊部長坐在一起，部長關心地問：「你夫人的問題怎麼樣了？」

「現在還沒有審查清楚。」

「你告訴她，要經受得住考驗，過去我們黨有些在白區工作的同志，由於牽扯到某些問題中去，往往被組織審查了十年八年，最後才調查清楚，重

新工作。但也有些同志接受不了這種審查，走上了與黨背道而馳的道路，這是很可惜的。」

思成回來高興地向我傳達了楊部長的關懷，並說楊部長建議我讀一讀《論共產黨員的修養》中最後的一章，於是我們一起讀了起來。其中有一段話對解決我的思想包袱，就像將要枯死的禾苗逢到甘雨一般地起作用。

這些道理教育了我，革命前輩出生入死尚且受到審查，相比之下我這點委屈又算得了什麼。

過了幾天在全系大會上，書記劉小石針對貪污分子說的一段話使我獲得了更大的希望，他說：「我們大家都應當尊重事實，不要有僥倖心理，不要想蒙混過關，混是混不過去的。我們搞工作靠的是什麼，當然不能只靠你們的交代。坦白交代與否，只能表明你們自己的態度，我們靠的是調查研究，我們越調查研究，就應當越接近事實，總不會越調查研究離事實越遠吧？」

「越調查研究越接近事實，總不會離事實越遠。」太好了！我太高興了，我沒有貪污，那麼離事實越近就對我越有利。於是我恢復了清醒的頭腦，認真地回憶起當時的一些細節，一一向「雙反」辦公室做了交代。同時我想售書的事我交代不清，但這幾年我的生活、我的經濟來源、我的家庭開支是交代得清楚的。因此我把這幾年間，我的工資及其他收入情況，我每月家用支出情況，我添置了哪些衣物等等，毫無保留地向「雙反」辦公室做了詳細的交代。

後來，我擔心的已經不是給我作什麼錯誤的結論了，而是怕不給我作結論，因為不作結論，就等於還沒有證明我是清白的。果然在運動結束時，「雙反」辦公室找我談話說，我的問題不能作結論。他們給我看了一份材料，大約有五六個人證明從我手中買了書，但查不到收據存根，記得總數只有五十

元。這幾個人我一個也不認識，我懷疑他們到底是否在我這裡買的，當時我們系的財務員吩咐我們，為了節約使用收據本，凡是私人購書不要一一都開收據，而是積累到一定的數量總開一張收據，這樣結賬更方便。因此當然有可能找不到存根。

我委屈極了，竟在「雙反」辦公室痛哭失聲。其實從法律上看，這點材料是說明不了問題的。既然當初大動干戈地給人施加這麼大的壓力，還大張旗鼓地外調，給當事人的名譽造成了極惡劣的影響，那就應當認真負責地為審查對象作結論。但是不行，即使查不出問題也不甘心承認我的清白。當時對「不能作結論的人」也有一說，就是「掛起來」。對幹部來說，把某人一「掛」，他們也就完成了任務。再不會考慮到被「掛」的同胞在精神上受到的痛苦與壓力。但是尊嚴與自尊對每一個人來說都是勝於生命的，不應受到損害。

1979 年、1982 年我曾兩次被評為全系的先進工作者，1984 年又被評為全校的先進工作者。然而對 1963 年的審查仍然沒有作結論。二十六年不作結論本身是否就是一個結論呢？

思成自從劉小石來和他打招呼的那天，和我談了話之後，就彷彿沒有發生過任何事一樣，照舊是那麼快樂。只是對我更關心、更愛護了。我沒有想到他瘦小的身體裡，在外表溫和纖弱的身體內，卻蘊藏着不為外界干擾所動搖的堅強力量。幾乎全系、全校、全建築界都在恥笑他的妻子是個貪污分子時，他卻能泰然處之。他沒有冷落我，而是向我伸出溫暖的手，幫助我渡過難關。寫到這裡我不能不擱筆了。因為我找不出任何詞彙來表達我對他的感情，是感動、感激、尊敬、崇敬、信任，是更深的愛？啊，都不是，即使把這些全加起來也不能表達我的感情。我只明白了一點，為了他，在我的生命中沒有什麼東西是不能給予的。

我承認當我接過那份「申請書」時，雖然沒有過多的驚訝，卻也十分猶豫。

難道我能代替林徽因的位置嗎？我自信自己還是一個頭腦清醒的人，我知道自己的價值。在這個世界上恐怕再也不可能出現第二個林徽因了。但眼下我卻又感到和思成共同生活也很自然，我解不開這個謎。人們之所以對我們的結合反應如此強烈，也許就是把林洙和林徽因相比了吧？也許梁思成和那位會煮咖啡的專家結婚，就會得到全社會的拱手慶賀，「真是天作良緣」了。但是倒霉的梁思成偏偏沒有接受那位人大代表的「申請」，也沒有考慮那「天作良緣」，卻暗暗地向我這麼個小人物，既無學歷又無官銜的小小資料員遞上了他的「申請書」，難怪有人妄加猜測並得出結論：「林洙就是想當建築界第一夫人。」

一年來我和思成間的感情越來越深，我對他的依戀也更深了。他是那麼尊重我、愛護我、保護我，他給我的熱情勝過任何年輕人。我們之間能更加坦誠相見，我們毫無顧忌地交換思想與看法。我們糾正對方的錯誤，也接受對方的批評，這不是所有的夫婦都能做到的，也不是所有的夫婦都能享受得到的。

我並沒有代替林徽因，任何一個人都不可能被他人代替，何況林徽因。過去的「梁思成—林徽因」已經一去不復返了，現在「梁思成—林洙」新生了。作為丈夫，梁思成不同於過去的梁思成，作為妻子，林洙不可能代替林徽因。過去梁思成是幸福的，現在他仍然是幸福的，也許其間的內涵不盡相同，也肯定不會相同。

1963 年春，一個晴朗的天，我等他回來吃午飯，但到了中午一點他還沒回來，我便先吃了。正在這時他捧着一盆仙客來回來了。我連忙安排他一起吃飯。飯後他坐在我身邊，握着我的手輕輕地說：

「我到八寶山去了，給徽因送兩盆花去。事先沒有告訴你，讓你久等了，你不生氣吧？」

「啊！當然不。」我一時語塞竟不知說什麼好。但我卻深深地自責了，為什麼我在歡樂中竟忘了這個重要的日子，也許我應當事先為他買好花，也許我應當陪他去。但是我又否定了。不！這不是我應該做的，也是我不能做的。我沒有權利介入他和林徽因之間。人與人之間的感情是神聖的，有時又是極嬌嫩敏感的，它應當受到最大的尊重。不懂得尊重感情的人，是不懂得愛的。

現在她長眠地下，她親愛的人在這裡默默地站立着，獻上了心靈的花。人們啊！請珍惜這安寧的一刻，不要去打擾他們吧！

無可推卸的責任

思成永遠是那麼樂觀、詼諧、朝氣蓬勃，我們相處的日子是多麼快樂。他總有說不完的笑話和小故事，即使沒有小故事，平時說話也那麼詼諧有趣。一天他一本正經地問我：

「眉（我的小名），你知道你丈夫的全部官銜嗎？」

「當然知道。」

「不見得吧？你知道我還是壽協和廢協的副主席嗎？」

這可真把我問住了，我從沒有聽到過這兩個協會，壽協？難道有專門研究長壽的協會？廢協？是有關市政衛生方面的嗎？我搖了搖頭。他哈哈地笑着說：「不知道了吧，瘦協，是瘦人協會，夏衍是會長，他只有四十四公斤，我和夏鼐是副會長，一個四十五公斤，一個四十七公斤。我們三人各提一根枴杖，見面不握手而是碰桿。廢協，是廢話協會。一天我和老舍、

華羅庚一起閒聊，老舍抱怨說：『整天坐着寫稿，屁股都磨出老繭來了。』
我開玩笑說：『為什麼不抹點油？』老舍也回答得快：『只有二兩油（三年
困難時期，每人每月供應二兩油）不夠抹的。』華羅庚接上來說，『我那份不要了，
全給你。』」他笑着說：「逗貧嘴誰也說不過老舍，所以他當了廢協的主席，
我和華羅庚是副主席。」說完他哈哈大笑起來。

「眉，你知道你的丈夫還是個殘廢嗎？」他說。我疑惑地看着他，沒有回答。

「唉呀，林洙呀林洙！嫁給一個『無恥之徒』（指無齒）還不夠，還是一個『瘸
子』。」

他的右腿略短，我知道是在一次交通事故中造成的，但不知道還有什麼其
他問題。

「我出生時是個畸形兒，兩條腿撇開，兩個腳尖相對，還不一樣長。我生
在日本，父親請了一位日本的外科大夫給我治病。他建議把我的兩腳扳正，
用繃帶紮緊，然後再放在一個小木盒子裡，一個月以後我的腿果然治好了。
不過現在我的腳板還是斜的，不像正常人是平的。」

我問他，他既是長子，為什麼弟妹們稱他二哥。

「因為在我上面還有一個男孩，但是出生後兩個月就死了，所以我就算是
老大。但我從小多病，身體瘦弱。一天我母親夢見一個嬰兒不住地向她啼
哭，一個會圓夢的先生說，是我那死去的哥哥要求家庭承認他的地位。從
此弟妹都改口叫我二哥，據說從那以後我的身體也慢慢好起來了。」

人與人之間總是會產生各種各樣的矛盾，夫婦也不例外。儘管我們這樣相
愛，但仍然會有矛盾，這是無法迴避的現實。我的經歷告訴我，夫妻之間
不能僅憑一時間熱烈的愛情，還應有誠摯的友誼，如果沒有誠摯的友誼，

那麼熱烈的愛情是不可能持久的，它早晚會淡漠。夫婦間要保持持久的友誼與愛情並不是容易的事，它要求雙方都付出執著不懈的努力。產生矛盾並不可怕，關鍵在於是否能真正解決矛盾，雙方是否能坦誠地無保留地交換思想，達到互相的諒解與體貼。

婚後一段時間，我漸漸看出思成不喜歡我的大孩子哲，他疼愛我的小女兒彤。他對兩個孩子在感情上的差異我完全能理解。因為哲兒從小多病，他能否活下來我曾一度失去信心。由於體質病弱使他不能止常地學習，並失去很多與同齡兒童一起活動的機會，這就養成他比較內向的性格。由於經常缺課，學習成績自然較差，但他自己常做點小玩意兒，動手能力較強。

思成的自行車是從國外帶回來的，氣門嘴與國產車不同，所以打氣筒不用帶夾子的氣嘴。一天哲把打氣筒給裝上了一個夾子，正碰上思成要去開會，車子沒氣，氣筒又被哲改裝了，怎樣也打不進氣去。他一腦門的氣衝我發作出來，我沒吱聲，但整個晚上我們失去了原有的親密氣氛。寒假時彤兒帶着全 5 分的成績冊回來，哲兒的記分冊出現了一個 2 分兩個 3 分。思成很不高興地批評他，哲兒一聲不吭，把思成的一杯水喝得精光就走了。思成同樣衝我發了火，又是一個無言的夜晚。

第二天思成到城裡去開人代會，一周內不回來。他留下一張條子：「我不能不坦白地告訴你，我不喜歡你的沉默，你知道我的工作多麼繁忙，需要休息，需要安寧。不能總為一點小事對你左哄右哄，千求萬求。對哲我已經越來越失望，越難以忍受他的缺點。也許我應當幫助他改正。但一切均受到我的精力和神經的限制，恕我不能奉陪了。」

這封信使我又委屈、又傷心，我哭了。我想起社會上多少再婚的夫婦，往往因為處理不好與繼子女的關係，終究不得不離異，難道我與思成也逃不出這個命運？對孩子我有無可推卸的責任，這個責任也許需要我做出重大的犧牲，當然也會包括最珍貴的愛情。但是思成不是心胸狹窄的人，我冷

靜地考慮後認為思成有正確的一面，儘管這是個很難處理好的關係，但是我要努力。

當天晚上他打回電話，我知道他有點後悔早上留下的便條，我告訴他，我會把我的想法寫給他。第二天我託張光斗先生給他帶去一封信。

我的朋友：

我認為我沒有半點過錯。是的，有時候我沉默了，但這難道是因為哲？不是的，我們之間的每一次彆扭我都記得很清楚。我無須多說你是知道的。我曾想過，我們之間的矛盾向來都是在思想認識完全一致的情況下解決的。完全不是你所說的「左哄右哄，千求萬求」。我常為有這樣理解我的丈夫而感到無比幸福，難道你並沒有我這樣的體會？我感到多麼失望！

為哲鬧彆扭共兩次：一次在夏天，一次是前晚。夏天是因為他把打氣筒改裝了（他是出於好心，但是事先沒有徵得爹爹的同意），而你不是對他，竟是對着我發洩你的不滿，我的確感到很難接受這種無故的責難。

哲的缺點我是看到的，我也基本上同意你的看法。但是你把我找到跟前，不是幫助我教育孩子，不是幫助我分析問題，而只是告訴我你對孩子的「失望」和「氣憤」。這我能說什麼呢？我不能理解你這樣做的目的是什麼？我面臨着一個短期內自己完全解決不了的嚴重矛盾。我感到困難，困難得很。儘管如此，我還是接受了你正確的意見，如不給孩子零食和過多的電影票。

另外我也有不同意你的地方，我認為哲這樣的孩子，由於他的缺點已經形成，而我們又不瞭解他的思想情況，因而對他進行批評教育就更困難，更得有原則，更得抓住主要問題。比如喝水的事，我就認為他並沒有什麼大錯，這也許是母親的偏見，難道你不能幫助我正確地認識錯誤嗎？

而你留下這樣的信揚長而去！對於高級知識分子的「神經」，我不理解。我只知道一個共產黨員不僅對社會負有教育下一代的責任，對於家庭則又更多了一層責任。我不認為這會受什麼「精力和神經」的限制。

你的信我附上，希望「老爺」也再讀一讀，也許對你也是有教育意義的。你問我這兩天是怎麼度過的嗎？白天我努力把思想集中在工作上，晚上孩子睡了，再看看你的信想想問題。我也可以坦白地告訴你，我多麼多麼想念你，無比需要你。我等待着，心靈的這一寒流只有你能把它驅散。

眉 12 月 23 日深夜

第二天晚上思成打來電話，說他看了我的信非常難過，他向我承認錯誤，今後改正。思成沒有食言，從那以後我們再也沒有為孩子的事不快。他開始注意到哲的長處，並常常鼓勵指導他自己動手做些小儀器或小玩意兒。

婚後很長一段時間，有一件事始終梗在我的心中，就是我們與再冰之間的不愉快，這事雖然不是我的過錯，但總是因我而起。思成與再冰之間父女情深，他對再冰從不掩飾自己真實的思想和缺點，他們常常談心。而現在，他們疏遠了。因此我更加感到我們的結合，思成同樣付出了很大的犧牲，這使我感到極大的內疚，又無能為力。

1965 年，再冰突然來電話說她即將與中干（她愛人）同去英國工作幾年，行前要來看我們。我為她們父女關係的緩和感到欣喜與安慰，同時也還有某種說不出的複雜心情。

那天再冰、中干帶着孩子來看我們，她走到我面前，直視着我伸出手來，緊緊地一攥，我的心隨之顫抖了一下。我知道，這深深的一攥，表示她對我的諒解，表示她遠行前把父親和外婆交給我的重託，我幾乎掉淚。兩天後我出發到延慶參加「四清」去了，所以沒有為她送行。在她行前，思成

帶着老太太去看她，他們一同照了相。分別時再冰突然摟着思成親他，哭得十分傷心。她到倫敦後雖然來信，也只能是平安家書。

沒想到幾年後等再冰回國時，思成已住進北京醫院。她永遠失去了過去那個樂觀、詼諧和朝氣蓬勃的父親，再冰說，「他不愛說笑了，也不像過去那樣有信心和開朗了，有時似乎茫然若有所失……我在心裡流下了淚」。

後來雖然再冰常到醫院看他，在 1971 年的除夕，她為了讓我休息，還來陪思成過了一夜。但她始終沒有尋找回來過去的梁思成——她親愛的爹爹。

03 屈辱與磨難

風暴來了

1966年春我正參加清華大學的「四清」工作隊，在京郊延慶中羊房工作，工作隊的同志都注意到報刊上陸續出現了對《海瑞罷官》和《燕山夜話》的批判。思成的來信也談到了他在民盟中央參加了對吳晗的批判會。

令我感到困惑的是《海瑞罷官》和《燕山夜話》的著者們都是北京市委的領導同志，難道北京市的領導人會出問題？6月3日新華社報道中央決定改組中共北京市委。這時校內也派人來和工作隊聯繫，要求隊員們對校黨委的工作表態。真有些「山雨欲來風滿樓」的緊張形勢。但大多數人吸取了反右的教訓，紛紛支持黨委的工作。明確表示蔣南翔是姓馬（馬列主義），而不姓修（修正主義）。不久，工作隊就接到命令返回學校參加「文化大革命」。

當返校的車子一進校門，就看到鋪天蓋地的大字報與處處攢動着的人群。一股騷動不安的感覺向我襲來，六月的天氣已開始炎熱。籠罩着工作隊的沉悶氣氛，又使我隱隱地感到一種難言的恐慌。返校的汽車駛入清華園，我們在系館門口下了車，正對系館門口的一張大字報上赫然寫着斗大的黑字，「揪出黑市委籬上的大黑瓜梁思成」。我的心一下子緊縮了，幾乎透不過氣來。

我木然地走回家，推開房門，屋子和往常一樣拉着窗簾，顯得有些昏暗，思成正在寫些什麼，他顯得那麼瘦小憔悴。見我進來，他向我伸出雙手，又放下了。他用低啞的聲音說：「我天天都在盼你，但是我又怕見到你……」我從來沒有見到他這麼痛苦、這麼頹唐，這使我駭然。我輕輕地撫着他，希望能給他一點安慰，暗暗祈望這只是一片短暫的烏雲，一切都會搞清楚，一切都會過去。那時我怎麼也沒有想到這片烏雲會籠罩全中國整整十年，而他也再沒有機會看一眼中國的晴空。

20 世紀 60 年代初攝於清華大學大禮堂前（左起：汪坦、梁思成、楊廷寶、吳景祥）

1965 年，林洙在延慶中羊房大隊參加「四清」運動

我回到自己的單位「參加學習」，老同事們都很沉默。窗外不時敲鑼打鼓，走過一隊隊人，押着戴高帽子的黨委幹部們遊街，一部分同志懷着看熱鬧的心情嬉笑指點着。接着又來了一隊人喧嘩得特別厲害，他們押着一個女同志，她身上穿着一件黃紙糊的大斗篷，在斗篷的前胸及後背上寫了三個大「保」字，她頭上戴着同樣黃紙糊的高帽子。走近後，我才認出原來是黨委中唯一的女委員。她生活樸素，工作努力，挺關心群眾。我一向對她十分有好感，現在她卻成了這個樣子。我好像五臟六腑都被攪翻了似的，全身無力地癱坐在椅子上。我不禁自問，揪出走資派是「革命行動」，我這是怎麼了？於是我努力掩飾自己的恐懼，盡量裝出一副鎮靜的樣子。

上邊派來了工作組，人們暫時安定了下來。為了迎接這場「文化大革命」，我把思成1949年後寫的文章整理出來，準備他自我批判用。在整理的過程中我發現兩篇重要的文章，一篇是當時我系工作組組長的文章，發表在《建築學報》第一期，是論建築的民族形式問題，他的觀點和思成同時期的文章沒有什麼區別，再一篇是姚文元（中央「文革」領導小組成員）關於美學問題的文章，其中一段論述故宮的建築藝術，他的分析簡直與思成的論點完全一致。

有了這兩個重大的發現，又想到周總理曾對思成說他的《拙匠隨筆》是好文章的話，我彷彿吃了定心丸，我相信他的學術問題充其量只能是錯誤觀點，構不成反動權威的罪行。我把這兩篇文章給思成看，他不像我這樣樂觀，歎息着搖了搖頭。

果然系館門口貼出了《梁思成是彭真死黨，是混進黨內的大右派》的大字報。於是他詳細地「交待」自己的入黨經過，與彭真的關係等等，其實那本來是眾所周知的，然而他一遍又一遍地檢查，都沒有通過。有一天他終於明白了他們需要的東西，他們認為他在反右時期寫的擁護黨委領導的文章，是當時的市委為了把「右派打扮成『左』派再拉進黨內」而授意他寫的。

「文革」初期的梁思成仍在工作

「那麼，那篇文章是怎麼寫的呢？」我問。

他說：

在整風開始後很多人對黨提出了意見，我自己也提了不少，但是這些意見中有一點我不同意，就是要共產黨從學校中撤出去。儘管我和不少領導同志為北京市的規劃問題，為古建築保護的問題吵得不可開交，儘管共產黨曾批判過我。但是我沒有忘記是誰領導全國人民站了起來，不再受帝國主義侵略；是誰解決了四億多人民的吃穿問題；是誰使我們的社會得到了安定；是誰清理了古老的北京城裡從明代就積存下來的垃圾，是共產黨。那麼為什麼共產黨就不能領導大學呢？在解放前，校委會被操縱在少數特權人物手中，就像清華過去所謂的「三巨頭」嘛！所以，我寫了《整風一個月的體會》，談了自己的看法，但當時正在鼓勵鳴放，提意見。所以寫完後又拿不定主意，只好把它鎖在抽屜裡。星期日劉仁同志來看我，問我最近有什麼看法，我把這篇東西拿給他看，他看完後很高興，立刻放進口袋中，說了聲「明日見報」就走了。第二天果然一字不改登了出來。

接着他又說：

不管怎樣，我當時認為只有共產黨能使中國強大起來，我願意跟着它走，所以我寫了入黨申請。那時連黨的基本組織原則都不懂，竟把申請書直接交給周總理轉毛主席。我在入黨後的一切行動包括我寫的那些文章可能有錯誤，但全是光明正大的，沒有任何陰謀活動。

他又說：

我最早認識的共產黨員是龔澎同志。那還是在四川，我陪徽因從李莊到重慶去看病，住在上清寺中央研究院的宿舍裡。一天一位漂亮的年輕女士突然來看我們，她直言不諱地聲稱自己是共產黨員，是費慰梅介紹她來看我們的。

費慰梅是費正清的夫人，當時是美國駐華使館的文化專員。當時龔澎說，我們共產黨願意結識一些學者，瞭解他們的情況，聽聽他們的看法。這個共產黨員，是戰前燕大的學生，能說一口流利的英語，衣着也很淡雅入時，這些都給我們留下了良好而深刻的印象。解放後的一天，我在頤和園遇到龔澎，她那時正在朝鮮板門店與美軍談判，回京休假。我們談起當年在重慶的相遇，我才知道是周總理從費慰梅處得知我們的情況，特意派龔澎來看望我們的。

我認識的第二個共產黨員，就是讓我在軍用地圖上標出古建築的解放軍代表。雖然我們的接觸僅一個多小時，但是他代表了共產黨對古建築的重視與愛護，使我從感情上一下子就和共產黨接近了。

我接觸的第三個共產黨員就是彭真了，那是在北京解放不久的一次會議上，有人把我介紹給他，當時我對黨內的組織情況毫無瞭解，根本不知道他在北京市及黨內的地位。當他知道我是梁啟超的兒子時說：「梁啟超曾說，今後之歷史殆將以大多數之勞動者或全體國民為主體，現在實現了。」接着他又引了一句梁啟超的話，然後對我說：「我相信，梁啟超先生要是活到今天，他也會擁護共產黨的。」我真是大吃一驚，我雖是梁啟超的兒子，但很慚愧，我沒有讀過多少父親的著作，然而眼前這位共產黨的幹部卻能背誦他的作品。這件事很自然地使我對彭真產生了親切感。1955 年的批判也是彭真幫助我認識了錯誤。我承認我的確很佩服彭真，但和彭真沒有任何私人的交往，更談不上死黨。

他很坦然，同時卻一絲不苟地寫着工作組要他「交待」的每一個「問題」。他對每一件事的陳述都是誠實而詳盡的，沒有絲毫保留。我一直認為自己在各方面都很無知，在政治上更是如此，然而我卻驚奇地發現他在政治上是多麼的天真與單純，他對黨是那樣的忠誠與信賴，連我都不能想像他這個在舊社會生活了大半輩子的人，竟能保持這麼純潔的赤子之心，絲毫也不懷疑別人會對他有什麼惡意。

掛上黑牌子

7月底，中央決定撤銷工作組。8月22日全校師生員工都集中在大操場，等候大會宣佈這一消息。那天，天氣悶得厲害，天空佈滿了烏雲，更增加了我惶惶不安的心情。學生們對此則是興奮萬分，反覆地唱着，「拿起筆做刀槍，集中火力打黑幫⋯⋯」聽他們唱着，我感到一股徹骨的寒氣傳遍了全身。

約在晚上八點大會開始了，一列龐大的車隊駛入會場。來了很多國家領導人，連周總理都來了。群眾不停的歡呼，接着領導人一個接一個的講話，他們講話的內容大都是明確「文化大革命」的目標。我注意到只有周總理的講話是強調要認真學習。

天空出現了閃電，接着雷聲巨響，瓢潑大雨傾盆而下，大雨淋濕了我的全身，我不由得瑟瑟發抖。但是更牽着我的心的是思成，他現在怎樣了？他患肺氣腫已十多年，從家裡走到西操場就已很困難，他那僅有四十多公斤的瘦弱的身體。能經得住這樣的雨淋嗎？大會終於散了，我在人群中找到了他，看他又冷又累幾乎暈倒。我扶着他慢慢挪動腳步往家走，看他那吃力的樣子，我真想把他揹回去，但是我不敢。回到家我不停地用熱水給他擦身，使他漸漸地暖和過來。他顯得很茫然，一聲都不哼。

工作組撤走的那天，我站在送行隊伍的後面，中老年教師多少帶着些惶惑，我已忍不住偷偷地擦了兩次眼淚，當然是為思成的命運擔憂。工作組一位姓張的同志把我叫到一旁，低聲說：「梁思成的問題你不要擔心，他是中央重點保護的科學家，我們傳達過中央文件。我告訴你這個底，但你千萬別對外說。」不知為什麼，這句話沒有給我多大安慰。

工作組撤走後，由群眾自己選出了「文革領導小組」，人們每天都在寫批判黨委及各級黨組織的大字報。我和思成則每天都在討論蔣南翔為什麼是

修正主義者，什麼是資產階級教育路線，什麼是無產階級教育路線？這些似乎是早已為「革命群眾」解決了的問題，我們卻仍然感到糊塗，而且也不敢提出問題。被揪鬥的人一天天地增多，我不敢想，但我預感到他們絕不會放過思成的。

一天，資料室的一個同志和幾個紅衛兵在竊竊私語，並帶着紅衛兵去了庫房，把存在庫房裡的一批清朝王爺及公主穿的服裝搬了出來。他們把系黨委委員一個個揪出來包括思成，讓他們穿着這些大袍子自己打着鑼在校園中遊街，那時還是炎熱的夏天，穿這身大袍子遊園，出的汗把厚厚的衣服都濕透了。思成穿的是一件淺紫色的公主服站在系館門口的高台上，他低着頭，大汗不停地流了下來，他搖晃着快暈倒了，幾個紅衛兵又把他拽了下來。

其實這些文物與建築系毫無關係，這是原清華大學社會系文物館的收藏。院系調整後，社會系併入民族學院。民族學院只挑走了與少數民族有關的展品，這些衣物就留在清華，而清華全都是理工學科，哪個系都不接受這些東西，只好塞給建築系。

我最怕的事終於發生了，那天我正在系館門口看大字報，突然一個人從系館裡被人推了出來，胸前掛着一塊巨大的黑牌子，上面用白字寫着「反動學術權威梁思成」，還在「梁思成」三個字上打了一個大「×」。系館門口的人群轟的一聲笑開了。他彎着腰跟蹌了幾步，幾乎跌倒，又吃力地往前走去。我轉過臉來，一瞬間正與他的目光相遇。天啊！我無法形容我愛的這位正直的學者所表現出來的那種強烈的屈辱與羞愧的神情。我想，現在即使以恢復我的青春作報酬，讓我再看一次他當時的眼光，我也會堅決地說「不」！

那一天回到家裡，我們彼此幾乎不敢交談，為的是怕碰到對方的痛處。從此他一出家門就必須掛上這塊黑牌子。看着他蹣跚而行的身影，接連好幾

天我腦子裡一直在重複着一句話，「被侮辱與被損害的」。

8月份紅衛兵走上街頭，開始了「破四舊」運動（「文革」中指破除舊思想、舊文化、舊風俗、舊習慣）。一天晚上，一陣猛烈而急促的敲門聲之後闖進來了一群紅衛兵。為首的人命令我打開所有的箱櫃，然後指定我們站在一個地方不許動。他們任意地亂翻了一陣，沒收了所有的文物和存款，並把西餐具中全套的刀子集中在一起（12把果醬刀，12把餐刀，12把水果刀），聲色俱厲地問思成：「收藏這麼多刀子幹什麼？肯定是要暴動！」我剛要開口，就挨了一記耳光。

正在這個緊張關頭，突然從老太太（林徽因的母親）房裡吼叫着衝出兩個紅衛兵，他們拿着一把鑴有「蔣中正贈」字樣的短劍，這下我可真的噤若寒蟬了。在一陣「梁思成老實交代」的吼聲之後，他們根本不聽他的任何解釋，抱着一大堆東西揚長而去。他們走後，老太太嗚嗚地哭了，這時我才知道這是他兒子林恆 1940 年在航空軍校畢業時禮服上的佩劍。我記得林先生曾多麼哀傷地談起她年輕的小弟弟及與他同時的一批飛行員們，怎樣在對日作戰中相繼犧牲的悲壯故事。第二天全清華都傳開了「梁思成藏着蔣介石贈他的劍」。從此以後不管什麼人，只要佩上一個紅袖章就可以在任何時候闖入我們家，隨意抄走或毀壞他們認為是「四舊」的東西。

一天，我下班回來，發現一箱林先生生前與思成為人民英雄紀念碑設計的花圈紋飾草圖，被扯得亂七八糟，還踏上很多腳印。我正準備整理，思成說，算了吧！他讓我把這些圖抱到院子裡去，點燃火柴默默地把它們燒了。最後一張他拿在手中凝視了良久，終於還是扔進了火堆。結婚幾年，我沒有見他哭過，但是這時，在火光中我看到了他眼中盈盈的淚花。

紅衛兵抄走的文物中，有不少字畫。因為這些字畫長期沒有人翻閱，連思成也忘了它們的存在。但是不少當成迷信物品沒收的文物及佛像，卻是思成多年研究雕塑史收集的藝術精品。思成常津津樂道地對學生分析它們所代表的時代特徵及造型的美。那隻明代小陶豬，他常常用來考學生，問他

們：「欣賞不？」如果對方搖搖頭，他就哈哈大笑說：「等到你欣賞時你就快畢業了。」對方若表示欣賞，他會追問為什麼？他不但要學生看，還要他們用手去摸。他說：「建築也一樣不僅要用眼看，有時還要用手去摸，才能『悟』出其斷面細部設計上的妙處。」有一次我被他考了以後，要求他給我分析一下。他笑着說：「只能意會，不能言傳。」我生氣地說：「那你就不是好老師。」他看我認真了，就把小陶豬放在我眼前，拿起我的手撫摸着小豬的脊骨說，「這根線條，剛勁有力又流暢，它對整個造型起了決定作用。這和圓滾滾的肥豬好像很難聯繫在一起，但就整個小豬的造型來說，卻又惟妙惟肖。」

還有一雙小小的漢白玉佛腳，這是他在佛光寺後山上拾得的。佛像的身體部分已毀了，只留下一雙踏在蓮花上的小胖腳丫。他常常給朋友們看這雙小胖腳，並說：「這是典型的唐代塑像的腳。」他還風趣地在這雙小腳的蓮花座下面寫着「莫待臨時抱」。

在抄走的文物中有幾件極有市場價值的東西，一件是戰國時期的銅鏡。雖然我國古代銅鏡保留到現在的極多，但是像這面銅鏡保存得那麼完美的卻極少，它上面的花紋幾乎沒有受到損壞，而且精美無比，這是梁啟超的遺物。另一件是一尊高約三十厘米的漢白玉坐佛，古書《陶齋吉金錄》和《陶齋藏石記》中均有記載，這是林徽因父親的遺物。還有一個高三十厘米寬二十多厘米的石雕，上面刻着三尊美麗的佛像，思成曾告訴我這尊古雕的由來：一天他去拜訪陳叔通老先生。陳老酷愛古玩，他看到思成正在聚精會神地端詳他珍藏的佛像，便玩笑着說：「你如果能猜得出這雕像的年代，我就把它送給你。」沒想到思成竟脫口而出，說這是遼代的。陳老大吃一驚，但是他老人家信守諾言，真要把這個稀世之寶送給思成。思成執意不受，但卻玩笑着對陳老說：「我可以接着猜下去，也許能把您收藏的一大半古玩抱走。」陳老哈哈笑着說：「可不敢再讓你猜了。」第二天陳老堅決讓他的侄兒陳植把這尊珍貴的佛像送到思成家裡。這些文物至今下落不明。

為了避免再出亂子，我把所有的東西檢查了一遍，主要是他寫的文稿，有發表過的和沒發表過的；還有解放初期就北京市新建築及規劃方面的問題寫給中央領導同志和彭真市長的信；解放前思成和林先生與親友們來往的信件；還有和費正清夫婦來往的信件。我忽然想起，看到一張大字報上說，思成和美國總統顧問費正清關係密切，我很害怕地問他會不會引起麻煩。他說：

我想不會，我和費正清的關係，在解放初期就寫過詳細的材料。周總理瞭解他的情況，我認識龔澎還是通過他的夫人費慰梅介紹的。我和他初次相識大約在 1933 年。一天，我和徽因到洋人辦的北京美術俱樂部去看畫展，認識了畫家費慰梅和她的丈夫費正清。

當時，費正清是哈佛大學研究生，正在準備以「中美貿易關係發展史」的研究，作為他的博士論文題目在中國收集資料。費慰梅是哈佛女校美術系畢業的畫家。因為我曾在哈佛攻讀研究生，我們算是前後校友，談得很投機。那時他們住在東城羊宜賓胡同，離我們住的北平總布胡同很近，因此過往很密。當時我們和北大、清華等校的少數教授，常有小聚會，周末大家聚在一起，吃吃茶點，閒談一陣兒，再吃頓晚飯。常來參加的有周培源夫婦、張奚若夫婦、陶孟和夫婦、錢端升夫婦，還有陳岱孫、金岳霖、葉公超、常書鴻等人。費正清夫婦也常參加我們的這個小聚會。費正清常常把他在海關檔案中查到的那些清朝官員的笑話念給我們聽，張奚若是研究政治的，所以他與費正清兩人往往坐下來一談就是幾個小時。後來費正清完成了他的論文，回國去了，但我們一直與他們保持書信聯繫。抗日戰爭後不久，費正清到重慶出任美國駐華大使館新聞處處長，回國後，他的夫人又到重慶任美國駐華大使館的文化專員，直到抗戰勝利。那時我們住在四川南溪李莊，可以說是貧病交加，生活非常困難。他們兩人都曾到李莊來看我們，尤其是費慰梅來的次數更多一些。我常常為學社的工作到重慶去向教育部申請研究經費，每次到重慶都去看望他們。他們還常給林徽因帶來一些貴重的藥品，回國後也常給我們寄些藥和書來。通過他們的活動，美國政府和哈佛燕京學社都曾給營造學社一

梁思成、林徽因、費慰梅合影

1934 年梁思成、林徽因與費正清（右二）、費慰梅（左二）在金岳霖（左一）家中合影

些捐助，總數不到一萬美元。抗日戰爭勝利後，我到美國講學，常在周末及假期到他們家住上幾天，那時費正清已是美國赫赫有名的中國問題專家，在哈佛大學講授中國歷史，擔任美國總統的中國問題顧問。費慰梅也寫了不少介紹中國古代藝術的論文，她對中國的古建築十分感興趣。直到抗美援朝，我才與他們斷了聯繫。

1971年美國乒乓球隊訪華後，思成接到慰梅的問候信，並談到他們希望回到北京，來看看這個他們青年時代度過美好時光的城市。當時思成的處境不便直接回信，我們在華羅庚先生的指點下將這一情況向周總理作了書面彙報。但是不幸在 1972 年慰梅他們到達北京前不久，思成去世了，這使慰梅夫婦極為懊喪。在「四人幫」橫行的年代，我沒有和慰梅聯繫，直到中美建交，我才遵照思成的囑咐，寫信向慰梅夫婦祝賀。這封簡短的信使他們悲喜交集，沒想到這封信竟使我和從誡一起重新延續了費梁兩家中斷了三十餘年的友誼。

自 1980 年至 1984 年為在美國出版思成的英文遺著《圖像中國建築史》，我與慰梅共同努力，奮鬥了四年。慰梅八十二歲的高齡時，仍然努力着手寫一本《梁思成傳》，把這位中國傑出的建築史學家介紹給美國人民。費正清夫婦從青年時期開始研究中國至今已有五十多年了。他們和思成的友誼也是在青年時期開始的，至今，我們兩個家庭的友誼已有半個多世紀了，這樣深厚的友誼，保持在社會制度不同的兩個家庭之間，我想在中美關係史上也是不多見的。半個世紀在歷史上只是短短的一瞬間，但是在人生的旅途上卻是一段漫長的歲月。在這漫長的道路上這兩對夫婦為中西文化交流，為中美友誼各自做出了自己的貢獻。

有一次我對慰梅說：「你和正清的中文名字真好，既有中國式的典雅，又與你們的英文名字諧音。原來我一直以為你們是美籍華人呢。」「喔！難道你不知道嗎？我們的中文名字是思成給起的。」我們相視而笑了。

劫後

思成的文稿，包括《營造法式註釋》的稿子，是思成幾十年心血的結晶，無論如何也不能毀棄，但又沒有辦法保存。在萬般無奈的情況下，我決定把它們交給家中的保姆李阿姨。她是貧農出身，紅衛兵從來不進她的房中去，我告訴她：「這些東西以後可以證明梁先生是沒有罪的，你一定替我保存好，放在你自己的箱子裡面。」她點點頭說：「我明白。」而後的幾天，每天晚上都有紅衛兵來搜查，要我們交出封、資、修的文稿。我一口咬定已被紅衛兵抄走了，因為我說不出紅衛兵的姓名，往往最後被打一頓。那些日子為了怕「革命群眾」更加歧視我，晚上挨了打，白天還要裝作若無其事的樣子去上班。

在我翻箱倒櫃地檢查是否還遺留下什麼「招災惹禍」的「四舊」時，竟意外地在箱底發現了幾件思成母親的遺物：三個微型的小金屬立佛。它們僅有兩三厘米高，像的面貌及衣褶，幾乎磨平，但仍看得出古樸的形態。還有一個微型經卷，它是一個只有五六厘米長二厘米寬的小摺子，封面寫着《佛說摩利支天陀羅尼經》，經文的字跡只有小米粒那麼大，我讀了一遍，最後的一句：「是經能逢凶化吉遇難呈祥廣大靈感不可思議。」令我感到莫名其妙的是自己當時居然從這句經文裡得到了一點安慰。

記得有一次，我和一位神父閒談，我問他在科學發達的 20 世紀，他是否真的相信有上帝？他沉思了片刻告訴我說：「當我順利的時候，我相信科學。但是當我處於逆境之時，當我無論怎樣努力也無法解脫自己的苦難時，我希望並相信有上帝。」我當時的心情也和這位神父一樣，希望有神的存在，並希望這三個小佛及經卷，是解脫我們家庭苦難的吉祥物。

自從紅衛兵抄出了那把「蔣中正贈」的短劍後，思成就被勒令住到系館去，與外界隔離了起來。那些日子清華園籠罩着白色恐怖，紅衛兵用皮鞭抽打着罰作苦役的「走資派」……還常常傳來某某自殺了的可怕消息，在這個

時候逼着思成離家，會是怎樣的後果呢？那天他掛上黑牌子，離家前似乎對我又像自語般地低聲說：「……生當復來歸，死當長相思。」我倒抽了一口冷氣，這是多麼不吉祥的告別語。我拚命壓住哽咽的哭腔，緊緊地擁抱着他說：「不，你一定會回來的。」看着他的身影在暮色中消失。我不由得望着上蒼跪了下來，上帝啊，神啊！你們救救他吧！

我每天下班後立刻回家做飯，然後給他送去。送去的飯幾乎又全部帶了回來，他吃得很少，每次只吃幾口就停下了。我努力在飲食上變點花樣，希望能增加他的食慾。一天他拉着我的手小聲說：「眉，你不要那麼費事，有一點麵條就行了，有時間你陪我多待一會兒。」我拚命地忍住眼淚，門外的紅衛兵已在虎視眈眈地瞪着我。於是我笑了一下說：「你還記得毛主席的詞嗎？『西風烈，長空雁叫霜晨月。霜晨月，馬蹄聲碎，喇叭聲咽。雄關漫道真如鐵，而今邁步從頭越。從頭越，蒼山如海，殘陽如血。』」我說完，他低聲地說：「謝謝你。」隨後轉過身去。兩三個月後，學生們要到全國大串聯，誰也不願看守這些走資派，於是把思成放了回來。

不久思成的工資也停發了，我傷心地告訴李阿姨，我付不出她的工資了，她只能另找工作。她呆呆地看着我，喃喃地說：「老太太怎麼辦？梁先生怎麼辦？沒有錢不要緊，等以後再給我好了。」我忍不住痛哭起來，她也哭了，邊哭邊說：「我就是捨不得你們哪。當了一輩子保姆，從來沒有見過比梁先生更和氣的人了。」我安慰她說，如果有一天我們的情況好轉了，我一定再請她回來。我沒有失信，1971 年我們的情況略有好轉時，便寫信去請她回來。她揹着小孫子到北京醫院來看望思成，眼中滾動着淚花，歉意地說她現在被孫子拖累，不能再出來工作了。思成看到李阿姨非常高興，親切地問了她不少家庭瑣事。李阿姨走後，他似乎很滿意，並感到慰藉地對我說：「她過得不錯，是嗎？」

今天，當《梁思成文集》和《營造法式註釋》發表時，我眼前又浮現出李阿姨那雙滾動着淚花的眼睛。

對兒女的最大真誠

那時人們已不上班了，但是我和組裡的幾個所謂的「國民黨殘渣餘孽」卻不敢有絲毫怠慢。李阿姨走後，一部分家務便落在我的女兒彤兒身上，但是更要命的是無論我怎樣對孩子們解釋思成的問題，他們都不大相信，顯然他們已從貼在家門口的大字報上似懂非懂地看出爹的問題嚴重。特別是大字報上多次提到「反黨」、「反對毛主席」，對他們震動太大了！從大字報貼出的那天起，我注意到彤兒就不再和思成說話，她好像變成了啞巴。哲兒也因不能參加紅衛兵而苦惱，他盡可能少待在家裡。孩子們的這些變化，我和思成都看到了，但誰也不敢說出來。

我知道，家庭的這個變化，對彤兒來說，受到的創傷遠比哲兒嚴重。因為她從小就能自覺地、正面接受黨的教育，她是一個「五分加綿羊」的好學生，在學校在家中她都是一個寵兒。我去農村「四清」時，行前告訴她要關心爹爹，這個小人兒十分聽話地去完成我交給她的任務，而且鄭重其事地把每周四、六的晚上定為和爹爹的談心日。思成很尊重孩子，認真與她談心。這對彤兒的性格愛好的形成都有不小的影響。特別是對人的熱情誠實，對工作的一絲不苟。她與思成的感情也是很深的。現在一夜之間，親愛的爹爹成了「敵人」。她怎麼受得了？！

一天，她從學校哭着回來說，同學們一看見她，就舉起拳頭說：「打倒梁思成！」天哪！請把一切災難都降到我一個人身上吧！別再折磨這幼小的心靈了！我必須想一切辦法，把孩子從苦難中解脫出來。於是我對彤兒說：「不要怕。也不要哭。你再到學校去，誰衝你喊，你就也衝他喊『打倒梁思成！』喊得比他還厲害。」上帝原諒我吧，我們民族文化中的這一糟粕——阿Q的精神勝利法，被我當做法寶傳授給孩子，我感到自己犯了罪。但孩子們並沒有因此而得到解脫，他們從此成為「狗崽子」，後來又成為「可教育子女」，仍然被歧視。

我再也無法迴避這一問題了，我必須對孩子負責。我對着兩個未成年的孩子，感到如同面對着嚴厲的法官一般。我與他們進行了嚴肅、真誠的談話。我力求做到的是，決不對事實做任何粉飾，不讓孩子得到任何假相，以免一旦他們知道了真實情況，就會更加刺傷他們的心靈。大字報揭發的問題真真假假，有的問題我相信會得到澄清，有的問題經過群眾的分析批判，我略有「認識」，但更多的問題，我持保留態度。我不去隱瞞我與「革命群眾」之間的巨大差距。儘管這些問題他們並不大懂，但我盡力向他們毫無保留地談了。我做好思想準備，孩子會更疏遠我們。晚上我與思成都久久不能入睡。

第二天當我下班回來，思成出乎意料地告訴我說，「彤兒今早推開房門，輕輕地說『爹爹，要一塊錢買菜』。」他的眼睛濕潤了，我想說點什麼，嗓子卻哽住了。但是思成與彤兒再也沒有恢復以前的愉快的談心。不久哲兒被分配到山西一個極貧苦的農村去插隊，不到一年，同去的十六個孩子都分配工作走了。只有哲兒一人，因為他的繼父是全國著名的反動權威梁思成，所以哪個單位都不要他。他一個人孤獨地在農村待了七年，變得更不愛說話了。思成對孩子始終擺脫不了一種負疚感。思成兩次住院前後達兩年之久，在這期間彤兒把每一個星期日都奉獻給爹爹，從未間斷。儘管如此，父女倆卻常常是相對無言。

沒有想到幾年之後，彤兒為申請入團，又觸及到家庭問題。團組織要求她對「剝削階級家庭」寫一份批判認識。我與彤兒又進行了一次談話，這次比上一次涉及的面更廣且更深。除了思成的問題外，我對她剖析了自己的人生觀與戀愛觀，以及我對我與思成共同生活持有的看法和我在處理婚姻與家庭問題上的正確與失誤。像這樣觸及靈魂的交談，我想不是所有的母親與兒女都能做到的。我不要求她認為自己的母親是「最好的」，因為事實遠不是這樣，但我所能做到的是對待兒女的最大的真誠與信任。

我們就在這樣的互相信任瞭解中建立了母女之情以外的友誼。這個親密的

友誼成為我在失去思成以後最大的安慰，也是我在老年生活中感到的最大幸福。

瓔珞的毀滅

有一天，我發現組裡的同志們交頭接耳，還不時地向我瞥一眼，我立刻預感到發生了與我有關的事。跑出系館一看，果然貼出了一長列批判系總支委員們「罪行」的大字報，還給每個人畫了大幅的漫畫像，這些像畫得很生動也很逼真。思成雖不是總支委員，但是頭號反動權威，自然也少不了他。思成的畫像在頸上掛着北京城牆，下面寫着：「我們北京的城牆，更應稱為一串光彩耀目的瓔珞了。」這是他在《北京——都市計劃的無比傑作》一文中寫的一句話。大字報批判他「瘋狂地反對拆除封建社會的北京城牆，留戀封建社會，堅持資產階級教育路線毒害青年。解放前夕去美國講學是做了一次文化掮客，賣出中國的古建築，販回資產階級的腐朽建築觀和教學制度」。全文不斷出現「反動之極」、「罪該萬死」等等嚇人的字眼兒。

我回家後把大字報的內容告訴思成，我們都感到有些緊張。他讓我把過去寫的幾篇有關古建保護的文章找出來，他坐在那兒一篇篇地讀下去。晚上他對我長歎一口氣說：「看來『文化革命』這一關我是過不去了。」我的心立刻緊縮了起來。他又說：

我要不讀這幾篇東西，還好些，讀了以後反而更糊塗了，除非古建保護被根本否定。如果現在偉大領袖毛主席說保護古建築是錯誤的，倒比較好辦，就說明我從根本上錯了。如果古建保護的前提是肯定的，我很難認識我的錯誤所在。我們國家兩千多年的封建歷史，遺留下來的建築，當然是為封建社會服務的。保護文物建築怎麼能和「復古主義」相提並論呢？國務院不是還頒

1945年春，为了准备协助美军在我国沿海地区登陆进攻日寇，伪教育部在重庆设立了"战区文物保存委员会"，任命教育部次长杭立武为主任，我为副主任。该委员会唯一的工作就是为美国第十四航空队编制华北及沿海各省文物建筑表，並在军用地图上标明。当时该委员会实际上仅有我和秘书郭某（忘其名）二人工作。工作地点是借用重庆中央研究院的一间很小的房间，工作时间前后约两三个月。

　　这份表及图製成后，美方收件人是第十四航空队目标发史克门。但当时具体地是由什么人用什么方式送过去的现在已记不清。

　　当时中央大学建筑系毕业生吴良镛似曾帮助我做过少量製图工作。莫宗江当时在李莊，始终没有参加这项工作。

梁思成

1968年11月5日

佈了《全國重點保護文物單位的名單》嗎？既然要保護古建築，就不可避免地要對古建築的歷史、藝術價值進行分析，這就是毒害青年？

北京解放前夕，解放軍的代表來找我，就為了萬一和談破裂，在攻城時避免破壞古建築，他要我在軍用地圖上標出古建築的位置，還要我用最短的時間編寫一份全國文物建築的簡目。記得他臨走時對我說：「請您放心，為了保護我們民族的文物古蹟，就是流血犧牲也在所不惜。」這件事對我的震動很大，我對共產黨最初的認識，正是從古建築的保護開始的。我和一些人的分歧，這是對北京城古建築的保護問題，特別是北京城整體形制的保護和城牆城樓的保留。

1969 年冬春之交，北京市民為了執行「深挖洞」的最高指示，向城牆要磚。他們從四面八方瘋狂地撲向城牆，帶着掃除封建制度殘餘的一腔仇恨，無情地破壞着，彷彿拆除了城牆也就是剷除了殘留在人民心中的封建思想。

當思成聽到人們拆城牆時，他簡直如坐針氈，他的肺氣腫彷彿一下子嚴重了，連坐着不動也氣喘。他又在報上看到拆西直門時發現城牆裡還包着一個元代的小城門時，他對這個元代的城門樓感到極大的興趣。

「你看他們會保留這個元代的城門嗎？」他懷着僥倖的心情對我說，「你能不能到西直門去看看，照一張相片回來給我？」他像孩子般地懇求我。

「幹嗎？跑到那兒去照相，你想讓人家把我這個『反動權威』的老婆揪出來示眾嗎？咱們現在躲都躲不過來，還自己送上去挨批嗎？」我不假思索地脫口而出。忽然，我看到他的臉痛苦地痙攣了一下。我馬上改變語氣，輕鬆地說：「告訴你，我現在最關心的是我那親愛的丈夫的健康。除此以外什麼也不想。」我俯下身，在他的頭上吻了一下。但是晚了，他像一個挨了批評的孩子一樣默默地長久地坐在那裡。

也許沒有人能理解這件事留給我的悔恨與痛苦會如此之深。因為沒有人看見他那一剎那痛苦的痙攣。在那一剎那，我以為我更加理解了思成的胸懷，但是沒有。當我今天重讀《關於北京城牆廢存問題的討論》及《北京——都市計劃的無比傑作》時，我感到那時對他的理解還很不夠。如果當時有現在的認識，我會勇敢地跑到西直門去，一定會去的。

處處都是煙囱

「文革」以來，清華、北大幾乎成了「文化革命」的聖地，每天都有幾萬甚至十幾萬名紅衛兵來串聯。學校已經停課，我被指派在系館門口的茶水供應站工作，於是每天的工作是不停地從鍋爐房挑回開水倒入飲水桶中。幸虧在「四清」工作隊時練出了挑水的本領，所以儘管累些倒也還能勝任。

一天晚上，我照常巡視一遍大字報，忽然看到一張新的大字報貼在最顯眼的地方，我遠遠地看到似乎有梁思成三個字，於是趕快走近一看，果然這張大字報有着嚇人的標題：「打倒國民黨殘渣餘孽，喪失民族立場的反共老手梁思成」。這篇大字報「批判」了四大問題：

一、梁思成在 1966 年 4 月接待法國建築師代表團時，在女團長的面頰上吻了一下，「喪失民族尊嚴」。
二、曾出任聯合國大廈的設計顧問。
三、擔任過國民黨「戰區文物保存委員會」的副主任。
四、瘋狂反對毛主席的城市建設指示。

「瘋狂反對毛主席」？這可是第一次上這麼高的綱。我嚇得心驚肉跳，急忙跑回去告訴思成，問他這都是怎麼回事。他說：「那天建築學會宴請法國建築師代表團，法國的團長站起來致完謝辭，走過來在我的面頰上吻了

一下。作為主人，我致了答辭，走過去在她的面頰上吻了一下，這是一般的禮節。」

「那你為什麼不按中國習慣握握手呢？」我問。

「什麼是中國習慣？」他說。「難道握手不是從西方學來的嗎？中國是個多民族的國家，各民族都有自己的習慣，在國內要尊重各民族的禮儀，國際上當然也要尊重外國朋友的民族習慣。如果我按滿族習慣就得拂下馬蹄袖，一手拄地一腿屈膝地請安；如果按漢族習慣就要拱手作揖或下跪叩首，難道要我向她獻哈達？這樣就有民族尊嚴？」即使在那樣嚴峻的氣氛中，他的這段答辯也使我不由得笑了。

關於聯合國，他說：「1945年成立聯合國時，宗旨是維護世界和平。後來聯合國日益受到美國的操縱，反對中華人民共和國在聯合國的合法地位，而保留台灣當局的代表。但是在1947年時並不存在這個問題，當初董必武還出席了聯合國的大會嘛！」

關於「戰區文物保存委員會」，他說：「1944年冬，為了反擊日本侵略軍，為了盟軍對日本佔領區空襲時避免轟炸文物建築，國民黨政府教育部設置了『戰區文物保存委員會』，杭立武任主任，我是副主任，唯一的工作就是編製一份淪陷區的文物建築表，並在軍用地圖上標出位置。當時為了和盟軍配合作戰，全部資料用英漢對照兩種文字。這份資料我還託費慰梅轉交給周總理一份，除此以外沒有做任何工作。」

停了一會兒，思成沉痛地說：

建國之初，北京市市長曾在天安門上告訴我說，毛主席曾說，將來從這裡望過去，要看到處處都是煙囪。當時我沒有說什麼，但心裡很不以為然。我想在城市建設方面，我們應當借鑒工業發達國家的經驗。有人說他們是資本主

義國家，我們是社會主義國家，而我認為正因為我們是社會主義國家，才能更有效地汲取各國有益的經驗，因為只有社會主義國家，才有可能更有效地集中領導、集中土地，才能更好地實現統一的計劃。一百多年來資本主義城市建設的經驗告訴我們：工業發達必然會帶來嚴重的環境污染問題，複雜的交通問題，城市人口高度集中帶來的居住問題，貧民窟問題，等等。英國的倫敦，美國的紐約不都是我們的前車之鑒嗎？我們絕不能步它們的後塵。我們為什麼不能事先防止呢？「處處都是煙囱」的城市將是什麼樣子？於是我就老老實實地把我的想法和盤托出。我認為華盛頓作為一個首都，是資本主義國家中可資借鑒的好典型，所以我希望北京也能建成像華盛頓那樣風景優美、高度綠化、不發展大規模工業的政治文化中心。北京是古代文物建築集中的城市，因此它能成為像羅馬和雅典那樣的世界旅遊城市。我發表這些看法並沒有想到反對誰。

晚上我看他就「戰區文物保存委員會」寫了一份交代材料。第二天交給工宣隊。他對我說：「因為給我的任務範圍僅限於我國大陸，不包括日本，所以我提出的保護名單，不涉及日本本土。但儘管如此我還是向史克門建議美軍不要轟炸日本的京都和奈良這兩座歷史文化名城。」1987 年我應費正清夫婦的邀請去他家做客，我們曾談到思成當年對美軍的建議，費氏夫婦第二次世界大戰時都是白宮的官員。他們說白宮的高級遠東文化顧問蘭登·華爾納，是梁思成在哈佛讀博士學位時的導師，他也提出過這個建議。可以說他與思成的建議是不謀而合。對日本的轟炸是屬於美軍太平洋戰區，不屬第十四航空隊。所以美國總統杜魯門簽署的命令是下達給太平洋戰區的。

那些日子，思成一直在琢磨他的建築理論與教育思想。他常常和我討論，因為我是他唯一的聽眾，他有時翻閱過去寫的文章，更多地是在筆記本上寫些感想。

一天思成和我系統地談到他的建築思想，他說：

自從維特魯威（Vitruvius，羅馬建築師，活躍於愷撒時代，著有《建築十書》，該書約完成於公元前27年，為西方古典建築的經典著作）在他那著名的《建築十書》中提出建築的三大要素是實用、堅固、美觀以來，已將近兩千年了。但是人們對建築的理解，特別是關於建築的藝術，就如同哲學和文藝理論一樣，從來沒有停止過爭論。……自古以來剝削階級就是把建築當作一種藝術。我國古代沒有建築理論方面的專門著述，但是在文學作品如《阿房宮賦》、《兩都賦》、《滕王閣賦》中，都可看出是把建築作為藝術來看待並炫耀的。在西方社會更是把建築當做一種藝術，到了十七、十八世紀的歐洲，把建築、繪畫與雕塑並舉為三種造型藝術，在巴黎的美術學院辦起了建築系。

思成又說：

二十年代美國的建築教育，完全是沿襲巴黎美院的折衷主義的那一套。因此「形式主義」在我的腦中也是扎下根的。到了三十年代歐美的新建築已蓬勃發展起來。我非常讚賞當時的建築大師密斯‧溫德羅的幾句箴言：「建築是表現為空間的時代意志，它是活的、變化的、不斷更新的」，「建築藝術寫出了各個時代的歷史」。我接受了當時「新建築」運動提出的理論，因此也具體地應用到北大女生宿舍（現為《求是》雜誌社宿舍，在北京沙灘）和地質館（現為法學研究所，在北京沙灘）的設計中去。在這兩個建築的外形設計上，不採用折衷主義的形式，而是從建築的功能出發，採取了幾何形體。

思成認為到了20世紀三四十年代，在西方新建築飛速發展的同時，我國的建築也在迅速地向「全盤西化」方面轉變。但是他認為建築是有民族性的，它是民族文化中最主要的表現之一，也可以說是民族文化的象徵。他之所以投入主要精力研究古建築也是為此。思成的研究越深入越感到我們這樣一個東方古國的城市，在建築上完全失掉自己的特性，在文化表現及觀瞻方面都會是十分痛心的。

王府井仁立地毯公司鋪面改建

王府井仁立地毯公司鋪面夜景

思成說：

我認為儘管在科學技術上採用西方的先進成果，但在中國的新建築上應體現中國精神。我為仁立地毯公司（原在北京王府井大街，現已被拆除）設計的鋪面房就是基於這個思想，做了一點探索。那個時期我反對採用「宮殿式」的形式（即現在的「大屋頂」），因為從近代建築理論立場來看「宮殿式」結構，已不合乎近代科學與藝術的理想，由於造價高，也不適用於中國一般建築，所以也不能普及。

40 年代末，我在美國考察時，國際上新建築理論又有了發展，我深感我國在建築理論上的落後。回國後，我把這些理論貫徹到教學中去。但 50 年代初在開展愛國主義思想教育運動中，批判了崇美思想，把這些新建築理論和我修訂的教學計劃，統統算在美帝的賬上給批掉了。

我第一次看到莫斯科大學建築系的教學計劃和教學大綱時感到十分吃驚，因為它仍舊是沿襲巴黎美院學院派的傳統教育體制。但是當時正是學習蘇聯的高潮，認為一切蘇聯的經驗都是先進的，便把它照搬了過來。

我承認對黨的教育方針，在某些方面我也有不同的看法。院系調整時，把綜合性的清華大學改為工科大學，我覺得可惜，這是和我的「通才」教育思想相牴觸的。反右時，我對錢偉長「理工合院」的論點十分贊同，後來錢偉長被劃為右派，批判他「理工合院」的觀點是反對黨的教育方針，我就再也不敢發表這個意見了。但在思想上、理論上並沒有觸動我的「通才」思想，致使我後來又寫了《談博而精》的文章繼續放「毒」。現在群眾批判我不是培養「專家」，而是培養「雜家」，把青年引向歧途。但是從建築人才的培養看，我仍認為建築師需要有豐富的外圍學科知識。

當時我也深感不解，怎麼斯大林提出的民族的形式、社會主義的內容的建

築和我 20 年代在賓大所學的那一套完全一樣呢？我自己的解釋是：蘇聯建築與歐美折衷主義建築之不同，主要在「內容」上。但是在建築上「社會主義的內容」和「資本主義的內容」究竟有何區別，我之所以說不清，是因為我不懂得什麼是社會主義，將來我懂得什麼是社會主義時，自然就會懂得什麼是社會主義的內容了。就這樣我把這個深感不解的問題「掛」了起來，不了了之。

當時各個單位都已經開始學習「蘇聯先進經驗」，學習毛主席的《新民主主義論》、《論人民民主專政》等著作。思成說：

我學習了毛主席的《新民主主義論》，對於新民主主義的文化應是「民族的形式，新民主主義的內容」這一提法，感到很受啟發。我想我們新中國的建築也應該是具有「民族的形式，社會主義的內容」。我認為過去研究的那些古建築，它們的形式就是「民族形式」，至於「社會主義的內容」，則我既不瞭解什麼是社會主義，也說不清在建築上哪一部分才算是「內容」。這一直是梗在我心中的一個問題。

還有一個使我從心底信服蘇聯的「民族形式」理論的重要原因，就是莫斯科的美。那統一考慮的整體，帶有民族風格美麗的建築群，保護完整的古建築，再和英美城市的雜亂無章相比，使我深刻體會到社會主義的優越。所以我也就努力學習蘇聯，提倡「民族形式」──「大屋頂」了。

我承認，在我所受的教育中，「形式主義」、「唯美主義」的思想影響很深。但是在 30 至 40 年代我是反對普遍建造「大屋頂」的，為什麼到了 50 年代，我反而積極地提倡搞「大屋頂」呢？我想有兩個原因：在客觀上受當時「學蘇」、「一邊倒」國策的影響。解放初期，從「知識分子思想改造運動」開始的一系列政治運動中，無一不批判「資產階級建築觀」。我這個資產階級學者，自然是「眾矢之的」。在帶有政治壓力的學術批判下，使我多少盲目地把過去形成的「建築觀」否定了。認為那些全是資本主義的「建築觀」，

而把蘇聯搞的「復古主義」、「折衷主義」這一套作為「新事物」、「先進經驗」照搬、照學了過來。

主觀原因則是由於我從事多年的古建築研究，對古老的建築形式有很深的偏愛，認為人們反對「大屋頂」，是因為它們缺少文化歷史修養，有「崇洋」思想。但是 50 年代初所蓋的「大屋頂」建築，卻很少能達到我所想像的「美」的標準，使我對「大屋頂」越來越灰心——就是說，對「大屋頂」這一古代的建築造型，是否適用於現代新建築發生了疑問。怎樣在新建築中表現我們民族的精神這一問題，經過 1955 年到 1959 年的實踐，又提到日程上來。在建築創作上出現了一系列有待解決的理論問題。

1959 年 3 月建築學會決定把總結各地重點工程經驗（即十年大慶的重點工程）作為主要的內容，討論在建築創作上出現的各種問題，並於當年 6 月在上海召開「住宅建築標準及建築藝術問題座談會」。我因參加全國人大與出席世界和平理事會，到達上海時，「建築藝術座談會」已經開始四天了。這次會上各地代表都作了踴躍發言，就建築理論中的一些基本問題，如構成建築的基本要素——功能、材料、結構、藝術形象及其相互之間的關係，建築的形式與內容的問題，傳統與革新的問題等交換了意見。我因為遲到了幾天，所以先聽聽別人的發言，我是最後一個發言的。由於 1955 年對我的批判，所以全國的目光都集中在我身上。是保持沉默停止前進？還是敷衍潦草不說真話？這些我都辦不到。我闡明了我對傳統與革新的看法，提出「新而中」的創作論點。1961 年又在這一基礎上寫了《建築創作中的幾個問題》（在這篇文章中梁思成除了談到建築的藝術特性、傳統與革新等問題外，還把繼承遺產概括為「認識—分析—批判—繼承—革新」這樣一個過程）。

如果一定要用簡單的語言表達我的建築觀，那麼仍舊是我在《拙匠隨筆》中說的，「即建築學是包含了社會科學與技術科學及美術的一門多種學科互相交叉、滲透的學科」。

我很苦惱，我常想如果再讓我從頭學一遍建築，也許還會得出這樣的結論。難道真的要帶着「花崗石」的腦袋去見上帝？我後悔學了建築這一專業。

創造中國的新建築

今天，人們都承認「建築的文化性質與社會性質」了，然而，五十年前梁思成與很多人的分歧正是在這個最基本的觀點上。

梁思成的建築思想及建築理論，從反對宮殿式到提倡「大屋頂」，又否定「大屋頂」，這裡面始終貫穿着他對建築的民族風格的執著追求，同時滲透着國際建築思潮變化和國內政治形勢變化的影響。他的創作思想的變化，反映了時代的特點，大致可分為三個階段：

（一）上個世紀 20 年代至 1949 年。在此階段梁思成贊同現代主義，但是和西方現代派大師不同，他對傳統並非完全排斥，認為建築是分層次的，一般建築和重要建築不同，重要建築應有地方和民族特色。

1930 年梁思成說過「現代為鋼筋洋灰時代。……建築式樣大致已無國家地方分別，但因各建築功能不同而異其形式」。1935 年他又說「所謂『國際式』建築，……其精神觀念，卻是極誠實的，由科學結構形成其合理外表」，這些都反映了他對「形式追隨功能」的國際式風格的贊同，他對不顧實用抄襲宮殿式則持批評態度。30 年代前後他的建築作品，如吉林大學教學樓、北大地質樓、北大女生宿舍和仁立地毯公司等均反映了他的上述觀點。40 年代他又提出創新不能脫離傳統，應「提煉舊建築中所包含的中國質素」，包括應關心我國人民的生活習慣和家庭組織。這充分體現他重視國情，重視我國人民的文化背景，學習現代建築而不願抄襲西方的願望。總之，就當時中國建築界的情況而言，梁思成的建築創作是先進的，而與同時期國

際上現代派建築大師相比，他又帶有兼容並蓄的特點，反映了他對民族文
化的熱愛。

（二）1949年至1955年。此階段梁思成由肯定現代主義轉為批評現代主義，
過分強調歷史傳統，客觀上成為 1954 年國內出現的以濫抄「大屋頂」為標
誌的復古主義建築思潮的理論權威。他的思想轉變有其時代背景：1950 年
「抗美援朝」運動時，知識界掀起肅清「崇美」思想運動，現代派建築被
當作帝國主義腐朽墮落的意識形態的反映而受到批判，梁思成經歷了這場
運動。

另一方面，由於學習蘇聯，梁思成接受了「在解決社會主義時代美的問題
的時候，建築師就應當利用各民族遺留下來的建築遺產」這一思想。對於
民族形式的重視，是蘇聯建築和城市建設在造型方面最突出的特徵。設計、
研究、建造、發展反映社會主義面貌並具有民族特有風格的建築是蘇聯建
築的原則和方向。

在這樣的大形勢下，他的思想有了轉變，認為「……所謂『國際式』建築
本質上就是世界主義的具體表現……它基本上是與墮落的、唯心的資產階
級藝術分不開的。」他接受了當時蘇聯建築界流行的過分重視古典文化和
民族傳統的思潮，並借用了蘇聯文藝界的一個口號：「民族的形式，社會
主義的內容」。

但是在實踐過程中，他對民族形式的理解帶有片面強調「大屋頂」的復古
主義傾向。1955 年我國建築工程部提出「展開全面節約運動，反對基本建
設中的浪費現象」。整個建築界進行了幾個月的批判復古主義思潮的運動。
梁思成於 1956 年初作了檢查，作為一個愛國者，他的檢查是真心的，他檢
查自己缺乏經濟觀點，在審美情趣上又保留了過多的「思古之幽情」。總之，
這個階段是梁思成在探索中國建築創作方向過程所走的一段彎路。關於「民
族的形式，社會主義的內容」這一口號，至今在國內建築界尚無定論。

（三）1956 年以後。梁思成於 1958 年討論人民大會堂等國慶工程方案時提出了「新而中」的口號。他後來解釋說：「我所謂『新』就是社會主義的，所謂『中』就是具有民族風格的。『新而中』就是中國的社會主義的民族風格。」他認為「新而中」是上乘，「西而新」為次，「中而古」再次，「西而古」是下品。他提出「不是抄襲搬用」，「是在傳統的基礎上革新」，要批判地吸收傳統和遺產中有民族性的東西。他強調繼承傳統和吸收遺產不應只重視建築形體，而應重視建立在人民生活習慣上的平面、空間處理、匠師實踐中總結的藝術規律和中國建築的氣質。梁思成所提「新而中」這一口號由於覆蓋面廣，至今仍為建築界較多人所接受。

梁思成在 40 年代末，引進國外的新建築理論時，還沒有實現中西文化的融合，還沒有來得及消化，就在抗美援朝運動中受到批判而被迫拋棄了。於是他又揹起沉重的燦爛的古建築文化的包袱艱難地邁出弘揚傳統的一步，卻又在更大的政治風浪中淹沒了。

今天在建築界很多人都認識到，「大屋頂」建築，是從我國固有的建築形式向新建築發展過程中很難避免的一個過程，也是梁思成在探討建築的民族風格時走的一段彎路。在科學的歷程上是允許人們犯錯誤的，可悲的是當梁思成努力提倡「大屋頂」時，卻一心一意地認為這是在學習蘇聯的先進經驗，是一個新生事物。

今天，當我重讀他的文集時，更加深切地感到他的一生是勇於探索的一生，也是隨着時代前進的一生，他與林徽因在那佈滿荊棘的道路上前進，不考慮迎面撲來的風沙雨雪，不計較個人得失榮辱。我想到人們往往只注意向成功的人慶賀，但是在科學的道路上，當我們向勝利者慶功之時，不應該忘記那些先行的探路人。正是他們以自己的勇敢精神，辛勤的勞動，甚至寶貴的生命，為後者立下了「由此前進」或「此路不通」的路標。

梁思成和林徽因這一代建築師們，親身經歷了這場建築文化嬗變的巨大陣痛，勇敢地冒着風險走完了他們艱難的歷程，做出了他們各自的貢獻與犧牲。

而今新的一代建築師們，又站在十字路口，要麼讓我們古老的建築文化永遠衰落下去，要麼使它獲得新的生命，無論怎樣他們都無法推卸這歷史的責任。

回顧

紅衛兵三天兩頭對思成和我「訓話」。一天他們對我說：「你要考慮一下，怎樣和他徹底劃清界限，是跟毛主席走，還是跟『反動權威』走，限你三天內作出選擇。」他們又明確地命令我同思成離婚！這不能不使我思緒萬千，這使我想起了同思成交往近二十年來的一切，也迫使我去瞭解並思考思成畢生的事業。也許要感謝這位紅衛兵，因為如果不是他的「命令」，我就不會這樣冷靜地回顧思成的一生，並去認識他的價值。當時我做的更多的只是昏頭昏腦地努力跟上群眾的步伐、拚命去認識他的「罪行」。

三天後，紅衛兵並沒有來聽我的選擇。大約一年後，工人宣傳隊的一個隊員又向我作了善意的勸說，指示我劃清界限——離婚。那時我已不怕他們了。我審視了自己對婚姻的準則：坦誠、理解、信任、寬容、責任。我與思成之間沒有任何隱私，我們做到了坦誠，正因為我們互相如此真誠，因此得到了互相的理解與信任，我寬容他的任何錯誤。因此我也就有責任與他共同承擔家庭的任何不幸。離婚？不！

大約有一周的時間，我跟着思成回憶他的前半生，尋找他的「罪行」。這次延續了幾天的交談與回顧，對我和他都是重要的。

思成認為，從美國回來至 1937 年這一段時間，他有意識地避開與政界人物的接觸。這個時期，思成的社交範圍除了前面提到的清華、北大的一些教授外，還有林徽因的一些作家朋友，沈從文、徐志摩、蕭乾、卞之琳、何其芳、陳夢家等；學術界的一些朋友，傅斯年、李濟、董作賓等也常有來往。此外就是建築界的同行，楊廷寶、陳植、童寯、趙琛、鮑鼎等人了。

朱啟鈐辦營造學社的頭兩年，學社和日本人有過相當頻繁的來往。思成於「九一八」時到學社，對日本有着刻骨仇恨，所以堅決反對和任何日本人接觸。另一方面，他和美國人的來往漸漸多起來。有研究中國古代藝術史的學者史克門、紐約大都會博物館的詹恩和美國著名建築師斯泰因及美國領事館的一些官員等。那時對美國是帝國主義毫無認識，反而認為美國是民主、自由、扶持弱小民族的友好國家。到了 1950 年抗美援朝運動，經過學習才認識了美國的帝國主義本質。

思成沉痛地說：

過去我一直認為自己是清白的，我熱愛祖國，熱愛祖國的文化遺產，我沒有從父親那裡繼承一磚一瓦、一張股票的遺產，我的經濟來源完全是靠我的工資收入。我回國後沒有去走發財的路，這條路對我是很容易的，而去創辦了我國第一個建築系。為研究保護祖國的文化遺產，我願獻出一切。但是回顧從 1928 年到「七七事變」前夕這一段時間，正是我國進入徹底的民權主義革命的時期，對外要推翻帝國主義，求得徹底的民族解放；對內要肅清買辦階級在城市的勢力，完成土地革命，消滅鄉村的封建關係，推翻軍閥政府。這個時期紅軍完成了震撼世界的二萬五千里長征，而我卻一心想着要趕在日本學術界前面，寫出自己的建築史。我想趕快把這些古建築測繪下來，以防萬一日本帝國主義的鐵蹄從東北踏入華北內地，一旦戰爭爆發，這些寶貴的建築遺產的命運就難以預料了。我很慚愧，在我們民族的解放運動中，我沒有貢獻自己的力量。

抗戰期間學社在西南恢復了工作，但經費困難。1940 年庚款來源斷絕以後，思成每年都要到重慶去一兩次為學社籌措經費，每次都要乞求教育部或財政部，因此接觸的黨政首腦人物也就多了起來，有陳立夫、朱家驊、孔祥熙等，但和他們的關係也僅局限於學社的經費問題。當時中央美術學院曾一度沒有院長，教育部想讓他去，他辭謝了。後來聞一多在昆明被刺，朱家驊曾要他代表教育部到昆明去「善後」，他因為一向和教育部沒有關係，更是嚴詞拒絕了。

思成回憶了抗戰時期的一段生活與工作後對我說：

過去雖然我自認為對美帝國主義沒有認識，但對日本侵略者我是恨之入骨，為了抗擊侵略者，為了保衛祖國，我願做出任何犧牲。但我不是軍人，我無能為力。現在群眾批判我在抗戰期間龜縮在後方，抱着幾座封建迷信的廟、塔、墓、窟為「奇貨」，苟且偷生，幹着「把中國引向黑暗」的罪惡勾當。這樣的批評，我還很難認識，也難以接受。不過我承認，我沒有想到投筆從戎，這使我感到很愧疚！很愧疚！

思成沉思着說：

什麼叫「文化買辦」？我認為學術是沒有國界的，任何一個民族都不應拒絕外來文化，一個民族只有接受了外來文化，本民族的文化才能更加發揚光大。如中國的佛塔，本非中國固有的建築形式，但它從印度傳入後，仍以中國的風格，造成成熟的中國特有的藝術而馳名世界。「文化買辦」？在我心中翻來覆去地想了不止一天，仍然得不到答案，真難哪！我不願口是心非地寫假檢討，我希望把我的觀點擺出來和大家討論。

我嚇了一大跳，我的天！他要是真的把這些思想和盤托出去和學生們討論，那豈不馬上就被扣上「向無產階級專政反攻倒算」的罪名嗎？我緊張極了，千叮嚀萬囑咐地告訴他這些話只能在家裡說說，萬萬不可對外人去說。他

看我這麼緊張，不禁溫和地一笑說：「你真是『反動權威』忠實的老婆。」過了一會兒他又說：

「眉，也許你和孩子們還是離開我好，特別是兩個孩子，我總覺得對不起他們。」

想起孩子，我的心都碎了，我相信早晚會有這麼一天，孩子們會來向我告別：「媽媽，我們必須離開你，離開這個『反動』的家。」假如這一天真的來臨，我又能說什麼呢？我不敢往下想。

當時我們已被取消了閱讀《參考消息》的資格，一個朋友告訴我說，《參考消息》上報道音樂家馬思聰「叛逃」美國的消息。我把這個消息告訴思成，他聽了後十分吃驚，睜大了眼睛說：「這消息可靠嗎？」消息可靠與否我不知道，但我很想知道他是怎樣想的，於是問他：「如果有可能，你願意到國外去嗎？」

他回答：

離開中國？不！1947年我離開美國回國前夕，費正清夫婦和一些美國朋友對我說：「共產黨要來了，你回去幹什麼？」他們勸我把全家接到美國。我說：「共產黨也是中國人，他們也要蓋房子。」我還是堅決回來了。多年來我感到幸福的是國家需要我，因此我心甘情願地為祖國奉獻一切。特別是廣州會議（1962年3月2日周總理在廣州召開的科學工作會議和文藝創作會議上作《關於知識分子問題的報告》，這一報告批判了1957年以後出現的「左」的傾向，重申了我國知識分子絕大多數已是勞動人民的一部分的觀點）聽了周總理和陳毅副總理的講話，陳毅還提到了我對《營造法式》的研究工作，我感動極了。我想，我所唯一可奉獻給祖國的只有我的知識，所以我毫無保留地把我的全部知識獻給中國未來的主人——我的學生們。沒想到因此我反而成為社會主義建設的罪人。

他定睛地看着我，那雙滿含着痛苦的目光使我不忍再看。接着他低下頭沉痛地說：

如果真是社會主義建設的需要，我情願被批判、被揪鬥、被「踏上千萬隻腳」，只要因此我們的國家前進了，我就心甘情願。到外國去？不！既然連祖國都不需要我了，我還有什麼生活的願望？世界上還有比這更悲哀的嗎？我情願作為右派死在祖國的土地上，也不到外國去。

思成啊！你對祖國的赤子之心，在我的心中激起了怎樣的浪花！

梁思成為祖國貢獻了畢生的精力、智慧和才華。雖然他沒有扛起槍幹革命、去殺敵人，但他仍不失為一個高尚的人、無私的人。如果說 1962 年我同思成結婚後，由於我們在年齡、學識和生活經歷上的差異，許多人不理解也不贊成我們的婚姻，如果說在巨大的社會輿論壓力下我多少感到過惶惑的話；那麼，幾年的共同生活已使我更瞭解他、更認識他的價值。我慶幸自己當年的決定，並感謝上蒼為我安排了這樣一個角色。我在那驚慌恐怖的日子裡，感受到幸福與驕傲、安慰與寧靜。

我深信歷史會說明一切，可能我等不到這一天，也許我會和他一起被紅衛兵打死；也許我會被兄妹疏遠；也許會被子女拋棄；也許會被朋友們拒絕。但是，我不能虛偽，不能迴避，既然今天我更加瞭解了他，更加認識了他的價值，我唯一能做的，只能是誠實地把絞索套在自己的脖子上。

1966 年的「十一」，是新中國成立以來思成第一次沒有被邀請參加國慶節的晚會，孩子們很高興第一次和爹爹一起共度國慶節。

清華大學的造反派蒯大富，已經成了赫赫有名的大人物，因此清華的地位也提高了。國慶節在清華的西操場設了一個煙火點，人們都湧向西操場。我們沒有到人群中去，只帶着孩子們到小學校的操場去看煙火。思成開始

很沉默，但是等到煙火一開始放，隨着五彩繽紛的火花騰空而起，似乎一切煩惱都被驅散了。在這偌大的操場上僅有稀稀拉拉的十幾個人，他們多半是一些住在附近的老教授。我們感到興奮與舒暢，孩子們注意着隨煙花飛上天空的降落傘，盼望它落下來，他們奔跑了大半個晚上仍以失望告終。這是思成在新中國成立以來唯一的一次，也是最後一次與家人共度國慶節。

10 月 28 日晚，我正在打瞌睡，思成忽然推醒我說有重要消息。我聽到播音員正在用激動的語氣說，「……導彈飛行正常，核彈頭在預定的距離，精確地命中目標，實現核爆炸……」思成站在我對面興奮地說：「我們成功了，成功地進行了導彈核武器的試驗。這幾天的《參考消息》一定很熱鬧，可惜我們看不到。真想知道國外的反映，對他們震動一定很大，真了不起。我們的國防力量大大地加強了，真了不起。」他高興得不知該說什麼好了，完全忘記了自己的倒霉處境。

我翻閱着思成最後幾年用的一個筆記本，有幾行字，它們用紅筆打了破折號：

1966 年 10 月 27 日，我國成功地進行了導彈核武器的試驗。導彈飛行正常，核彈頭在預定的距離，精確地命中了目標，實行核爆炸——

接着後面又出現了一個又一個的破折號。

1966 年 12 月 28 日，我國西部地區又成功地進行了一次核爆炸——
1967 年 6 月 17 日，我國第一顆氫彈爆炸成功——
1968 年 12 月 27 日，我國在西部上空爆炸了一顆氫彈，成功地進行了一次熱核試驗——
1969 年 9 月 23 日，我國成功地進行了首次地下核試驗——
1969 年 9 月 29 日，我國在西部地區上空成功地進行了一次氫彈爆炸——
1971 年 11 月 18 日，我國在西部地區進行了一次新的核試驗——

思成最高興的是聽到我們國家的各項成就，他把重要大事記下來也是自然的事。

他的這個筆記本，我已經讀過不知多少遍了，裡面記錄了多少他的辛酸與苦悶，他的自責與申辯。當時有不少幹部被視為反革命分子被揪鬥，往往就是因為他們在筆記本中寫下了自己的真實思想。由於當時紅衛兵可以隨時闖入家中來亂抄，所以我非常害怕，一直告誡他不要寫，免得招惹是非。現在這不多的幾頁筆記我怎樣也讀不夠，它帶我回到他的身旁，我又聽到他的傾訴與彷徨。過去我讀這本筆記從沒有注意這些無關緊要的破折號，這無非是新聞報道的摘錄。今天這一個接一個陸續出現的破折號引起了我的注意，我聽到了隱藏在這些新聞報道後面，他想說的話。是的，正是這一個接一個的核爆炸，使他感到國家的日益強盛，使他堅信毛主席領導的正確，因此他也毫不懷疑這場「文化大革命」的正確與必要，致使他鑽進這個自我批判的死胡同，再也繞不出來。

事態的發展使我們越來越跟不上形勢。報上逐步公開批判國家主席劉少奇是黨內頭號走資本主義道路的當權派。清華園早已貼出了「打倒劉少奇」的大字報。上海的工人成立了革命造反總司令部，掀起了「全面奪權」的「一月風暴」。不久又掀起了「反擊二月逆流」的浪潮，老一輩革命家李富春、李先念、陳毅、徐向前、聶榮臻、葉劍英等等全成了嚴重反黨事件的成員。我們拚命地讀着各種革命組織散發的首長講話。但我仍不能理解，為什麼儘管都是在共產黨領導下，似乎一夜之間一切全成了修正主義的了，而什麼是無產階級的社會主義？除了驚人的口號和空洞的宣言外，就是「和十七年對着幹」。

摧殘

群眾逐漸形成了勢不兩立的兩大派。思成是頭號反動權威，不管哪一派都要揪鬥他，往往一「坐飛機」就是三四小時，或是大半夜。他對此不但不氣憤反而高興，因為他天真地認為這是學生們不再打內戰，開始聽毛主席的話，搞「鬥批改」了。他以為他百思不得其解的——什麼是「無產階級教育路線」的問題快得到解答了。

然而一次又一次的批鬥，使他的健康明顯地惡化了。在一次批鬥會後，他的身體徹底地垮了。那是一次批鬥系總支書記劉小石的會。主攻對象是劉小石，梁思成只是陪鬥。在批鬥會進行到一半時，很受思成器重與愛護的一個學生走上了講台，他自稱早在「文革」前夕就收集整理了梁思成的反黨言論上報黨委。他揭發批判劉小石，說在他們整理的梁思成的材料中，劉小石把一些關鍵的「反動」言論給刪去，包庇了「反動權威」。那天晚上我扶思成上床時，發現他極度的虛弱，還有些顫抖。他喃喃地說：「沒有想到啊！真沒有想到啊！」

在「文化革命」開始不久，他的一個「徒弟」由於對運動表示了不同的意見而受到了嚴厲的批判時，他就常常對我說：「我真後悔找了幾個年輕人來當助手，原想把我的學識更好地傳授給他們，沒想到反而害了他們。『梁思成的大弟子』這個臭名，他們要揹一輩子，我對不起他們，我真後悔！」

「文革」不久，高幹醫療制度就取消了，清華校醫院又因他的醫療關係不在清華而拒絕給他看病。不得已，我只好帶他到北醫三院去。我永遠感謝給他看病的陳世吉大夫，當他看到病歷上「梁思成」三個字時，並沒有像有的人那樣蔑視他，而是低聲地向他的助手說：「他是一位建築學家，常常在報紙上發表文章的。」他仔細給思成檢查，並找了幾位大夫來會診。整整一個上午，我看他們反覆地聽着量着，看着各項檢查的結果，低聲地

議論着。我緊張到了極點。最後，陳大夫把我找到一邊輕輕地說：「他患的是心力衰竭，很危險。你能設法讓他住院嗎？」「住院？」我愣住了，緊緊地咬住哆嗦的嘴唇。陳大夫會意地點點頭說：「這樣吧，我們保持密切的聯繫。以後你不要再帶他來了，他必須臥床。」當他知道我們家裡有血壓表、聽筒和注射器時很高興，要我每天給思成量血壓、數脈搏，做好記錄，定期來取藥，他還詳細地告訴我那些藥的服用方法及注意事項。他特別叮囑我千萬要防止思成感冒。從此，我不僅是他的妻子、保姆、理髮師，又多了一項職務——護士。這樣我一直保持着和北醫三院幾位大夫的聯繫，直到 1968 年 11 月周總理直接過問了思成的情況，才把他送進北京醫院。

1967 年清華的「文革」領導小組通知我，限三天內全家搬到北院一間 24 平方米的房子中去 (這是我們 1966 年以來第三次搬家)。1967 年 2 月，寒冬還沒有過去，我去看了那間房子，一進門就讓我不寒而慄。陰暗潮濕的房間，因為一冬沒有住人，牆上、地上結了厚厚的一層冰霜，這對思成的健康將造成致命的後果。我們又一次賣掉「多餘」的傢具。最苦惱的是大量的書怎麼辦呢？我們一個書架一個書架地整理，這些書過去我沒有時間細看，很多外文書，我更是看不懂，現在要決定棄留就必須認真地挑選。在清理圖書的時候，在書架上翻出一個厚厚的牛皮紙的大封套，打開一看，呀！全是一些精美的塑像和小雕塑品的圖片，這是思成多年研究雕塑史收集的資料。

我們暫停了書籍的整理，坐下來欣賞這些圖片，有一對漢代銅虎的圖片吸引了我的注意，銅虎栩栩如生，它的頭、身、尾、爪沒有一處不顯示出力量的美。思成拿在手上讚歎不已，情不自禁地對我說：「你看看，眉，你看看多……」「美」字剛要脫口而出，忽然想起這是當前犯忌諱的詞，於是立刻改口說，「多……多麼有『毒』啊！」我們不禁相視大笑起來，這是我們「文革」以來第一次歡笑。1987 年我在美國哈佛大學的佛格博物館親眼見到了這一對珍品。我的耳邊又響起思成的讚語：

漢代銅虎

你看看，眉，你看看多⋯⋯多麼有「毒」啊！

我把一部分貴重的建築書刊整理出來，請求暫存在建築系資料室。「文革」小組的那個人瞪起眼珠怒視着我說：「把資料室當成你們家的倉庫？不行！」「那麼我把書賣掉，請你在這張申請上簽字，以後別說是我銷毀了批判材料。」我說。他氣極了，但只好一揮手說：「先放着吧。」武鬥期間系館成了據點，這些書被撕毀並丟失了大部分，所餘無幾，後來我把它們送給了系圖書室。其他的書，包括一套英文的《哈佛古典文獻全集》，一套《飲冰室文集》只好全部送往廢品收購站。為了準備答覆紅衛兵可能提出的質問，當晚我在筆記本中作了這樣的記錄：「為了處理那些封、資、修的書籍，僱三輪車拉了一整天，共運 45 車次，計售人民幣 35 元。」

我把一間小廚房收拾出來給老太太住，但是我和思成及兩個孩子（已是大男大女）怎樣安排在這間 24 平方米的小房子裡，真是個難題。我拿着房間平面圖及按同一比例尺製成的必不可少的幾件傢具的紙片，在圖上擺來擺去，怎樣也安排不下。這時思成的建築師才能得到了最後一次發揮，他很快地用書架櫃子組成了隔牆，這樣就出現了我們的「臥室」；還有一個供他寫檢查的書桌；然後是男孩、女孩的安排。小小 24 平方米奇跡般地出現了秩序井然、分區明確的「小規劃」。

我們搬進北院的當天，突然來了寒流，氣溫降到了零下 10 攝氏度。雖然爐子一直燃着，但室溫還是處於攝氏零度左右。正在這時，「砰，嘩啦」！「砰，嘩啦」！連續數聲，窗上的玻璃一塊塊全被砸碎了。我和孩子們在大風中急忙糊上報紙，但怎樣也貼不住，糨糊一抹上很快就凍成冰了。室內溫度急劇下降，零下 2 攝氏度、零下 3 攝氏度、零下 5 攝氏度。我們奮戰了兩小時，在風勢略小時糊上了紙。我徹夜未眠，不停地往爐子裡加煤，並為思成不斷地更換熱水袋，但他還是感冒了。這樣的「遊戲」，後來隔幾天就發生一次，直到春暖花開的時候。他仍在頑強地同疾病搏鬥着。

清華兩派的對抗，已經發展到了你死我活的地步。中央曾告誡兩派的頭頭們如果不停止武鬥，就停發全校員工的工資。但武鬥仍未停止，於是全校停發了工資。一天晚上，一陣猛烈的敲門聲後，闖進來四五個戴着「井岡山」紅袖箍的彪形大漢，他們自稱是「井岡山」總部的人，帶着手槍和匕首，我的心猛烈地跳了起來。

他們把我推向一邊，直衝思成而去，為首的一個指着思成問：

「現在全清華的革命群眾都在捱餓，你知不知道？」

「我……我聽說停發工資了。」思成說。

「你打算怎麼辦？現在是看你的實際行動的時候了。」

「我……我願盡我的力量……我們的家務是林洙管，我……我不知道家裡有沒有錢。」

「放屁！你沒有錢，誰有錢？你每月三四百元的收入，全是人民的血汗錢，你知道嗎？現在你哭他媽的什麼窮？你對革命群眾是什麼感情！」他抬起手給了思成一個耳光。思成晃了一下幾乎摔倒，我衝過去扶住了他。

這夥人進來時我嚇得要命，不知道他們想幹什麼。等定了定神聽明白他們的來意，注意到他們中有一個人，始終把在門口張望。我覺得他們不像好人，因為我們系「井岡山」的頭頭已經在前一天找過我，要我們捐錢為低工資的職工發一定的生活費。由於思成的工資早已停發，存款也已沒收，我手邊僅僅餘下每次搬家賣傢具的二百多元，我把它上交了。我斷定這幾個不是好人。我想起「邪不壓正」這句話，它給了我膽量，於是我對他們說：

「我們系『井岡山』的負責人昨天來過了，我已經把所有的錢都給他們了，

隔壁的老劉可以作證。」

「你們要是沒有現金，其他東西也可以。現在有些人家都揭不開鍋了，你們知道嗎？現在是給你們一個將功贖罪的機會，這是考驗你們的階級感情。」真不知道當時我從哪兒來的膽子，竟敢對着他們說：

「我不信，在我們社會主義國家的首都，怎麼會餓死人，你這是對社會主義的污蔑。據我所知『井岡山』和『414』總部（「文革」時期清華對立的兩派群眾組織），他們已經在設法解決群眾的困難。再說北京市革委會、黨中央更不會不關心清華。梁思成早就沒有工資了，存款也沒收了，你們既然是總部的，難道不瞭解這些情況？我沒有任何金銀首飾，所有值錢的東西早在抄家時抄走了，不信你們搜好了。你們是總部的人，為什麼白天不來，晚上來？」我的話大大地激怒了他們，其中一人舉起手中的皮鞭開始抽打我。這時思成忽然猛撲過來說：

「你們不能打人……你們憑什麼打人？……」只見他臉色發青，呼吸困難，連連喘氣。我拚命地大喊：「救命！救命！打死人了！」這幾個人慌了，衝我說：「好！你不是說我們白天不敢來嗎？明天中午十二點你等着我們。」於是匆匆地走了。

後來我聽說那幾天晚上，很多教授都遭到經濟上的勒索。

第二天早上，天空陰沉沉的，不久就下起瓢潑大雨。我帶着恐慌的心情，等待着昨夜的幾個歹徒，思成堅決要我離開家裡，由他一個人來對付他們，我自然明白他的考慮，我也就更加一步也不肯離開他。

到了黃昏時分，我更加緊張了，思成的身體是絕對經受不起再一次的折騰了。我決心冒雨到中關村去找小妹妹的愛人，求他來陪我們過一夜。

這天清華已被幾萬名「工人宣傳隊」（簡稱工宣隊）團團圍住。我離校門還有二三十米的地方，就看見十幾名工宣隊的隊員把住校門，在嚴格地盤查出入的人員，於是我又折回家來。

雨下得更大了，這一天是 1968 年 7 月 27 日。

04 留做反面教員

工宣隊進校不久，又進駐了大批解放軍，逐步控制了局面。於是從清理階級隊伍開始，展開了全面的鬥、批、改，被審查的對象主要是資產階級學者（正、副教授）、「走資派」（各級幹部）及有歷史問題的人，還有在「文化革命」中犯了嚴重錯誤的「現行反革命」。每天上午我們都要手捧「紅寶書」讀毛主席語錄或「老三篇」，並且要結合學習心得談自己的體會。我的發言永遠是怎樣又進一步認識了梁思成的錯誤之類空洞的話。這當然引起工宣隊的不滿，他們尖銳地批評我：不交待實質問題，想矇混過關是不行的。

學習班每天排得滿滿的，誰也不許請假，我因家裡有重病人，每天回來都要搞得很晚才能休息，思成感到痛苦極了，他已經有兩年多被排斥在群眾以外，可怕的孤獨感不斷向他襲來，他每天在被社會所棄絕的屈辱中掙扎着。

雖然他不能參加學習班，但學生們不會忘記頭號反動權威。他們興致來了就會跑到家裡來，讓他站在門口，當着街坊四鄰坦白自己的罪行，並在大門上貼上「狗男狗女」之類人身侮辱的對聯。北院的房子陰冷得可怕，思成常常把毛毯披在身上保暖。一天學生來了，看到他的樣子很可笑，因此強迫他披着毛毯，站在大門口交待罪行，然後繞着房子周圍走一圈，於是哄笑着散去。那天我回去看見他坐在那裡發抖。我已經從學生那裡知道了他們的惡作劇。顯然他一眼就看出我知道了發生的事。他顫抖着嘴唇，半天才說：「眉！只要你和孩子沒有看見，他們怎麼對待我都可以。」我一下撲到他的懷裡，泣不成聲。我在心裡說，年輕人啊，年輕人啊，你們知道自己的行為對這個生命垂危的學者，在精神上造成了多麼慘重的創傷嗎！

一天我下班回來看見家裡有一大群人，顯然是軍宣隊和工宣隊的頭頭們。我很吃驚。他們走後，思成十分激動地告訴我說：「這幾個人是學校革委會的正副主任和委員，和我談話的人是董主任，他是 8341 部隊的，他先告訴我，我寫的材料周總理全部都看過了，他一再向我解釋毛主席和黨的政策，一再告訴我黨的給出路的政策，要我相信群眾相信黨。同時他們還詳細地瞭解了我的生活情況和健康情況。他還問我願不願意住院，我說要問

林洙。……我說我渴望能參加學習，但我已失去戶外活動的能力，如果什麼時候開會批判我，我希望能去參加，我雖然走不動，但我爬也要爬去。董主任答應下次批判會，讓學生用車來接我去。」果然再開批判大會時，幾個學生找了一輛全清華最破的手推車，讓他坐在上面，像耍猴似的推到會場。後來一個平時比較接近他的學生說：「梁思成說想來參加批判會，這是譁眾取寵，想討好群眾。」我聽了很痛心，他哪裡能體會精神上的絕對孤獨，對一個知識分子來說，那是比死亡還難以忍受的痛苦哇。

雖然北醫三院的大夫一再告誡我要他注意休息，千萬不能再感冒，但是紅衛兵想怎麼鬥他就怎麼鬥。除此外還得不停地寫交代材料，短短的三個月他寫了約四百多頁的材料，主要的內容有：（1）他和北京前市委的關係；（2）1949 年以前的主要工作；（3）1949 年以前的社會關係；（4）建築學專業的歷史沿革；（5）創辦清華建築系的歷史背景；（6）建築學會創辦以來的活動；（7）反右時期的思想認識；（8）向黨交心的情況；（9）怎樣認識群眾的批判……同時幾乎每天都有人來向他外調某某人的情況並寫材料。從他寫的這些大量的材料中，可以反映出，他的人格及做人的準則，誠實真誠、實事求是、熱愛國家民族、堅信共產黨是正確的。在寫外調證明時，更是一絲不苟，如實的反映，絕不因為與對方有任何個人恩怨而受影響。但是革命群眾的回答永遠是假檢查真反撲。

一天晚上，革委會的劉主任來到我們家，他看了看四壁結冰的屋子，坐下來和我談黨的政策是團結一切可以團結的力量，「包括梁思成，我們也相信他能改造好，黨還需要他為社會主義服務」。他告訴我要送梁思成住院治療。天哪！我彷彿看到了一線陽光照進了我們這個冰冷的小屋。

當晚十一點劉主任又來了，並且告訴我車子已經在外面等候，要立刻送思成去醫院。

他住院後的第一個任務還是「交待罪行」、「寫檢查」，但他怎樣也寫不好，

限定的日期一天天接近，我焦急萬分。一天工宣隊的楊師傅命令我到醫院去幫他抄寫「檢查」並於第二天帶回。我到醫院一看，他寫些什麼呀，東一句，西一句。我急了，他膽怯地說：「不知怎麼搞的，我的腦子不聽使喚。」我急得哭了起來。一位護士拍拍我的肩，小聲地說：「別這樣，他的腦子缺氧啊！」一句話提醒了我，我安慰他讓他先睡下。我想憑我平時對他的瞭解，加上我們經常討論的一些問題，是不難謅一篇「檢查」的。但是當我提起筆來寫時，卻不知從何下筆。

天已經發白，我面前仍是一張白紙，我只好急急忙忙地在他那不連貫的「檢查」中挑出幾段，加上我從別人批判他的大字報上看來的內容，胡亂加在一起謅了一份「檢查」帶回去。當我把這份「檢查」交給軍代表老朱時，心怦怦直跳，他接過去翻了一下說：「這是你替他寫的嗎？」我嚇了一跳，連忙否認，「不，不……是我抄的。」我彷彿看到老朱的嘴角露出一絲善意的微笑。這份檢查剛貼出去，周圍立刻就貼滿了大字報批判他「假檢查，真反撲」。

1969 年 1 月 26 日（星期日），這天清華大學沒有休息。中午一點鐘，全校師生員工就集合在大禮堂前的草坪上等待宣讀中央文件。工宣隊的成員喜笑顏開地透露說：「有一個特大喜訊。」排列在主席台兩邊的鑼鼓隊，也在那裡使勁地槌打，響聲震耳欲聾。我想不出有什麼喜事，只好耐心地等待着，大約一小時後遲群走上主席台。原來是宣讀中共中央轉發的，毛主席圈閱的清華大學關於《堅決貫徹執行對知識分子「再教育」、「給出路」的政策》（後來稱之為「清華經驗」）的文件，在這份經驗中總結了對待知識分子的五種不同的政策：一是對一般知識分子；二是對「可以教育好的子女」（後來稱為「可教子女」）的政策；三是對犯了「走資派」錯誤的幹部的政策；四是對資產階級反動學術權威的政策；五是對反革命分子的政策。我注意地聽着第四條：「四、對資產階級學術權威，經過充分批判，要給以出路。」

在清華大學被群眾稱為資產階級學術權威的，大大小小有一百餘人，其中

比較突出的共有十四人。

這些人不是特務、叛徒和其他反革命分子，但他們站在反動的立場上，在學術領域內大搞封、資、修和「三脫離」的一套貨色，是資產階級知識分子統治我們學校的重要支柱。……他們人數不多，流毒很廣，影響較大。其中原土建系主任，一級教授，建築學反動權威梁思成；原副校長，一級教授，機械學反動權威劉仙洲；力學反動權威錢偉長尤其如此……

宣傳隊遵照偉大領袖毛主席「徹底揭露那批反黨、反社會主義的所謂學術權威的資產階級反動立場，徹底批判學術界、教育界、文藝界、出版界的資產階級反動思想，奪取在這些文化領域中的領導權」的教導，選定梁思成、劉仙洲、錢偉長三個典型，發動師生員工以毛澤東思想為武器，抓住他們的要害問題，緊緊圍繞着兩條路線鬥爭這個綱，集中批判了他們的學術是在什麼路線指導下，為誰服務和怎樣服務的問題。……使師生員工受到了很大教育，認識到「學問再多，方向不對，等於無用」的偉大真理。……

二是在批了之後，不再讓他們在校、系等各級領導崗位上當權，但教授的頭銜可以保留；身體好，能做點事情的（如錢偉長）要用，他那一套體系必須砸爛，但在分體上，還有用，應有所取。年紀太大，用處不大的（如梁思成、劉仙洲），也要養起來，留做反面教員。……

我說不出心中是什麼滋味，會後工宣隊師傅認為這是對我們家庭的大恩大德，要我談談體會。我說：「毛主席的這一偉大政策意義太深刻了，我得好好想想。」談什麼呢？我腦子裡只留下一句話：「年紀太大，用處不大的（如梁思成、劉仙洲），也要養起來，留做反面教員。」工宣隊的師傅特意到醫院去向思成傳達了這一文件。我不願和思成去談論它，後來當我翻閱他的筆記本時才發現，從1月26日到2月27日他沒有寫一個字。沉默！這是他的回答。對知識分子來說，往往生活上的艱苦不是最可怕的，最難以忍受的是人格的侮辱與惡意的嘲弄。

不久思成參加了醫院的病友學習班，有機會接近群眾使他非常高興。有一天他悄悄地問我，現在豬肉多少錢一斤？我一怔：「九毛啊，怎麼了？」他笑了，說在學習班不知討論什麼問題時他說了句豬肉賣六毛一斤，引起哄堂大笑。一位老大姐笑着說：「看這個老頭被當權派給蒙蔽得連豬肉多少錢一斤都不知道了。」

在思成被揪鬥以後，只有從誡和我的妹妹有時來看我們，其他人離得遠遠的（梁再冰當時在國外）。但是卻常常有些普通的群眾見面向我打聽思成的情況，其中就有幾個清華的郵遞員，他們總是樂觀地安慰我說：「您放心，沒事，早晚問題能搞清楚。」一天，郵遞員老趙在安慰了我之後又歎了口氣說：「我當了三十年郵差，就數梁先生關心、信任我們，他的收發章就放在門口的小茶几上，讓我們自己蓋，夏天準有一壺涼開水。是個好人哪！好人哪！您放心吧！」他又深深地歎了口氣。

「清華經驗」在全國、全市傳達以後，一天一個青年木工找到我家，一定要見思成，向他請教《清式營造則例》中的問題，他急切地說：「再不學就要失傳了。」

又有一天，一位白鬍子老頭，捧着一個大西瓜到北京醫院去看思成，原來是抗日戰爭前給思成拉包月車的老王，老頭哈哈笑着說：「早就聽說您回北京了，就是打聽不到您住在哪，現在聽了文件（指傳達「清華經驗」的中央文件）知道您在這兒，這才來看您。」他還特意跑到清河鎮去為思成要了些瓜種子種在我們的院子裡，說是它能治肺氣腫。第二年，等這些瓜籐上掛滿一個個金黃的小圓瓜時，思成已永遠地離開了人間。

1969 年 10 月 7 日軍宣隊的劉主任與熊向暉先生到醫院來看思成，告之他英國作家韓素音來中國訪問，想寫幾篇關於中國「文化大革命」的報道，周總理建議她訪問梁思成、林巧稚和錢偉長。劉主任一再囑咐他說：「你可以隨便地和她談談體會，想到什麼就談什麼，千萬不要像檢討似的談話，

千萬不要認罪檢查。她是國際友人，可不是紅衛兵。」第二天一早劉又來對他叮嚀一次。但這次談話失敗了，他在筆記中這樣寫道：

「這次總理要我和韓素音談話，是黨對我的信任，是黨交給我宣傳毛澤東思想的一次光榮任務。然而我卻辜負了黨的信任，沒有很好地完成任務。」

我曾久久地思量，為什麼過去活躍、詼諧的梁思成，如今談起話來竟變得空洞而乏味？儘管他受盡屈辱與折磨，但他始終相信：「這次無產階級文化大革命，對鞏固無產階級專政，防止資本主義復辟，建設社會主義，是完全必要的，是非常及時的。」（摘自《中國共產黨第八屆擴大的第十二次中央委員會公報》，1968 年 11 月 30 日《人民日報》）。

可是他的「建築觀」與「教育思想」卻被砸得粉碎，它們並非「破就是立」。對思成來說「建築」是他全部的「生命」。如今他的全部學術思想和研究工作被徹底否定，這使思成成了一個被抽掉了靈魂的人！儘管他仍然在和疾病鬥爭着，在他的學術思想中掙扎着，但是過去那個生氣勃勃的梁思成已經不復存在了。

不久他又恢復了黨籍，從「反面教員」變成了「無產階級先鋒隊」中的一員。革委會通知他要他在全校大會上作一個發言，談談學習新黨章的認識和體會。思成緊張極了，他患肺心病已到了晚期，處於心力衰竭呼吸衰竭的情況，因此大腦供血不足，很難集中思想寫東西。儘管如此，他還是拚了命的用了四五天的時間，寫了一份體會。開會的前一天晚上，革委會把準備發言的人召集到第二教學樓內試講。遲群看他拿着好幾頁發言稿。皺着眉頭對他說：「梁思成！你能不能簡單一點，說一下自己的體會。」思成吃了一驚，他哪有能力在一兩分鐘內把講稿壓縮成幾句話。因此怯懦地說：「我要用新黨章的『總綱』來衡量自己檢查自己，鬥私批修……」遲群打斷他的話說：「好！你就回家去鬥私批修吧！」於是把他趕出了二教樓。他失去了做人最起碼的尊嚴！我正在門外等他，看見他漲紅了臉，蹣跚地走了

出來。我趕上去扶着他，我們默默地走回去，誰也沒有說話。

這回他徹底糊塗了。他仍然孤獨着，等待着他最關心和愛護的學生來和他探討教育革命的問題，他的等待落空了。他哪裡知道這「廟小神靈大，池淺王八多」的清華知識分子，已大半被趕到江西鯉魚洲勞動改造去了。

05 永別

思成出院時，工宣隊朱某某曾私下向我透露，總理辦公室指示：要解決好思成的住房；照顧好他的生活；問他的工資多少，能否僱得起保姆等細小瑣事。然而清華園仍舊籠罩着恐怖和緊張的氣氛，總理的指示沒有落實。不僅如此，每天三個單元的學習時間我一分鐘也不許請假。晚上沒事也得在學習班傻坐到十二點才能回去。我每天懷着忐忑的心情邁進家門的第一件事，就是看看爐子滅了沒有。由於遠離醫院，我又一次充當了護士和聯絡員，可他再次感冒住院了。北京醫院向人大常委及清華大學革委會發出了梁思成病危的通知：他患肺心病已到晚期，處於心力衰竭和呼吸衰竭的危險階段。要求晝夜有人護理，要求家屬陪住。工宣隊這才開了恩，允許我每晚提前於九點離開學習班，等我匆匆趕到醫院已是夜間十一點了。思成每晚都等見到我後才肯入睡。早上五點我一起來他就驚醒。當我輕輕地親吻他的額頭告別時，他總是默默地目送我離開，我的心止不住地戰慄，也許這是最後的一天！

不！不！我要盡一切努力挽回他的生命。我不顧一切地向工宣隊寫了一份申請，將思成上次出院時的醫囑、造成這次又住院的原因，及當前的病情作了簡單的敘述後，請求批准我請長期事假在醫院照顧病人。工宣隊的霍某某看了我的申請火冒三丈，公開批評我對工宣隊有不滿情緒。那時誰要是膽敢對毛主席派來的工宣隊不滿，幾乎就等於反對毛主席。霍某某怒氣沖沖地跑到醫院來衝着思成質問：「梁思成，你到底有什麼病？」

思成嚇了一跳，說實在的，思成對自己患什麼病從不過問，他苦苦地掙扎在死亡的邊緣，自然知道自己病情的嚴重，也預感到即將離開人世。對一個即將離去的人，無需知道自己患的是什麼病。

「我⋯⋯我⋯⋯」他答不上來。我氣憤到了頂點，但為了讓思成得到最後的安寧，強壓怒火對霍某某說：「我們找大夫問問吧。」霍某某出了病房根本不理睬我，頭也不回地逕自走了。

梁思成登上桂林疊彩山

思成仍然關心着國家大事，我每天的第一件事就是為他讀《人民日報》和《參考消息》。一天我為他讀斯諾寫的《同毛澤東的一次交談》，當我讀到「毛主席說『所謂四個偉大討嫌』」時，思成吃驚地說：「四個偉大不是林副主席提的嗎？」

為了盡量減輕他的痛苦，我每天都在護士的幫助下為他變換姿勢，把他從床上抱到沙發上，又從沙發上搬回床上。慢慢地我一個人就能搬動他了，當我抱起他來感到他一天比一天輕時，我的心也就一天一天地往下沉。

1972 年的元旦他聽完了《人民日報》社論後對我說：「台灣回歸祖國的一天我是看不見了，『王師北定中原日，家祭無忘告乃翁』。等到了那一天你別忘了替我歡呼。」我的淚水奪眶而出，緊緊攥着他的手說：「不！不！你答應過我，永遠不離開我。」1972 年 1 月 9 日他永遠離開了這個世界。

如果有人問我，最後的日子裡他最需要的是什麼？我只能說他最需要的是：什麼是「無產階級教育路線」、什麼是「無產階級建築觀」的答案。然而他沒有找到，他黯然了。失去林徽因的悲哀沒有壓倒他，「大屋頂」的批判沒有壓倒他，而今他真正地悲哀了，他永遠永遠失去了歡樂與笑容。

在他最後也是最痛苦的日子裡，他多麼盼望能和他的朋友們、學生們一起討論「教育革命」，一起討論「怎樣在建築領域防止資本主義復辟」，然而他病房的會客牌總是靜靜地掛在醫院傳達室裡。難道這位曾經無私地把全部智慧都獻給人們的學者真的已被大家遺忘了嗎？不！我不相信！這一切，歷史將會作出回答。

又是一個「萬籟無聲，孤燈獨照」的寂靜的夜晚。我一頁一頁地回憶往事。

我又看到他──一位風塵僕僕地奔走在祖國大地上，為發現祖國建築的瑰

寶而欣喜若狂的勇敢的探險者。

我又看到他——一位生氣勃勃、詼諧、風趣、循循善誘的、無私的老師。

我又看到他——一位追求真理、無私無畏、勇於前進、不斷探索的嚴謹的科學工作者。

我更深切地感受到他那顆熱愛祖國、熱愛祖國建築文化而強烈跳動着的心。

我想起 20 世紀 60 年代初，他登桂林疊彩山時作的一首遊戲詩：

登山一馬當先，豈敢冒充少年？
只因恐怕落後，所以拚命向前。

是的，我是親眼看到他在這最後的十年是怎樣拚命向前的。然而他所經歷的最後的歲月，竟是一條歷史倒退之路，無論他怎樣拚命，也是不可能「向前」了。

每當我回顧他在人生最後的旅途中的煎熬與痛苦的掙扎，我的心就會顫抖，往日的傷口就會突然崩裂，它們難以癒合。但是我也感到平靜與慰藉，因為在他最困難的日子裡我給了他全部的愛。我與他緊緊地相依為命，走完了他生命的最後一段路程。他的悲劇是整個民族悲劇的一個縮影。今天，我執筆凝思，看着窗外美麗的月光，清華園這樣寧靜，它在新生中，但是思成卻看不到這一切了。

我的親人：在你「拚命向前」之時，甚至沒有時間停下腳步看一看美麗的清華園。然而此時此刻，我是多麼盼望能同你一道在校園中漫步；在荒島的小亭中坐一坐；再看一眼我們周圍的景色；看一眼歷史是怎樣真正「向前」的，哪怕僅僅只一分鐘！

在梁思成的書房中，有一副任公先生手書的李白、杜甫詩句的集聯：

清水出芙蓉　天然去雕飾
白鷗沒浩蕩　萬里誰能馴

這是任公先生對兒子的期盼，也是遺訓。他望兒子在做人方面要清清白白，如出水芙蓉般的純潔坦蕩。對事業如白鷗衝破萬里波濤般的勇猛直前，不顧及個人得失。我曾久久地沉思在這兩句遺訓中。

思成走了近四十年了，但他幾乎每天都與我同在，我仍能聽到他的關心與笑語，我不斷地在解讀他。

從我認識他到 1966 年，對我來說，他在學術上是那麼高不可攀。有人問我：「你對他的『建築』懂得多少？」是啊，對他的建築我什麼都不懂。但他懂得生活，他懂得關心人，他懂得尊重人，這就夠了。我不認為所有的妻子都要懂得丈夫的專業。

在 20 世紀三四十年代，他和學社的同仁們「讀萬卷書，行萬里路」去尋找我國僅存的一些古建築，對它們進行調查測繪。「篳路藍縷，以啟山林」，那是老一輩古建工作者艱苦創業的時代。

1966 年「文化大革命」開始了，這個悲痛的時代，這個失去理性的時代；它已經成為歷史，被翻過去了。但是多少年輕人對它還是一無所知。那時候有一句名言：「這是一場觸及人們靈魂的大革命。」多麼驚心動魄！不管什麼人，不管你是怎麼想的，誰也抗拒不了這個巨大的力量，不管人們怎樣躲避，你都被迫推上台來亮一亮相，我也從恐怖到悲痛到冷靜。

我看清了人們，也認清了自己，但是更令我感到幸福的是我看到了思成的靈魂，看到了我所從未認識到的他那和藹可親的另一面：嚴肅與理性。誠

2010 年，我在山西雲岡留影

如任公先生教導的「清水出芙蓉，天然去雕飾」的精神。不管當時群眾用什麼語言來謾罵、來批鬥，他都沒有動怒。他用來衡量自己的是對祖國的忠誠與對民族文化的熱愛。

他身上有股頑強、內在的精神力量，我被他那種誠懇、那種靈魂的坦白所感動。愛情並非只向對方索取，愛情也包含着給予，給予也是一種幸福。在那充滿專政、暴力、恐怖的氣氛下，我突然感到心靈深處的平靜。儘管我仍然是那個反動權威的老婆，儘管我們已經墮入社會的最底層。但是這一段生活的經歷卻是我的一筆財富，是無價的財富，它不是你想要就能得到的。生活是公平的，你怎樣生活就必定會得到怎樣的回報，也許這就是佛家說的因果吧？

那個時候來向他做外調的人越來越多，這些人有一個共同點，就是希望得到他們所調查對象的毀滅性的材料。有時他們甚至挑撥性地啟發他怎樣寫材料。思成的態度永遠是實事求是的。不管過去與對方有任何恩怨，他也是如實地反映情況。實事求是，這是他堅守的原則。

我想我也許是比任何人都更能感受到他人品中的善良與正直。他做到了「清水出芙蓉，天然去雕飾」。

20 世紀 50 年代初，「梁陳方案」被否定了，「民族形式」被批判了。為保護北京的古建築，保護北京的總體環境，他和北京市的領導人吵得不可開交。我在他身上看到「萬里誰能馴」的精神。後來漸漸看不到了，似乎真的成了「馴服工具」。為什麼？我找不到答案，後來我從他的筆記中找到了。

1949 年至 1966 年他記了近七十本筆記，「文革」期間曾被抄走，又發還但已不全。這些筆記只是一次次會議的記錄，× 年 × 月開什麼會，討論什麼問題，哪些人與會，每個人發言的內容是什麼。唯獨沒有他自己的看法。

除此以外從 1949 年至 1966 年這十七年來，他以政協常委的身份、人大常委的身份、科學家的身份……出席了無數國家領導人的報告會，上至總理、國家各部委的首腦、各界的政要人物，下至清華的校長、書記。有關這類會議的記錄佔去他筆記的 60％—70％。報告內容絕大多數都是講述從 1949 年以來我國在政治、經濟、文化、外交……各條戰線上取得的成就、勝利與輝煌成果。在這日積月累的長期的教育下，他深切感到祖國正蒸蒸日上，越來越富強。祖國的富強與壯大，正是他前半生所夢寐以求的。這一個接一個的報告，促使他相信共產黨的領導是正確的，促使他相信沒有共產黨就沒有新中國。在他心目中共產黨就等於祖國。但是從他從事的專業的角度來看，又不是完全和黨協調一致。

在 1949 年初，他為保護北京這個古老的歷史文化名城所做的種種努力都失敗了。雖然當時以「對蘇聯專家分庭抗禮」為由，不允許他再爭辯。但是他隱隱約約地感到自己和領導之間存在分歧。到了 20 世紀 60 年代初他終於對他的學生說出了心裡話：「我至今仍認為『梁陳方案』是正確的，只是在個別小問題上還可以改進。但是我不願意你們再去堅持我的主張，這樣做對你們沒有好處。」

1952 年在全面學蘇號召下，把他制定的教學計劃推翻了。1955 年在全國範圍內開展了對以梁思成為代表的資產階級唯美主義的復古主義建築思想批判。儘管如此，他對共產黨的領導沒有失去信心。但他模模糊糊地感覺到雖然自己在組織上入了黨，但仍處於一個資產階級學者的地位。他認為這是因為他長期受資產階級教育造成的。他決心要努力學習馬列主義，改造自己的思想。

1966 年的「文化大革命」，全面否定了他的學術思想。作為一個學者，學術思想的全盤否定，就等於宣判他的死刑。他苦苦地在他的學術思想中掙扎着。最後他發出了「如果再讓我從頭學一遍建築，也許我還是會得出這樣的結論」的哀歎。他第一次對自己失去了信心，失去了前進的動力，失去了改造思想的希望，失去了歡樂。

1972 年思成去世，我時時刻刻都在想他一生的功過。他的那些古建調查報告，是我們繼續研究古建築所必不可少的依據。1966 年中華書局曾有再版他過去的學術著作的計劃，但因「文革」而未實現，直到他去世尚未完成。我也就只能等待。直到「四人幫」倒台以後，鄧小平副總理復出，我給鄧副總理寫了一封信，主要內容有以下兩點：一、要求修改《辭海》中梁思成的條目。因為《辭海》中梁思成的條目，是「四人幫」把持下的清華黨委定的，還是一個反動權威的形象。我要求對他實事求是地給以評價。二、整理出版梁思成遺著。鄧副總理很快將我的信批給有關單位。「梁思成文集」編委會成立了。那時人們的思想還沒有從極「左」思潮中解放出來，編委會成員也是小心翼翼地斟酌文集的內容。但終究還是選入了梁思成的主要古建調查報告，及《清式營造則例》、宋《營造法式註釋》和英文的《圖像中國建築史》三本專著。

這項工作從 20 世紀 70 年代末開始，到 1982 年《梁思成文集》第一輯出版了，1986 年第四輯也出版了。歷經四年才出齊了《梁思成文集》，及《清式營造則例》等三本專著。除了邀請一些專家負責校稿外，我的工作主要是選配文集中所有的圖片。這是一個有能力的人不願幹、沒能力的人幹不了的累活。面臨上千張的插圖我只能安下心來一點一點地校對查找，這時思成常常說的「笨人下的笨工夫」的話，又響在耳邊。

對古建築來說我做了多年的資料工作，雖然還有很多困難，但尚能完成任務。最困難的是為《中國雕塑史》配圖，雕塑史是 1930 年他在東北大學的講課的提綱，只有文字，沒有圖片。那時候他本人還沒有去過雲岡及龍門。所以文中所舉的例子主要來自外國學者的著述。天哪！我到哪裡去找這些圖片呢？我想起他的好友費正清夫婦，於是寫信給費慰梅，告訴她我碰到的困難，慰梅很快就寄來了我需要的美國博物館館藏的圖片。但是更多的圖只註明見（O ×× 圖），這個「O」又是一本什麼書呢？最主要的是我對雕塑完全不懂，我終日反覆讀着他的文稿，一籌莫展。一天在字裡行間看到 Oswald 一字，我斷定「O」書必定是 Oswald 的簡寫，我興沖沖地跑

到中央美院的圖書館，但沒有查到我要的書。我想北京圖書館可謂國內最大的圖書館了，但查了兩天仍是一無所獲。最後我跑到北京大學圖書館的諮詢部求救。我很難為情地向一位老先生說明我的來意，告訴他我要找的書是外國著者寫的，但我不知道書名，只知道作者姓名打頭的字母是「O」，書很厚，因為它的插圖多到了幾百號，內容是有關雕塑的。感謝上帝！這位老先生居然很快就查到 Oswald Siren 的名字並告訴我說著者的中譯名叫奧斯瓦爾德·喜龍仁，該書叫《中國雕塑》，分上、中、下三大冊。他很快就從善本書庫中將書調出。我對照書稿寫的內容一看，果然不錯。真是喜從天降！那個時候我只知道感謝這位老先生，但還沒認識到這正是圖書工作者的高尚之處，正是他們幾十年勤勤懇懇的工作積累下來豐富的知識和經驗，才能輕而易舉的幫助讀者解決難題。梁思莊（曾任北大圖書館館長）的女兒吳荔明曾這樣評論她的母親說：「她一生留下的文章不多，但許多專家教授們的著作和學生們的論文中，都包含了她的大量心血和辛勤勞動。」

我還要特別感謝四位不知名的朋友。《梁思成文集》中多處提到雲岡及龍門的塑像，但我那時還沒有去過雲岡、龍門，對文中的描寫真是丈二和尚摸不着頭腦。於是我只好給當時的雲岡及龍門石窟管理處各寫了一封信，把我的要求告訴他們。很快我收到了他們拍攝的清晰而精美的圖片。其他還有南京棲霞寺塔基礎上的八相圖，及甪直保聖寺唐代的羅漢像（後經鑒定為宋塑），也都是素不相識的朋友幫我拍攝的。現在回想這已都是三十多年前的事了，儘管當時人們的生活並不富裕，但沒有一個朋友肯收我一分錢。

《圖像中國建築史》的出版更是感人，費慰梅為此書在美國出版，付出了極大的努力。並兩次從波士頓飛到北京與我商討出版事宜。在出版過程中，我與慰梅書信不斷，而且我只能用中文給她寫信，她只能用英文給我回信，我們各在大洋彼岸，抱着英漢字典和漢英字典交換意見。該書出版後我又陪慰梅沿着思成當年的調查路線到正定、大同、應縣、五台山及河南等地參觀當年思成考察過的古建築。當時旅遊業還沒有開展，所以我們每到一處都受到當地外辦的招待。1987 年我又應她邀請去波士頓做客，訪問了思

梁思成去世後，我的主要工作就是整理他的作品

成的母校哈佛大學及賓夕法尼亞大學，還去了耶魯大學，他 1946 年曾以訪問學者的身份在那兒講授過「中國藝術史」。我希望能在耶魯大學找到他當年講授「中國雕塑史」時的講稿，但是除了當年用的幻燈片外，找不到一點兒文字的記錄。耶魯大學的巫敬旅教授還熱心地特意找到當年思成在此講學時住的客房，請我去住了一夜。

為了紀念梁思成一百週年誕辰，清華大學與建工出版社決定出版《梁思成全集》，於是我從 1997 年開始重新整理梁思成的文稿，這是梁思成去世後我第二次通讀他的作品。在各界人士的努力下，《梁思成全集》九卷順利出版。但這九卷中缺少了兩篇重要文章，一是《山西應縣佛宮寺遼釋迦木塔》，另一篇是《半個人的世界》。《半個人的世界》是他 1946 年至 1947 年赴美考察建築教育後回來作的一個有關教育的講話。雖是一篇短文，但卻簡單扼要地反映了他理工與人文相結合的教育思想。

《山西應縣佛宮寺遼釋迦木塔》是他 1933 年與莫宗江同去應縣測繪的，1935 年又去補測了一次，因結構複雜，直到 1936 年才完成，但送印刷廠後因抗日戰爭而未能出版，稿子也丟失了。應縣木塔是世界上木結構建築中最高的一個構築物，其重要性可想而知。這也是《梁思成全集》第九卷中一個極大的遺憾。

2006 年中國文物研究中心為了鑒定梁思成一份文稿的真偽，請我去辨認。我前去一看，大吃一驚，原來竟是《山西應縣佛宮寺遼釋迦木塔》的謄寫稿，雖不是梁思成的親筆，但我斷定這就是當年送印刷廠的那份稿子，由於戰爭，印刷廠在關閉時已把稿子退回營造學社（當時梁已去後方）。但是隨文稿送去的六十多張插圖及一百多張照片卻不知去向，在我的一再請求下，文物中心在資料室找到了三十多張插圖，幾經周折在國家文物局單霽翔局長過問下，終於得到了圖稿的複印件，但只有三十張。缺失的部分，只能用梁思成、莫宗江二人當年的原始測稿來補充，但由於測稿在抗戰期間被污水泡過，字跡難以辨認。我帶着這些圖往返於清華和中國圖片社之間。在

圖片社諸多專家的努力下，憑藉專家們豐富的經驗，通過不斷耐心地試驗，終於使圖紙得以辨認，我永遠感謝中國圖片社的專家們，他們為保護我國的民族文化，做出了貢獻。此後在建工出版社劉愛靈女士的努力下，又補充了部分內容連同《應縣木塔》一併收入，《梁思成全集》第十卷在 2007 年出版。

與此同時我又整理出版了梁思成未完成的《清工部工程做法則例圖解》。此書共七十四卷，前二十七卷為二十七種不同建築物的做法及尺寸的記述。卷二十八至四十為斗拱的做法。四十卷以後為門窗、石作、土作及工料之估算等等。梁思成將四十卷以前的做法則例用現代科學的繪圖法繪製出草圖來，在繪正式墨線圖時，他還在不斷地研究清式做法，並把墨線圖中發現的問題用鉛筆標在圖上準備修改。由於戰爭爆發沒有最後完成，在出全集時，因為該書沒有最後完稿所以未收入。但我考慮到這是耗費了梁思成多年精力的一項重要研究成果，雖沒有最後成書，但對研究清式做法仍極有參考價值，應整理出版。1945 年營造學社解散時，也有部分圖紙沒有完成。這部分圖多數是四川地區的建築，對研究四川的傳統建築是寶貴的材料，因此我也把這些材料逐步整理出來。在《梁思成全集》十卷出版後又出版了《清工部工程做法則例圖解》、《未完成的測繪圖》等。

在完成了以上工作之後，日夜困擾我的就是怎樣實現他寫《中國雕塑史》的夙願了。他對雕塑有深入的研究及獨到的見解，但是他沒有來得及將「這些知識毫無保留地奉獻給他的學生」。我不停地翻閱他的著述中有關雕塑的描繪，從雲岡早期面貌無精神的巨大佛像，到後期表現出慈祥、微笑的脅侍菩薩。龍門那身材苗條的小佛及至龍門的大盧舍那像，先生描寫大盧舍那像絕對沉靜的坐姿，面部表現出一種內神均平無倚之境界，是宗教信仰的結晶。大同薄伽教藏殿中那合掌露齒微笑的脅侍菩薩是極難見到的。直到四川大足的大量雕塑。我越看越體會到這些內容太豐富了，可惜他沒能把他思想裡這些美好的東西寫出來，這是一個多麼大的損失。不過我想如果能把他所有的文章中有關雕塑的論述整理出來，也許對讀者會有些許幫助。

2009 年我終於把有關雕塑的圖文整理完畢，我想這也許是我為思成做的最後一本書了。我感到十分輕鬆，但也十分惆悵，彷彿我又在和他告別。

2009 年中國科學院準備為我國 20 世紀卓有貢獻的科學家出一套小傳，每位傳主只限一萬兩千字。這個任務又落到我的頭上。為科學家寫傳我可連想都沒想過，何況要濃縮在一萬兩千字內。我不能泛泛地談他是個建築學家，這誰都知道。也不能泛泛地說說他辦了兩個建築系，……我必須回答他是怎樣成為一個建築史學家的，他是什麼時候讀懂了《營造法式》這本「天書」的。他的城市規劃理論及建築教育思想有什麼特色？他為什麼能成為古建保護的先驅？這一系列的問題我必須回答。於是我又第三次通讀了他的著作，我又走進他的世界與他同在。僅僅讀他本人的作品還不夠，我還要學習其他學者對他的評論，陳志華、賴德麟的論述幫我深入瞭解了他的學術思想，更重要的是不斷地與王軍就各種問題的相互切磋對我的幫助最大。

這時他作為一個真正偉大的學者的形象，才實實在在而真切地矗立在我面前。

當梁思成第一次調查獨樂寺時他已開始注意到一些構造做法與明清建築的不同。在調查正定隆興寺轉輪藏殿及摩尼殿的構造時，引起他極大的注意。據日本學者的考證，認為轉輪藏殿是明清建築，但是梁思成經過對轉輪藏殿的仔細研究，將它的斗拱的構造與宋代的《營造法式》中斗拱的構造做了反覆的比較，認為轉輪藏殿應建於元代以前。後經過考證，果然認定是遼代建築。摩尼殿雖然沒有文獻記載，但梁思成從摩尼殿四面出抱廈的做法肯定它是宋代建築，為什麼他能準確地判斷古建築的建築年代，這與他經常研究各時代的書法、繪畫、雕塑、陶瓷器皿有密切的關係，這些藝術作品中包含着各時代的信息。所以他常說調查古建築要有敏銳的時代感。

過去我讀他的調查報告，注意力往往集中在每座古建築的平立剖面圖及細部斗拱等。這次我在讀大同古建調查報告時，看到了他治學的內在精神，他嚴謹及一絲不苟的科學態度。他把獨樂寺、廣濟寺、隆興寺及大同上下

華嚴寺、善化寺……這批宋遼時期的建築，從整體到細部反覆地做了詳盡的分析比較。當時佛光寺大殿尚未發現，他只能借鑒敦煌壁畫及日本奈良唐招提寺金堂等古建來瞭解唐代古建的做法。他的《大同古建調查報告》長達二十二萬字，通過這份報告，可以看出他已吃透了宋遼時期的建築並已讀懂了《營造法式》這本「天書」。經過對雲岡石窟的調查，他又從散落在個別石窟中的建築構件，屋頂、斗拱、闌額、柱、欄杆、踏步、藻井等零星構件中得出了「中國建築在兩千年前，已形成了結構上的獨立性，並一直保持下來形成了中國建築的特點」的觀點。為什麼梁思成能這麼快的得出這個結論，因為他對西方建築史下過工夫，所以能對東西方的建築體系格外敏感。我認為在 1933 年通過對古建、石窟的調查，他已基本理清了我國建築的歷史源流及發展脈絡，但他沒有急於成書，他還要通過更多的古建調查來驗證他的推斷。

1937 年，他們發現了唐代建築佛光寺。抗日戰爭後，他們又對西南地區的古建做了較全面的調查，研究了四川的漢闕及大量的唐宋摩崖雕刻，更填補了唐代建築實物之不足。梁思成也由此證實了他對中國建築發展的觀點。

1942 年，他開始動手撰寫《中國建築史》及《營造法式註釋》。我終於明白了，為什麼他會成為《中國建築史》的第一撰稿人，正是因為他研究方法的正確，刻苦的鑽研，對東西方建築的諳熟及廣泛外圍知識的掌握，加上他個人的智慧。

1946 年，他赴美考察、講學。回來創辦了清華大學建築系，他沒有照搬美國的教學大綱，而是從一個歷史學家的角度對建築科學研究對象的全面認識及建築學科發展方向的把握，對傳統建築教育的課程作了全面的取捨、增設。這是他作為一個教育家的成功之處，也使他的建築思想明顯超越於大多數同輩建築家。從歷史學家的角度看，他對北京市的規劃、對古建保護乃至對全人類的寶貴遺產的保護做出了卓越的貢獻。

沒有想到，對他的認識、對我最親近的人的認識竟長達幾十年。通過幾十年的努力，我才終於讀懂了他。

林洙

2010 年 6 月於清華園

梁思成年譜

應聘國民政府中央研究院歷史語言所通訊研究員
8 月子梁從誡出生
設計北京仁立地毯公司舖面
至 1933 年任北京大學教授，講授中國建築史

1933　至 1934 年兼任清華大學教授，講授建築學
3 月調查河北正定縣隆興寺及正定古建築
9 月調查山西大同上下華嚴寺、善化寺、雲岡石窟等
9 月調查山西應縣木塔、渾源縣懸空寺
11 月調查河北趙縣隋代趙州橋（安濟橋）

1934　任中央古物保存委員會委員
設計北京大學地質館
8 月調查山西晉中地區 13 個縣古建築
10 月調查浙江省 6 個縣古建築

1935　2 月考察曲阜孔廟建築，並作修葺計劃
設計北京大學女生宿舍

1936　春季調查龍門石窟及山東中部 19 個縣古建築
冬季調查山西、陝西省 19 個縣古建築

1937　6 月調查陝西、山西省 14 個縣古建築，鑒定山西五台山佛光寺為唐代建築
8 月抗日戰爭爆發，中國營造學社解散

1938　至 1945 年在昆明恢復中國營造學社，1940 年隨中央研究院遷往四川南溪李莊

1939　至 1945 年任四川省古物保存委員會委員、國立中央博物館中國建築史料編纂委員
會主任
8 月—1940 年 2 月調查西南 36 個縣古建築，研究漢闕、漢崖墓、摩崖石刻等

1940　在重慶中央大學作《中國傳統建築的發展及特點》的系列講座

1941　至 1945 年集中精力研究古籍《營造法式》，完成法式大部分圖解工作

1943　至 1944 年著《中國建築史》及英文版《圖像中國建築史》

1944　至 1946 年任重慶政府教育部戰區文物保存委員會副主任

1945　中國營造學社結束

1946　至 1972 年任清華大學建築系主任
10 月—1947 年 8 月赴美考察戰後美國現代建築教育，在耶魯大學講學

1947 2月—1947年8月任聯合國大廈設計建築師顧問團中國代表
4月接受美國普林斯頓大學榮譽文學博士學位
9月由美回國

1948 9月被選為南京政府中央研究院院士

1949 主持改建中南海懷仁堂
至1950年領導並參加清華大學營建系國徽設計小組完成中國國徽的設計
至1972年全國政治協商委員會委員（第一屆為特邀代表）
5月—1972年北京市都市計劃委員會（後改為城市建設委員會）副主任
11月北京市各屆人民代表會議代表及主席團成員
9月—1964年11月北京市人民政府委員會委員

1951 設計任弼時同志墓及墓碑

1952 8月—1964年11月北京市政協副主席
北京天安門廣場人民英雄紀念碑設計主持人
開始籌建中國建築學會，為中國建築學會的主要創辦人

1953 9月—1972年中國建築學會第一、二、三、四屆副理事長，並在第一、二、三屆理
事會上作會務工作報告或向大會致辭。北京市土木建築學會理事長
至1972年加入中國民主同盟
當選為中國美術家協會理事，當選為全國文聯第二屆委員
2—5月參加中國科學院訪蘇代表團訪問蘇聯
至1954年創辦中國建築科學的第一個學術性刊物《建築學報》，任主編

1954 3月中國人民慰問志願軍代表團副團長赴朝鮮訪問
8月—1964年12月北京市人大代表
9月—1972年當選全國第一、二、三屆人大代表

1955 2月武漢長江大橋技術顧問委員會委員
2月—1956年1月受到「以梁思成為代表的資產階級唯美主義的復古主義建築思想」
的批判
4月妻林徽因病逝
6月—1972年中國科學院技術科學部委員（現改稱院士）
至1972年國家科委建築組副組長

1956 3月參加「十二年科學遠景規劃」
至1972年當選為中國民主同盟中央常委
至1972年兼任建工部建築科學研究院建築理論及歷史研究室主任
6—8月參加中國建築師代表團訪問波蘭，任代表團副團長，出席在柏林召開的民主
國家建協主席秘書長會議

1958 3月出席在布拉格市召開的國際建協城市規劃委員會的報告人會議
7月出席在莫斯科召開的國際建協五屆大會，作《關於東亞各國1945—1957年城

市建設和改建》的報告
8 月參加中國建築師代表團訪問捷克

1959　1 月—1964 年 12 月當選為全國政協常委
1 月加入中國共產黨
5 月出席在斯德哥爾摩召開的世界和平理事會特別會議

1960　8 月被選為全國文藝界聯合會第三屆全國委員會委員

1962　與林洙結婚

1963　9 月出席在古巴哈瓦那舉行的國際建協七屆大會及世界青年教師師生會見會，任副團長
出席在墨西哥舉行的國際建協第八屆代表會議，任中國代表團副團長
參加中國建築師代表團訪問巴西，任副團長
7 月全國科技普及協會北京分會副會長

1964　8 月北京科學討論會（國際）特邀代表
至 1972 年當選為第三屆全國人民代表大會常委

1965　出席在法國巴黎召開的國際建協第八屆大會及九屆代表會議，任代表團團長

1966　6 月完成《營造法式註釋》的寫作
6 月—1972 年在「文化大革命」中受到批判，1971 年正式定為「反動學術權威」

1971　恢復中國共產黨黨籍

1972　1 月 9 日病逝於北京

梁思成中文著作一覽表

1923　《世界史綱》威爾斯著〔英〕，梁思成、吳文藻、徐宗漱等合譯，1923 年，商務印書館出版。

1930　《中國雕塑史》《梁思成文集》（三），中國建築工業出版社，1985 年出版。
《天津特別市物質建設方案》梁思成、張銳合著，北洋美術印刷所印刷。

1931　《營造算例》《中國營造學社彙刊》，1931 年，一、二、三期。

1932　《我們所知道的唐代佛寺與宮殿》《中國營造學社彙刊》，1932 年，三卷一期。
《薊縣獨樂寺觀音閣山門考》，1932 年，三卷二期，收入《梁思成文集》（一），中國建築工業出版社，1982 年出版。
《薊縣觀音寺白塔記》《中國營造學社彙刊》，1932 年，三卷二期，收入《梁思成文集》（一）。
《大唐五山諸堂圖》考田邊泰著〔日〕，梁思成譯，《中國營造學社彙刊》，1932 年，三卷三期。
《寶坻縣廣濟寺三大士殿》《中國營造學社彙刊》，1932 年，三卷四期，收入《梁思成文集》（一）。
《故宮文淵閣樓面修理計劃》蔡方蔭、劉敦楨、梁思成合著，《中國營造學社彙刊》，1932 年，三卷四期。
《平郊建築雜錄》梁思成、林徽因合著，《中國營造學社彙刊》，1932 年，三卷四期，收入《梁思成文集》（一）。
《伯希和先生關於敦煌建築的一封信》《中國營造學社彙刊》，1932 年，三卷四期。

1933　《福清兩石塔》艾克著〔德〕，梁思成譯，《中國營造學社彙刊》，1933 年，四卷一期。
《正定調查記略》《中國營造學社彙刊》，1933 年，四卷二期，收入《梁思成文集》（一）。

1934　《清式營造則例》中國營造學社發行，1934 年，中國建築工業出版社，1981 年出版。
《讀樂嘉藻〈中國建築史〉闢謬》《大公報》，1934 年 3 月 3 日。
《大同古建築調查報告》《中國營造學社彙刊》，梁思成、劉敦楨合著，1934 年，四卷三、四期。
《雲岡石窟中所表現的北魏建築》林徽因、梁思成、劉敦楨合著，《中國營造學社彙刊》，1934 年，四卷三、四期。
《趙縣大石橋》《中國營造學社彙刊》，1934 年，五卷一期，收入《梁思成文集》（一）。
《修理故宮景山萬春亭計劃》梁思成、劉敦楨合著，《中國營造學社彙刊》，1934 年，五卷二期。

1935　《漢代的建築式樣與裝飾》鮑鼎、劉敦楨、梁思成合著，《中國營造學社彙刊》，1935 年，五卷二期。
　　　　《杭州六和塔復原狀計劃》《中國營造學社彙刊》，1935 年，五卷三期，收入《梁思成文集》（一）。
　　　　《晉汾古建築預查紀略》林徽因、梁思成合著，《中國營造學社彙刊》，1935 年，五卷三期，收入《梁思成文集》（一）。
　　　　《平郊建築雜錄（續）》林徽因、梁思成合著，《中國營造學社彙刊》，1935 年，五卷四期，收入《梁思成文集》（一）。
　　　　《曲阜孔廟之建築及其修葺計劃》《中國營造學社彙刊》，1935 年，六卷一期，收入《梁思成文集》（二）。
　　　　《清故宮文淵閣實測圖說》劉敦楨、梁思成合著，《中國營造學社彙刊》，1935 年，六卷二期。
　　　　《〈建築設計參考圖集〉序》《中國營造學社彙刊》，1935 年，六卷二期，收入《梁思成文集》（二）。
　　　　《建築設計參考圖集》中國營造學社發行，1935 年，收入《梁思成文集》（二）。
　　　　《第一集台基簡說》同上。
　　　　《第二集石欄杆簡說》同上。
　　　　《第三集店面簡說》同上。
　　　　《第四集斗拱簡說（漢一宋）》同上。
　　　　《第五集斗拱簡說（元明清）》同上。

1936　書評《中國營造學社彙刊》，1936 年，六卷三期。

1937　《浙江杭縣閘口白塔及靈隱寺雙石塔》收入《梁思成文集》（二）。
　　　　《談中國建築》收入《梁思成文集》（四）。

1943　《圖像中國建築史》收入《梁思成文集》（三）。

1944　《為什麼研究中國建築》《中國營造學社彙刊》，1944 年，七卷一期。
　　　　《記山西五台山佛光寺建築》《中國營造學社彙刊》，1944 年，七卷一、二期，收入《梁思成文集》（二）。

1945　《中國建築之兩本「文法課本」》《中國營造學社彙刊》，1945 年，七卷二期，收入《梁思成文集》（二）。
　　　　《市鎮的體系秩序》《大公報》，1945 年 8 月，收入《梁思成文集》（四）。

1948　《北平文物必須整理與保存》北平文物整理委員會印，1948 年，收入《梁思成文集》（二）。
　　　　《半個人的世界——理工與人文》《清華周報》，1947 年。

1949　《致童教授信》收入《梁思成文集》（四）。
　　　　6 月《致聶榮臻市長信——北京都市計劃委員會工作》收入《梁思成文集》（四）。
　　　　6 月《清華大學營建學系學制及學程計劃草案》《文匯報》，1949 年 9 月。

1950　《關於中央人民政府行政中心區位置的建議》梁思成、陳占祥合寫，收入《梁思成文集》（四）。
《致周總理信——關於中央人民政府行政中心區位置問題》清華大學建築學院技術檔案（未刊稿）。
4 月 10 日　《致朱總司令信——關於中南海新建宿舍問題》收入《梁思成文集》（四）。
《關於北京城牆存廢問題的討論》《新建設》，1950 年 5 月，二卷六期，收入《梁思成文集》（四）。
《致彭真市長信——北京市計劃委員會工作》清華大學建築學院技術檔案（未刊稿）。

1951　《歡送偉大的 1950 年》《人民清華》，1951 年，第一期。
《我國偉大的建築傳統與遺產》《文物參考資料》，1951 年，二卷二期。
《敦煌壁畫中所見的中國古代建築》《文物參考資料》，1957 年，二卷五期，收入《梁思成文集》（一）。
《北京——都市計劃的無比傑作》《新觀察》，1951 年，二卷七、八期，收入《梁思成文集》（四）。
《致周總理信——關於長安街規劃問題》收入《梁思成文集》（四）。
8 月 15 日　《致周總理信——關於建設工作的計劃性問題》收入《梁思成文集》（四）。
8 月 28 日　《致彭真市長信——關於人民英雄紀念碑設計問題》收入《梁思成文集》（四）。

1952　《人民首都的市政建設》科普出版社，1952 年 2 月。
《達‧芬奇——具有偉大遠見的建築工程師》梁思成、林徽因合著，《人民日報》，1952 年 5 月 3 日，收入《梁思成文集》（四）。
《祖國的建築傳統與當前的建設問題》《新觀察》，1952 年，第 16 期。
《蘇聯專家幫助我們端正了建築設計的思想》《人民日報》，1952 年 12 月 22 日。
《蘇聯衛國戰爭被毀地區之重建譯文及序》窩羅寧〔蘇〕著，林徽因、梁思成合譯，龍門書局出版。

1953　《古建築序論——在考古工作人員培訓班講演記錄》收入《梁思成文集》（四）。
《中國建築的傳統與遺產——在莫斯科蘇聯科學院技術研究所的報告》清華大學建築學院檔案室（未刊稿）。
《我對蘇聯建築藝術的一點認識》清華大學建築學院檔案室（未刊稿）。
《就拆除北京市東西四牌樓致有關部門信》清華大學建築學院檔案室（未刊稿）。
《中國建築與中國建築師——為蘇聯大百科全書作》收入《梁思成文集》（四）。
《民族的形式，社會主義的內容》《新觀察》，1953 年，第 14 期。

1954　《中國建築的特徵》《建築學報》，1954 年 1 期，收入《梁思成文集》（四）。
《面向共產主義蘇維埃城市和建築》《中國青年報》，1954 年 3 月 12 日。
《建築藝術中社會主義現實主義和民族遺產的學習與運用問題》《新建設》，1954 年 2 月號。
《中國建築調查研究的技術——在北京市都市建設委員會專題講座》清華大學建築學院檔案（未刊稿）。

《你們神聖的工作是在憲法中規定了的》《新清華》，1954 年 8 月 18 日。
《對蘇聯展覽館的建築藝術的一點體會——為中蘇友協作》清華大學建築學院檔案（未刊稿）。
《祖國的建築》科普出版社，1954 年，收入《梁思成文集》（四）。

1956 《永遠一步也不再離開我們的黨》（1956 年 2 月 8 日在全國政協的發言）收入《梁思成文集》（四）。
《全國基本建設工作會議上的發言》清華大學建築學院技術檔案（未刊稿）。
《波蘭人民共和國的建築事業》《建築學報》，1956 年 7 期。

1957 《整風一個月的體會》《人民日報》，1957 年 6 月。
《堅決反對建築界的右派分子》《建築學報》，1957 年 7 期。

1958 《〈青島〉書序》中國建築工業出版社，1958 年 8 月。

1959 《黨的領導使我們建築專業走上正確的方向》《新清華》，1959 年 1 月 11 日。
《決不虛度我這第二個青春》《北京日報》，1959 年 3 月 9 日。
《在住宅建築標準及建築藝術問題座談會上關於建築藝術部分的發言》《建築學報》，1959 年 6 期，收入《梁思成文集》（四）。
《曲阜孔廟》《旅行家》，1959 年 9 月，收入《梁思成文集》（四）。

1961 《中國的佛教建築》《清華學報》，1961 年 8 卷 2 期，收入《梁思成文集》（四）。
《黨創造了中國的新建築》《新清華》，1961 年 7 月 26 日。
《談「博」而「精」》收入《梁思成文集》（四）。
《建築創作中的幾個問題》《建築學報》，1961 年 7 期，收入《梁思成文集》（四）。
《建築和建築的藝術》《人民日報》，1964 年 7 月 26 日，收入《梁思成文集》（四）。
《進一步探討建築中的美學問題》《光明日報》，1961 年 8 月 26 日。
《塞北江南》《北京日報》，1961 年 10 月。
《可愛的內蒙古》《民族畫報》，1961 年 10 月。
《沙漠變良田》《北京晚報》，1961 年 10 月 30 日。
《喇嘛——書記》《人民日報》，1961 年 11 月 6 日。

1962 《廣西容縣真武閣的「槓桿結構」》《建築學報》，1962 年 7 期，收入《梁思成文集》（四）。
《漫談佛塔》《光明日報》，1962 年 5 月 26 日，收入《梁思成文集》（四）。
《拙匠隨筆（一）至（五）》《人民日報》，1962 年 4－9 月，收入《梁思成文集》（四）。

1963 《關於敦煌維護工程方案的意見》收入《梁思成文集》（四）。
《唐招提寺金堂與中國的唐代建築》《鑒真紀念集》，1963 年，收入《梁思成文集》（四）。
《揚州鑒真大和尚紀念堂設計方案》同上。
《反對修正主義的任務和知識分子學習、改造的必要（1963 年 11 月在全國政協委員會上的發言）》清華大學建築學院技術檔案（未刊稿）。

1964 《中國古代建築史緒論（中國古代建築史第六稿緒論）》收入《梁思成文集》（四）。
《閒話文物建築的重修與維護》《文物》，1964年7期，收入《梁思成文集》（四）。

1966 《營造法式註釋》（上）中國建築工業出版社，1983年版。

梁思成英文著作目錄

1 OPEN SPANDREL BRIDGES OF ANCIENT CHINA
 Ⅰ. THE AN-CHI GH, IAO AT CHAO-CHOU, HOPEI
  （PENCIL POINTS JAN.1938）
 Ⅱ. THE YUNG-T, UNG GH, IAO, CHAO-CHOU, HOPEI
  （PENCIL POINTS MAR.1938）

2 CHINA, S OLDEST WOODEN STRUCTURE
 （ASIA MAGAZINE, JUIY.1941）

3 FIVE EARLY CHINESE PAGODAS
 （ASIA MAGAZINE, AUG.1941）

4 CHINA: ARTS, LANGUAGE, AND MASS MEDIA
 （ENCYCLOPEDIA AMERICAN 1948 EDITION）

5 CHINESE ARCHITECTURE AND ART
 （ENCYCLOPEDIA AMERICAN 1948 EDITION）

6 A HAN TERRA-COTTA MODEL OF A THREE STOREY HOUSE
 （COMPLETED 1933 WITHOUT PUBLISH）

7 TWO LIAO STRUCTURES OF TU-LO SSU, CHI HSIEN
 （COMPLETED 1938—1940 WITHOUT PUBLISH）

8 IN SEARCH OF ANCIENT ARCHITECTURE IN NORTH CHINA

9 A PICTORIAL HISTORY OF CHINESE ARCHITECTURE
 （1984 M.I.T. PRESS）

責任編輯　　俞　笛　李　斌
書籍設計　　吳冠曼

書　　名　梁思成、林徽因與我（最新修訂版）
著　　者　林洙
出　　版　三聯書店（香港）有限公司
　　　　　香港北角英皇道 499 號北角工業大廈 20 樓
　　　　　Joint Publishing (H.K.) Co., Ltd.
　　　　　20/F., North Point Industrial Building,
　　　　　499 King's Road, North Point, Hong Kong
香港發行　香港聯合書刊物流有限公司
　　　　　香港新界荃灣德士古道 220-248 號 16 樓
版　　次　2011 年 6 月香港第一版第一次印刷
　　　　　2021 年 3 月香港第二版第一次印刷
規　　格　16 開（165×230 mm）452 面
國際書號　ISBN 978-962-04-4780-8

　　　　　© 2011, 2021 Joint Publishing (H.K.) Co., Ltd.
　　　　　Published in Hong Kong

本書由中國青年出版社授權本公司在港台海外地區出版發行。